KB121676

기후변화,
이제는
감정적으로
이야기할 때

기후변화,
이제는
감정적으로
이야기할 때

우리 일상을 바꾸려면
기후변화를 어떻게 말해야 할까

리베카 헌틀리 ○ 이민희 옮김

양철북

세계 곳곳에서 기후 파업을 감행한 아이들과
내 딸 소피아, 새디, 스텔라에게

이 책에 쏟아진 찬사

기후 문제 해결이 가능할지, 그렇다면 어떻게 가능한지 알려 주는 위대한 분석.

/ 경제학자 로스 가넛Ross Garnaut

리베카 헌틀리는 우리에게 큰 선물을 주었다. 기후 시대에 자신과 서로를 이해하기 위한 필수 지침이다. 다 함께 우리를 갈라놓는 벽을 허물자. 우리는 연민과 용기를 발휘해 진정한 변화를 이룰 수 있다.

/ 호주 요리사 카일리 쾽Kylie Kwong

기후변화 소통에 관한 책은 이 문제를 우려하는 사람들에게는 그저 또 하나의 선택지일 것이다. 하지만 우리의 나약함과 죄책감, 공포와 절망을 인정하고 희망과 사랑으로 나아가는 책, 깊이 느낀 것들에 이름을 붙여 주는 책은 필독서다. 이 책은 그런 책 가운데 하나다. 리베카 헌틀리는 평범한 호주인들의 사고방식을 객관적으로 알려 주는 유능한 사회 연구가다. 공정한 관찰자로서 스스로 연구 대상이 되어 대화의 기술을 연마하고, 그럼으로써 우리에게 가장 긴급한 이슈가 무엇인지 강력하게 일깨운다. 이 책은 우리 모두에게 실로 큰 도움이 된다.

/ 호주 침례교 목사이자 사회 운동가
팀 코스텔로Tim Costello

머리말
심경의 변화

내가 어떻게 기후변화 문제에 감정으로
다가가게 되었는가

2018년 12월 1일, 평소처럼 일찍 일어나서 남편과 아이들이 깨기 전에 커피를 한잔 내리고 텔레비전을 켰다. 즐겨 보는 아침 시사 뉴스 채널로 돌리자마자 아이들의 모습이 나왔다. 호주 청소년 수백 명이 학교를 빠지고 거리에 나와 기후변화에 대응하라는 시위를 벌이고 있었다.

그들은 진지하게 분노하는 것부터 유머러스하게 비꼬는 것까지 다양한 성격의 구호가 적힌 손팻말을 들고 있었다. "죽은 행성에는 일자리가 없다." "지금 행동하든지 나중에 허우적거리든지." "정부는 우리 미래를 불태우고 있다." 호주 총리는 지난 몇 주간 등교를 거부하고 시위하는 아이들을 훈계했는데, 그에 대꾸하는 구호가 개인적으로 가장 마음에 들었다. "배운 이들의 말을 무시할 거면 왜 우리가 학교에 가야 하는가?"

나는 커피를 홀짝이며 생각했다. '저 아이들 참 대단하다. 기성세대와 기득권층에게 기후변화에 대처하라고 요구하다니.' 그리고 곧 깨달았다. 내일모레가 오십인 나도 기성세대이고 기득권층의 일원이며 저 젊은이들에게 없는 연단과 목소리를 가지고 있다는 것을. 그 순간, 마치 저 10대들이, 웃기기도 진지하기도 한 그 구호들이 나에게 요구하는 것 같았다. 우리 말 좀 들어줘. 뭐라도 좀 해 줘.

바로 그때 내 안의 뭔가가 꿈틀했다. 말로 표현하긴 어렵지만 느낌만은 지금도 선명하다. 마치 출산 직후처럼 내 몸의 주요 장기가 자리를 바꾼 듯 생생한 감각이었다. 무단결석한 청소년들이 나에게 뭔가 하라고 부추기고 있었다. 나는 텔레비전 화면에 대고 소리 내어 답했다. "알겠어." 비록 우리 강아지밖에 못 들었지만.

물론 이렇게 반응하는 사람이 내 세대에 나 혼자는 아니었다. 수많은 어른이 그 기후 파업을 보고 '배워' 세상을 다르게 보기 시작했다. 그때부터 내 삶은 바뀌었다. 사회조사 업무 가운데서도 환경 단체와 협력하는 일을 일부러 점차 늘렸고, 방송과 집필 활동을 할 때도 환경문제를 다루기 시작했다. 아시아 태평양 지역 곳곳에서 온 신청자 800

여 명과 함께 호주 브리즈번에서 3일간 열리는 기후현실 Climate Reality 콘퍼런스에 참여했다. 기후변화에 관한 책을 모조리 찾아 읽고, 집에서 쓰는 에너지를 재생에너지로 바꿨다. 내 노후 자금 투자처에서 화석연료 기업을 제외했다. 지속 가능한 육류를 취급하는 정육점을 찾아 이용했다. 몇 달 후 친구들과 간 식당에서 채식 메뉴를 주문한 뒤 환경을 위해 육식을 줄이고 있다고 설명했더니 한 친구가 말했다. "너한테 정말 무슨 일이 일어나긴 했구나?" 그 말대로였다.

냉소적인 사람들은 내가 어떤 계시의 순간을 묘사하고 있다고 말할지도 모른다. 나를 종교적인 신념으로 이 문제에 접근하는 기후 광신도라고 여기며. 하지만 거의 모든 환경 운동가는 이러한 인식의 전환을 거쳐 일반적 관심에서 열정적 보호로 옮겨 간다. 삶의 모든 방식을 바꿀 일종의 소명 의식을 갖게 되는 것이다. 유일한 차이는 그 전환의 촉매가 사람마다 다르다는 것이다.

돌이켜 보니 그 당시 나에게 분명했던(그리고 흥미로웠던) 점은 그 젊은 거리 시위자들을 보았다고 해서 내가 갑자기 기후변화에 대한 과학적 합의를 그전보다 더 굳게 믿게 된 것은 아니라는 점이다.

나는 늘 기후변화가 현실이고 미래에 심각한 위협이 되리라 믿었다. 기후변화에 대한 우려가 내 표심에 영향을 주었다. 정부가 행동하기를 원했다. 친환경 제품을 사서 재활용하고 퇴비로 만들었다. 탄소 발자국을 줄이려고 장거리 비행을 자제했다. 환경 단체에 기부도 했다. 영화관에서 앨 고어Al Gore의 다큐멘터리 〈불편한 진실〉 두 편도 다 봤다. 스스로 환경주의자까지는 아니어도 환경 의식은 있는 사람이라고 여겼다. 하지만 분명 환경문제가 내 세계의 중심에 있지는 않았다. 감정보다는 이성으로 대했다.

그래서 이 감정의 변화가 흥미로웠다. 나는 스스로 매우 이성적인 사람이라고 생각한다. 숙련된 변호사이자 사회 연구자로서 언제나 유능한 법조인과 언론인, 학계와 상원 위원회의 정밀 조사에 맞설 만한 증거를 근거로 판단을 내린다. 하지만 기후변화에 대한 우려가 실제 위협에 대한 경각심으로 바뀐 그 전환의 순간은 정부 간 기후변화협의체(IPCC)의 보고서를 읽거나 기후학자가 발표한 이산화탄소 수치를 듣고 맞이한 것이 아니었다. 나는 내 큰딸보다 고작 몇 살 많은 한 무리 아이들이 거리에서 손팻말을 들고 있는 모습에 반응했다. 기후변화 문제가 갑자기 내 문제가되었다.

아마 나는 늘 이런 방향으로 걸어왔을 것이다. 오랜 시간 기후변화에 대한 정보가 내 안에 한 방울씩 쌓여 왔고 내 진보적 정치 성향은 앞서 묘사한 변화에 열려 있었다. 그리고 지난 몇 년 사이 이런 심경의 변화를 예고한 감정적인 순간들이 있었다. 언젠가 한 라디오 다큐멘터리의 기후변화 특집으로 호주 농업인들을 인터뷰하면서 나는 기후변화 시대에 농사짓는 고충을 토로하는 그 사람들 이야기에 감화되지 않을 수 없었다. 3대 혹은 4대째 농사를 지어 온 그들은 자식과 손주들에게 사막을 물려줄지도 모른다며 불안해했다. 나는 한때 가족과 호주 북동부 해안의 산호초 지대인 그레이트 배리어 리프에서 스노클링을 하면서 여섯 살짜리 딸이 신나게 바닷속을 탐험하는 동안 색색의 물고기 떼 너머를 응시하며 깊은 상념에 잠겼다. 이 아이도 자기 딸과 같은 체험을 할 수 있을까? 산호 백화현상으로 다 죽어 허옇게 변해 버린 암초 말고는 볼 게 없다면(이런 감상을 '암초 비탄*'이라고 한다)?

그러나 지난 10~20년 동안 일어난 단발적인 순간보다 아이들의 거리 시위가 내 안에 더 큰 변화를 불러왔다. 지금도 나는 공포, 분노, 슬픔, 희망, 수용, 심지어는 상황이 그렇게까지 나쁘지는 않겠지 하는 부정의 형태로 나타나는 끝없는 감정의 롤러코스터를 타고 있다. 가끔은 잠자리에 누

---

* reef grief. 환경 파괴로 잃은 것에 대한 인간의 심리적 반응을 일컫는 '생태 비탄ecological grief'에 빗댄 표현.

워서 변화된 세상에 살 내 아이들의 미래를 걱정한다. 무엇을 어떻게 준비시켜야 할까? 만약 아이들이 나에게 왜 더 노력하지 않았냐고 물으면 뭐라고 답해야 할까?

호주나 세계 대부분 나라에서 내 목소리가 다수라고 할 수는 없겠지만, 아이들의 기후 파업에 감화된 사람이 나뿐만은 아니다. 텔레비전 앞에서 "알겠어" 하고 선언하고 몇 주 뒤, 온라인에서 어떤 글을 읽고 내 경험이 절대 특별하지 않다는 것을 깨달았다. 15년 넘게 기후변화를 전문적으로 연구해 온 한 지역 비영리 단체 수장인 롭 로Rob Law가 남긴 글이었다. 로는 기후변화 문제를 점점 '지적이거나 이성적'이기보다 감정적이고 개인적인 문제로 이해하게 된다고 했다.

최근 기후변화 영향으로 충격을 받은 경우가 몇 번 있었다. 아마 내가 이제 막 아빠가 된 데다 15년 전쯤에 접한 과학적 예측들이 상상을 뛰어넘는 속도로 눈 앞에 펼쳐지고 있기 때문일 것이다. (……) 지난 3월 나는 우리 지역 기차역에서 학생 500명이 멜버른에서 열릴 등교 거부 시위에 참여하려고 모인 광경을 지켜봤다. 나는 감정이 북받쳐 눈물을 흘렸고, 그런 어른이 나 혼자가 아니라는 사실에 놀랐다. (……) 신기한 것은 둘

다 본질적으로 긍정적인 영감을 주는 순간이었다는 점
이다. 하지만 그와 동시에 눈에 보이지 않는, 또는 내면
에 묻어 두었던 슬픔을 불러오는 듯했다.[1]

인생의 모든 것과 마찬가지로, 기후변화에 대한 감정도 나
혼자가 아니라는 것을 알면 도움이 된다.

✦

이 책은 자연과학을 깊이 다루지 않는다. 이산화탄소 수치
와 기온 상승, 빙상 축소, 해양 산성화에 관한 데이터도 드
물다. 그보다는 심리학, 사회학, 진화심리학 같은 사회과학
관점으로 인간을 들여다본다.

　　이 책은 기후변화 시대의 자기 계발 지침서라고 할 수
있다(환경 불안eco-anxiety을 다스리는 법이나 생존 팁은 없
다). 내 주변 사람들이 기후 문제를 어떻게 대하는지, 인간
으로서 우리가 미디어, 과학자들, 정치, 사회로부터 얻는 정
보(잘못된 정보 포함), 그리고 기온 상승과 기상이변을 포
함한 일상적인 기후변화 경험에 어떻게 반응하는지 더 잘
이해하도록 돕는 지침서다.

　　이 책에서 나는 분노와 공포에서 사랑과 상실에 이르
기까지 감정의 모든 스펙트럼을 탐색할 것이다. 기후변화

는 이런 감정들을 복합적으로 불러일으킨다. 나는 죄책감
부터 하나씩 짚어 나가며 사랑으로 끝을 맺을 것이다.

이 책을 읽고 여러분 스스로 기후 문제를 어떻게 대하
는지, 앞서 묘사한 감정의 롤러코스터를 어떻게 다스릴지
더 잘 이해하기를 바란다. 이 책의 목적은 여러분을 일상의
뻔뻔한 운동가로 만드는 것이다. 여러분이 이 책을 읽고 주
변 사람들과 기후변화를 이야기하고 그들의 행동을 이끌어
내는 기술을 익혔으면 한다. 그리고 앞으로 기후변화 관련
뉴스와 사건들이 더 혼란스럽고 정치적 분열을 일으키더라
도 대화를 멈추지 않기를 바란다.

여러분은 이렇게 물을지도 모른다. '왜 우리가 개인 또
는 집단으로서 기후변화를 감정으로 대해야 할까? 가장 강
력한 힘을 지닌 정부와 기업이 나서는 게 더 중요하지 않을
까? 우리 감정은 요점을 벗어난 것 아닌가?' 물론 나도 정책
과 경제적 이해관계가 움직여야 한다고 생각하지만, 정부
와 기업, 특히 기후 행동에 저항하는 기업들에게 되도록 다
양한 전선에서 압력을 가해야 한다고 믿는다.

우선 기후변화에 대한 우리 반응을 뒷받침하는 사회
적, 심리적 요인을 이해해야 사람들의 행동을 더 잘 이끌어
낼 수 있다. 이 행동은 문제를 간과하는 정부와 기업을 향한
투표권 행사나 항의를 포함한다.

앞서 이 책에서 과학적 데이터를 드물게 다룬다고 했으나 기후변화에 대해 합의된 사실 몇 가지만 짚고 넘어가겠다(여기서 합의란 이 분야의 전문가 99퍼센트가 인정한다는 뜻이다). 산업혁명 이후 대기오염으로 기온이 상승하며 기후가 불안정해지고 있다. 그 열기로 극지방 빙하가 녹아 해수면이 상승하고 태평양 저지대와 전 세계 연안 지역이 위협받고 있다. 이제 가뭄뿐 아니라 폭풍, 사이클론, 산불 같은 기상 이변이 점점 더 자주 일어나고 있다. 또 기후변화와 더불어 산림 벌채와 개간으로 인해 공룡 시대 이래 여섯 번째이자 역대 최악의 멸종 위기 상황에 놓여 있다.

기후변화는 지구의 모든 시스템에 영향을 미치고 있다. 심지어 지각도 변화하고 있다. 미래 예측은 늘 까다롭지만, 자연계와 거기에 의존하는 사회의 붕괴를 막으려면 환경오염과 탄소 배출량을 줄이고 기온 상승 폭을 섭씨 2도 이내로 제한해야 한다는 데 합의한 지는 이제 10년이 조금 넘었다. 많은 과학자와 국가안보 전문가들은 이미 늦었다고 말한다. 현재 전 세계에서 관측되는 극심한 기상이변과 해수면 상승은 기온이 1도 올라간 것으로 인해 일어나고 있으며, 2도가 코앞이고 3도를 향해 나아가고 있다. 기후변화의 영향은 이미 생태계 먹이사슬에서 관찰되며, 일부 국가의 난민 위기를 부채질하여 해당국과 국제기구뿐만 아니라 전 지구적 안보 악몽을 일으키고 있다.

아직 책장을 덮지 않으셨길! 기후변화를 이야기할 때 사람들은 보통 이 지점에서 매우 다양하게 반응한다. 나처럼 이미 기후변화를 확신하고 크게 우려하는 사람이라면 이런 정보에 고개를 끄덕이며 대낮부터 술을 찾을지도 모른다. 만약 기후변화를 의심하거나 부정하는 사람이라면 정보의 신빙성을 따지려 할 것이다. 정보 전달자를 저격하고 싶어질 수도 있다. "헌틀리, 당신은 진보 좌파 텃밭에 사는 앨 고어 추종자잖아. 당연히 그렇게 말하겠지!"

하지만 여러분이 나처럼 생각이 바뀐 전향자도, 기후변화 부정론자도 아니라면 반응은 가지각색일 것이다. 어쩌면 이 책을 내려놓고 다시는 집어 들지 않을지도 모른다. 너무 우울하고 버거우니까. (부디 그러지 않고 함께해 주시길!) 아니면 혼란스럽고 의심스러울 수 있다. '어떻게 이런 일이 일어난다고 단언하지? 무슨 근거로?' 아니면 더 무심해질 수도 있다. '익숙한 얘기야. 예전에도 밀레니엄 버그*로 세상이 망한다느니 만다느니 떠들썩했지.' 그런가 하면

---

* 세기말 괴담 가운데 하나로 Y2K라고도 한다. 1999년에서 2000년으로 넘어가면서 시스템에 오류가 나서 전 세계 컴퓨터 시스템이 붕괴할 거라는 공포가 확산되었다.

이런 사람도 있을 것이다. '그래, 맞는 말이야. 나도 뭔가를 하고 싶어. 그런데 과연 내가 뭘 할 수 있을까?'

아직 책장을 덮지 않았다면 기쁘고 감사하다. 장담하건대 이 책은 희망을 불어넣는 책이다. 물론 우리가 쓰레기 분리를 잘하고 자전거로 통근하면 모든 게 괜찮아지리라는 지나친 낙관주의에 뿌리를 둔 희망이 아니다. 그런 희망은 모래를 기반으로 한 희망이다.

내가 불어넣고 싶은 희망은 우리가 기후 문제를 해결할 수 있는 능력을 보유하고 있으며 인간이 초래한 이 위기에 인간적으로 대응할 수 있다는 믿음, 각계각층의 모든 이에게 이 위협적인 상황을 알리고 미래를 구할 더 나은 방법을 찾을 수 있다는 믿음에 바탕을 두고 있다.

이는 행동에 뿌리를 둔 희망이다. 등교 거부 1인 시위로 전 세계 청소년들의 기후 파업을 고무시킨 스웨덴의 10대 소녀 그레타 툰베리Greta Thunberg는 TED 강연에서 이렇게 말했다. "우리가 행동하면, 희망은 어디에나 있습니다."² 때때로 희망을 낳는 행동은 타인과 의미 있는 대화를 나누는 것일 수도 있다.

내가 이렇게 희망적일 수 있는 가장 큰 원동력은 기후변화가 현실이며 당장 행동해야 한다고 다른 이들을 설득하려고 각자 자리에서 열심히 노력하는 사람들의 이야기다. 노르웨이 심리학자이자 경제학자인 페르 에스펜 스토크네스Per Espen Stoknes는 책《우리가 지구온난화를 생각하고 싶지 않을 때 생각하는 것》에서 기후변화를 개인적이고 덜 버겁게 느끼게 하는 데 이야기가 얼마나 중요한지에 관해 서술했다.

스토크네스에 따르면 우리는 삶의 의미를 만들어 내고 개인이나 집단의 정체성을 형성하기 위해 스토리텔링에 크게 의존한다. 그런데 기후와 관련한 지배적 이야기는 거의 요한계시록급 '기후 지옥 종말론'[3]으로, 약간의 물을 얻기 위해 서로 살육을 마다하지 않는, 영화 〈매드맥스〉에나 나올 법한 사회를 묘사한다.

이런 이야기가 두려움, 죄책감, 분노, 절망, 무력감을 불러일으키기 때문에 기후변화 부정론자들이 환경 운동가들을 '종말 임박'이라는 광고판을 두른 채 길모퉁이에 서 있는 비상식적인 사람들로 취급하게 되는 것이라고 스토크네스는 말한다. 그런 암울한 미래를 상상해 본 적 없는 사람들은 이런 방식에 관심을 끄고 입을 다물어 버리기 십상이다. 그러나 스토크네스는 이산화탄소가 만들어 내는 이 지옥도가 우리가 그릴 수 있는 하나의 미래상에 지나지 않는다고 지적한다.

내 생각에 사람들이 문제의 시급함을 이해하고 행동하게 하려고 들려줄 수 있는 '단 하나'의 이야기 유형은 없다. 그보다는 다양한 이야기가 필요하다. 각각의 이야기는 서로 다른 집단 사람들에게 각각의 의미를 주고, 참여를 이끌어 낸다.[4]

사회와 야생, 생태계의 재건을 묘사하고 상상하는 데 도움을 주는 이야기뿐만 아니라 어떤 해법이 효과적일지에 관한 이야기, 신념과 인내의 이야기가 필요하다는 주장이다. 비전과 결의, 기쁨을 바탕으로 참여하고 행동하는 사람들의 이야기 말이다.[5]

이 책에는 기후변화 투쟁에서 주목받지 않은 사람들의 이야기가 많이 나온다. 일부러 그렇게 선별했다(솔직히 밝히자면 데이비드 애튼버러*가 내 전화에 회신하지 않은 까닭도 있다). 서로 다른 문화권에 사는 다양한 사람들의 이야기, 우리와 같은 모습과 목소리를 지닌 이들이 행동하는 이야기가 더 큰 감동을 줄 수 있기 때문이다. 내 자식 같은 아이들의 행동이 내 마음을 바꾸고 기후 관련 연구라는 새로

---

* David Attenborough. 영국 동물학자, 방송인이자 환경보호론자. 50여 년간 여러 다큐멘터리 영화에 해설로 참여했다.

운 장을 열어 주었듯이 말이다. 이 책의 모든 장은 기후 활동가들과의 인터뷰로 시작되거나 끝나며 그들의 경험과 조언을 통해 기후변화를 효과적으로 이야기하는 법을 알아볼 것이다.

그레타 툰베리는 TED 강연에서 우리에게 깨어나 변하라고 요구한다.[6] 텔레비전에서 청소년들의 기후 파업 장면을 보았던 그 토요일 아침, 나는 말 그대로 깨어나 변했다. 기후변화가 나와 내 아이들의 미래에 얼마나 심각한 문제인지 머리로 이해한 지 몇 년 만에 비로소 마음으로 깨달았다.

이제 나와 다른 사람들, 세상을 나와 다른 관점으로 보는 사람들에게 과연 어떻게 심경의 변화를 일으킬 것인가가 지구 살리기의 핵심 과제다. 이는 과학과 기술 문제가 아니라 우리가 어떻게 소통하고 행동을 장려하느냐 하는 문제다. 방법은 문화권마다 다르겠지만 성공한다면 미래는 같을 것이다. 내 아이들뿐 아니라 모든 아이가 구원받은 세상을 함께 누릴 테니 말이다.

{ 덧붙이는 말 }

이 책의 출간을 앞둔 지금, 코로나바이러스감염증-19 유행으로 전 세계가 전례 없는 수준의 혼란을 겪고 있다. 앞으로 상황이 어떻게 전개될지 예측하기는 어렵지만 우리가 이전에 상상하지 못한 행동 변화와 국제적 협력이 필요한 또 다른 난제를 겪고 있음은 분명하다. 아마 이 상황은 기후 문제로 나아가는 길을 제공할 것이다. 이 책의 골자는 그대로 두고 몇몇 연관 부분에 코로나19에 관한 언급을 추가했다.

/ 2020년 4월

1장
논리의 문제점

왜 우리는 과학적 논쟁을
멈춰야 하는가

사람들에게 기후변화를 과학적으로 설명하는 것만으로는
부족하다는 걸 나는 너무 오랜 시간이 걸려서야 깨달았다.
아마 나의 성향과 배경(고교 교사와 학자의 딸로서 상당히
합리적인 편이니 부디 별자리는 묻지 마시길) 때문에 좋은
논쟁을 위해서는 사실을 말하고 감정을 덜어 내야 한다는
생각을 무의식적으로 받아들이며 자랐기 때문이리라.

하지만 나는 사회과학자다. 사람을 연구한다. 주로 사
실보다 심리를 다룬다. 남편은 나더러 '자기가 무슨 말을 하
는지 모르는 사람들의 통역가'라고 농담처럼 말한다. 15년
넘게 사회 연구자로 활동하면서 나는 호주에서 기후변화의
여파가 눈에 띄게 늘어났는데도 터무니없는 기후변화 정책

을 내세우는 정당에 유권자들의 표가 쏠리는 현상을 착잡한 심정으로 지켜보았다.

　사람들은 어떤 문제를 우려하고 적절한 조치를 원한다고 말하면서도 막상 나라를 이끌 대표를 선택할 때는 반드시 그런 입장을 견지하지는 않는다. 우리는 여론조사가 잘못되었다고, 우려는 하지만 정치인들은 못 믿겠다고 실컷 합리화할 수 있다. 하지만 사람은 한 가지 맥락에서 진심이어도 다른 맥락에서는 그와 상반되는 행동을 할 수 있다. 우리 언행은 언제든 일치하지 않을 수 있다. 나의 성향과 훈련된 자아는 이성과 사실에 끌리지만 내 직업적 밑천은 사람들이 자신의 행동을 정당화하려고 사용하는 '비논리적' 주장과 감정이다.

　나는 또한, 특히 과학적 소통에 관한 한 암묵적으로 정보 결핍형 접근법information deficit model이 적절하다고 여기며 성장해 왔다. '정보 결핍형'이란 과학자와 전문가들이 이른바 '무지한 대중'에게 일방적으로 정보를 주입하는 소통 방식을 의미한다. 때때로 전문 용어를 사용하고 특정 개념을 이해하고 있다고 상정하고 복잡한 말로 정보를 전달하는 식이다. 전문가가 대중에게 과학 지식을 전달하면 대중은 전문가를 신뢰하고, 받아들인 정보에 따라 행동한다.

　이 접근법에는 분명 아주 많은 단점이 있다. 우선 사회

전반의 과학 이해도가 높다고 상정하는데, 이는 불완전한 가정이다. 국제 학업 성취도 평가를 보면 부유한 선진국들마저 수학과 과학 교육 수준은 갈 길이 멀다. 또 이 접근법은 일반 대중이 자국의 전문가와 전문 지식을 충분히 신뢰한다고 가정한다. 하지만 미국과 영국, 호주와 같은 나라에서도 '전문가들'은 일부 정치인과 언론인에게 대중과 '동떨어져' 있다는 공격을 받아 왔다. 이들의 신뢰도는 암울하다. 지도층과 제도에 대한 대중의 신뢰가 무너지면서 학술계와 많은 전문 기관에도 악영향을 미친 것이다.

무엇보다 이 접근법의 가장 큰 단점은 대상이 인간이라는 사실을 무시한다는 점이다.

그렇다, 인간. 퓰리처상 수상자이자 하버드대 교수인 에드워드 윌슨Edward O. Wilson은 흥미로운 책《지구의 절반》에서 우리 인간을 이렇게 묘사했다.

이성, 감정, 신앙을 뒤섞어 사고하는 자. (……) 뛰어난 상상력과 탐구심을 지녔고 쇠락하는 행성의 관리인보다는 주인이 되기를 갈망하는 자. 무한히 생존하고 진화할 능력을 타고난 자. 자신과 자기 집단, 단기적인 미래를 중시하는 오만하고 무모하고 파괴적인 성향을 지닌 자.[1]

인간은 이성적이면서 감정적이다. 상상력이 풍부하고 무모하다. 끊임없이 진화하고 이기적이다. 자기 집단을 그 무엇보다 우선한다. 이러한 특성을 고려하지 않는다면 기후변화 소통에서 그 어떤 접근법도 딱히 효과적이지 않을 것이다.

페르 에스펜 스토크네스는 정보 결핍형 과학 소통 방식 때문에 기후 운동이 지지부진하며, 우리가 정보가 많을수록 더 많은 사람이 행동하리라 착각하면서 부조리한 사회적 현실을 무시한다고 지적한다. 그 대신 우리는 뇌 과학과 심리학의 안내에 따라 '우리 뇌가 실제로 어떻게 기후변화 메시지에 반응하고 작용하는지' 이해해야 한다.

지구온난화에 관한 사실과 수치가 거듭하여 제시되었지만, 아직도 일반 대중과 언론, 정치계는 긴급 대책이 필요할 만큼 문제가 심각하다는 것을 충분히 이해하지 못했다. (······) 기후변화는 멀고 추상적이며 모호하게 전달되기 때문에 과학으로 설득하는 것은 대단히 어려운 일이다. (······) 우리 뇌가 긴박감을 일으키려고 사용하는 모든 진화적, 인지적 고리에 반하는 듯하기에 우리는 심지어 기후변화를 유령이나 악마로 취급할 수도 있다.[2]

공포와 긴박함에 대해서는 뒷부분에서 더 자세히 설명하겠지만, 나는 사람들이 기후변화 메시지에 어떻게 반응하는지 조사할 때 '사실과 수치'로 접근하는 것의 한계를 직접 경험했다. 특히 지난 몇 년 동안 내 포커스 그룹* 참여자들에게 온난화가 재앙의 궤도에 올랐다는 것을 포함해 기후변화에 관한 기본적인 사실들을 제시하면, "이미 다 들은 얘기예요" 하고 한숨을 내쉬었다. 기후변화 관련 사실과 수치는 우리를 냉담하게, 나아가 지루하게 만드는 익숙한 시나리오가 되었다.

"사상 최악의 과학 소통 실패."[3] 이것이 스토크네스가 1970년대 후반에 기후변화가 '발견'된 이래 대중의 관심과 행동의 지지부진함을 묘사하는 말이다. 여론은 기후가 변하고 있다는 과학적 사실을 반영하지 못하고 있다. 실제로 일부 지역에서는 더 많은 사실 증거가 주어질수록 관심이 더 줄어든다는 연구 결과가 나왔다. 더군다나 기후변화 메시지 전달자들은 사람들의 관심과 우려는커녕 '악랄한 반격'과 '심리적 반발', '무관심의 철벽'을 마주했다.[4]

저널리스트인 너새니얼 리치Nathaniel Rich는 책 《잃어버린 지구》에서 조금 다르게 표현했다. 지난 30년간 기후변

---

* 각 계층을 대표하는 소수 인원을 면담하여 의견을 조사하는 기법.

화에 대한 과학적 예측이 점점 더 많이 이루어졌고 기후변화가 인간 활동으로 초래되었다는 점에 과학계는 거의 만장일치로 합의했다. 그리고 그동안 대중의 인식이 다소 변하기는 했으나 전문적 견해에 맞서는 집단 저항이나 전면적인 부정은 사라지지 않았다.

기후 과학은 견고하며 정보의 흐름도 원활하지만, 지역사회의 논쟁과 분열은 여전하다. 리치는 1979년 이후로 기후 물리학에 비약적인 발전은 없고 단지 다듬어졌을 뿐이라며, 현재 기후변화에 관해 우리가 나누는 거의 모든 담론이 이미 1979년에 이루어졌다고 지적한다.[5] 리치는 냉정하게 결론 내린다. "인간이 실존적 위협에 직면하면 합리적으로 행동하리라는 가정은 더는 합리적이지 않다."[6]

더군다나 일반 대중에게는 과학적 연구의 성격 자체가 장벽이다. 과학적 연구법에는 현상의 관찰, 가설 설정, 가설의 진위를 증명하는 실험, 가설을 검증하거나 수정하는 결론 같은 특정 검증법이 따른다. 비평은 과학적 연구법의 기본이며 까다로운 상호 비평과 검토를 거쳐야 하나의 명제를 사실이라고 일컬을 수 있다. 하지만 과학자들이 어떤 결론에 도달하더라도 너무 많은 조건이 붙을 때가 많아서 일반인 눈에는 썩 신뢰가 안 갈 수 있다.

과학적 연구법의 이런 까다로운 성격에 더해 강력한

글로벌 미디어가 기후 과학을 여전히 '불확실한' 것이라거나 '논쟁적인' 것처럼 판독하면, 전문 과학 지식이 없는 사람들은 '논리적' 주장들 때문에 더욱 혼란스러워진다(부정에 관한 장에서 의심과 불확실성을 살펴볼 것이다). 과학적 논쟁에서 일반인들은 과학자들보다 훨씬 더 '불확실성'을 심각하게 받아들인다.

과학자들이 단순히 판단의 여지를 남기려고 불확실성을 강조하는 것은 아니다. 영국 과학 소통 전문가 조지 마셜 George Marshall의 지적에 따르면 과학자들은 자기 연구 결과를 사람들의 삶과 직결되게끔 제시하기를 꺼린다. "과학자들은 우리 감정과 행동을 자극할 수 있는 이미지, 이야기, 비유를 의도적으로 잘라 낸다."[7] 정보 전달자의 진실성이 담겨 읽는 이의 감정적 두뇌를 자극하는 개인적인 스토리텔링이 바로 그 예다.

과학계 전반은 연구 결과를 공유할 때 사적인 내용을 더하는 것을 꺼린다. 나는 과학자들과 전문가가 아닌 인간으로서 관심사를 이야기할 때 어느 정도의 불안감을 느끼곤 한다. 그들이 느끼기에 개인적인 사연과 동기를 나누는 것은 '잡설'이다.

나는 예전부터 기후변화 문제에서 정치인이 과학을 이야기하고 과학자가 정치와 씨름하는 모순을 연구해 왔다.

사실 기후학자들에게 미안한 마음이 든다. 끝내 진실이 승리할 것이며 일방적인 과학 소통이 정답이라고 믿는 그들을 비판할 수만은 없다고 생각한다. 아마 그들 가운데 대다수는 연구실에서 다른 과학자들과 교류하고 싶어 그 직업을 선택했을 것이다. 아무도 생방송 텔레비전 쇼에서 정치인이나 전문 방송인들과 맞대결 토론을 벌여야 하는 상황을 열망했을 리 없다. 자신들의 심도 깊은 연구 결과가 교양 오락 프로그램 입맛에 맞추어 노골적으로 날조되고 왜곡되어 반박받곤 하니까.

데이비드 애튼버러, 데이비드 스즈키David Suzuki, 빌 나이Bill Nye, 브라이언 콕스Brian Cox, 닐 디그래스 타이슨Neil deGrasse Tyson처럼 명망 있고 숙련된 과학 소통 전문가들이 기후변화의 믿을 만한 전달자로 꼽히곤 하지만, 여론을 뒤집기에는 한계가 있다. 텔레비전에서 지식인들이 전해 주는 우주나 습지대, 바다사자의 번식 습성 이야기들은 모두 흥미롭지만, 여전히 연결 문제가 남아 있다. 그게 내 삶과 무슨 관련이 있단 말인가?

기후학자들은 특히 기후변화의 원인에 관해서는 더 연구할 거리가 없음을 인정한다. 그들이 하는 일은 수없이 사실로 증명된 이론에 대한 데이터를 갱신하는 것뿐이다.

그들은 이제 사회, 정치, 문화, 경제적 연구가 중요한 단계라는 걸 안다.

이 점을 설명하기 위해 내 경험을 하나 이야기해 볼까 한다. 머리말에서 말했듯이 나는 운 좋게 2019년 브리즈번에서 열린 기후현실 콘퍼런스에 참석했다. 기후현실은 앨고어 전 미국 부통령에 의해 시작되었는데, 이것은 각계각층 사람들이 자기 공동체에서 기후변화에 관해 말할 수 있도록 교육하는 글로벌 네트워크다. 3일간의 교육 과정 내내 기후학자들은 최신 연구 동향에 관해 토론했다. 앨 고어가 직접 진행을 맡아 질문을 던졌다.

토론에 기온 상승과 산성화로 심각한 파괴 위협을 받고 있는 세계 최대 산호초 군락인 그레이트 배리어 리프 지역 전문가가 참석했다. 앨 고어는 이 저명한 연구자에게 갑자기 100만 달러의 연구 자금을 지원받으면 어떻게 쓰겠냐고 물었다. 오랜 세월 열렬한 관심사였던 암초 지대를 위해 그는 어떤 연구를 진행하기를 원할까?

놀랍게도 그 연구자는 그 돈을 이제는 과학 연구가 아니라 이런 기후현실 콘퍼런스 같은 행사에 투자하겠다고 답했다. 이 행사에서 관련자 약 800명이 기후변화를 주제로 다른 사람들과 소통하는 법을 배웠다. 이 행사는 연구자들(특히 연구 지원금을 받기 어려운 나라에서 온 사람들)을 위한 특별한 담론의 장이었다. 현시점의 핵심 과제가 더 많은 과학적 사실을 밝혀내는 것이 아니라 변덕스럽고 영리하며 모순된 우리 인간이 지구를 위해 행동하도록 유도하는 방법을 찾는 것임을 되새기게 한 답변이었다.

정보 결핍형 과학 소통이 불충분하다는 것은 환경 단체한테 딱히 새로운 소식이 아니다. 나와 협력하는 여러 환경 단체들도 일반 시민과 소비자들의 흥미를 끌 방법을 모색할 때 논리적이고 전문적인 주장보다 사람들의 가치관과 세계관에 기반을 둔 메시지에 점점 더 주력하고 있다. 이는 전 세계적 경향이다. 그렇게 보면 기후변화 전문가들이 이 중요한 원칙을 자주 잊어버리는 것이 놀랍기만 하다. 이 책을 쓰기로 마음먹은 지 2주 뒤, 나는 한 기후학자의 강연을 들으러 지역 예술제에 갔다. 현장에는 환경 책을 사려는 사람들이 가득했다. 비닐봉지나 플라스틱 빨대는 전혀 보이지 않았다. 강연자는 박사 출신답게 슬라이드 100장이 넘는 파워포인트 자료를 준비해 왔다. 그는 강연 시간의 최소 3분의 2를 이산화탄소 수치와 해수면 상승을 복잡한 그래프와 통계로 보여 주는 데 썼다. 강연 목적은 청중에게 기후변화가 현실이라고 설득하는 것 또는 더 강하게 설득하는 것이었지만, 사실상 이미 개종한 사람들에게 전도하는 격이었다.

이 강연에 참석하기 위해 오후 시간을 낸 이상 그 청중은 이미 동지들이었다. 그들이 원하는 것은 사실이 아니라 위안이었다. 청중들이 강연 전후와 질문 시간에 하는 말을 들으니 대부분 불안과 좌절, 심지어 절망에 빠진 것 같았다. 그들은 확신이 아니라 동기를 부여해 줄 메시지가 필요했다.

다행히 강연의 마지막 3분의 1은 이미 진행되고 있거나 실행할 수 있는 해결책을 다루었고, 그제야 짧게나마 청중이 활기를 띠었다. 강연은 학술적인 면에서 완벽했지만 정서적 서사가 미흡했고 청중에게 필요한 것은 그저 격려가 아니라 의지라는 인식이 부족했다.

일방적인 과학 소통은 더 상호적이고 사회적인 접근 방식으로 느리지만 확실하게 이행되고 있다. 사회 각 분야에서 집단 대화를 통해 문제의 원인뿐 아니라 해결책을 모색하기도 한다. 시민 과학 운동은 전 세계적으로 주목받고 있으며, 이를 통해 일반적인 과학 문해력뿐 아니라 자연계에 일어나는 일들을 자기 삶과 연결 짓는 힘을 기를 수 있다. 기후변화 교육이 의무화된 이탈리아처럼 몇몇 계몽된 국가에서는 취학 연령의 모든 아이가 매주 해양오염, 지속 가능한 생활, 재생 가능한 자원 같은 주제를 배운다. 이런 선례를 전 세계가 따른다면 정말 좋지 않을까?

하지만 우리가 하루아침에 이 나라들을 따라 세계 과학 교육 수준과 기후학에 대한 이해도를 획기적으로 높인다 해도 충분하지 않을 것이다. 사람들이 관심을 가지고, 동기 부여를 받고, 행동할 기회가 있어야 한다. 지식만이 아니라 확신이, 이성과 더불어 감정이 필요하다. 이 모든 요소 사이의 적절한 균형이 중요하다.

내가 미란다 마시Miranda Massie와 이야기하고 싶었던 것도 바로 이 균형이었다. 미란다도 나처럼 늦깎이 기후 운동 전향자였다. 미란다가 그전까지 환경에 전혀 신경 쓰지 않았던 것은 아니다. 아이비리그 졸업생이자 뉴욕에서 활동하는 유능한 민권 변호사로서 단지 차별 철폐 같은 다른 이슈에 더 관심을 가졌을 뿐이다. "오늘날 많은 미국인처럼 저도 오랫동안 그 문제를 보고만 있었어요." 미란다는 내가 인터뷰한 많은 기후 운동가와 달리 지구온난화를 처음 접한 순간부터 그 문제를 '밀어내고' 싶은 충동이 더 강렬했다고 했다. "얼마나 버거운 일인가, 내 삶에 얼마나 큰 변화를 요구할까 싶어서 너무 깊이 생각하지 않으려고 애썼죠."

2012년 10월 대형 허리케인 샌디가 미국 동부를 강타해 24개 주가 크게 피해를 보고 거리와 터널, 지하철 노선이 침수되며 뉴욕시 안팎에서 전력이 끊겼을 때 미란다는 기후 변화를 자기 세계관 밖으로 더는 밀어낼 수 없다고 느꼈다.

샌디가 강타하기 전에도 한동안 기후 문제를 생각하긴

했어요. 아니, 오히려 기후 위기로 초점을 옮겨야 한다
는 내 예리한 직감을 무시하려고 노력했다고 봐야죠.
그 태풍은 제 마음가짐을 확연히 바꿔 놓았고 그걸 머
리로도 깨달았어요.

이 심경 변화에 따라 미란다는 기후 전시관이라는 아이디
어를 떠올렸다. 샌디가 지나간 이후 몇 주 만에 떠오른 아
이디어였고 분명 이미 제대로 운영 중인 곳이 있을 테니 자
기는 그저 전시관을 찾아 도움을 보태면 되리라고 생각했
다. 그러나 기후 전시관은 하나도 없었고, 미란다는 그걸 알
고 놀랐다고 회상했다. 그래서 하나 직접 세우기로 마음먹
었다.
　　미란다는 직업과 사생활의 초점을 기후변화로 이동시
키면 얼마나 심각하고 포괄적인 불안을 맞닥뜨릴지 곧 깨
달았다. "삶이 한없이 불안하고 불확실해질 걸 알았죠." 이
제 미란다는 기후 전시관 관장으로서 기후변화 문제와 더
불어 살아간다. 미란다의 행보는 예술과 과학을 결합하여
대중의 이해를 높이고 유대감을 만들고 해결책을 모색함으
로써 기후 행동을 고무시킨 최초 사례다. 사무실은 뉴욕에
있지만 전시관 자체는 전용 건물이나 상설 전시 공간이 없
다(이를 마련하는 것이 최종 목표이긴 하다). 그 대신 시내

곳곳에서 전시회를 연다. 지금까지 전시는 청소년 기후 운동의 새로운 동향이라든지 극지방 빙하의 실태와 같은 주제로 정보, 예술, 영감을 혼합하는 데 초점을 맞췄다.

전시관을 떠올릴 때 우리는 과학적 또는 문화적인 자료를 보관하고 선보이는 장소를 연상한다. 주로 교육적인 장소이고, 더 똑똑해진 기분으로 나가는 곳이며, 학생들이 숙제하려고 탐방하는 곳이라고 말이다. 하지만 미란다가 만든 이 기후 전시관은 통계에 예술을 접목하여 기존의 정적이고 박제된 형식이 아닌, 관람객과 활발히 상호 작용하는 전시를 하게끔 차별화했다.

물론 기후학에 대한 지식을 얻어 갈 수도 있지만, 이 전시의 주된 목적은 사람들이 감정적으로 개입하고, 이상적으로는 일상에서 기후변화 이야기를 나누도록 만드는 것이다. 미란다는 전시관의 존재 이유가 물리적, 정서적, 사회적 학습 기회를 제공하는 것이며, 과학적 수치와 그래프를 보여 주는 것도 중요하지만 우리(특히 비전문가들)에게는 스토리텔링이 필요하다고 주장한다. 우리는 지역사회와 또래집단 모두 이 문제를 공감하게 만들어야 한다. 스토리텔링은 과학 정보의 어렵고 추상적인 성격을 극복하고 우리가 문제의 심각성과 의미를 이해하도록 도와준다.

기후 전시관이 비교적 새로운 모험이기에 나는 그 전

시가 실제로 관람객에게 어떤 영향을 주는지 궁금했다. 미란다가 보기에 전시관의 핵심 관객층은 기후변화를 걱정하지만 과학에는 자신 없는 사람들이었다. 그들은 사실과 수치에도 흥미를 보이지만, 그래서 어떻게 행동해야 하는지, 특히 다른 사람들과 어떻게 협력해야 하는지 확실한 지침을 받고 예시를 듣길 더 갈망한다. 사회적, 육체적, 정서적으로 경험하길 원한다. 미란다는 개인을 넘어 집단과 공동체가 함께 행동하도록 부추기는 이러한 감각이 기후변화 과학을 이해하는 데 어떤 지적 이득보다 훨씬 더 중요하다고 믿는다.

상설 전시 공간 없이 공공장소 안팎에서 가설 전시를 하며 얻을 수 있는 이점 가운데 하나는 기후변화에 무관심한 사람들의 시선도 잡아끌 수 있다는 것이다. 예를 들어 2019년에 5개 자치구 10개 구역에서 선보인 가설 전시는 태양광으로 작동하는 도로 표지판에 기발한 기후변화 메시지를 깜빡이며 내보내는 것이었다. 일부 문구는 일부러 도발적으로 뽑았다. "불평등을 연료로 하는 화석연료", "기후변화 부정이 사람 잡는다", "기후변화 열일 중".

물론 전시 팀이 도심에 표지판만 덩그러니 세워 둔 것은 아니었다. 사회정의를 위해 일하는 단체, 과학 연구자들, 지역 환경보호 단체와 함께 강연 행사와 도보 투어를 열어 전시 방문객과 행인 들과 이야기 나누는 장을 마련했다.

전시관의 다음 주요 활동은 뉴욕의 관광 명소인 거버너스 아일랜드에서 탄소 해결책에 초점을 맞춘 전시를 하고 그 해결책을 구현하기 위한 민간 행동에 나선 것이었다. 그들은 또 한 번 강연 행사와 도보 투어를 조직해 방문객들에게 전시 관람의 일부로 대화할 기회를 주었다. 도슨트가 된 고등학생 27명이 사람들을 전시장으로 안내했다. 미란다는 우연히 방문한 관람객들에게 동기를 부여하는 것이 가장 가슴 뛰는 일이었다고 회상한다.

우리는 거버너스 아일랜드를 거니는 많은 관광객을 잡아끌었어요. 아직 행동해 본 적 없지만 전시 경험으로 새로운 자극을 받는 이들을 우리는 가장 좋아해요. (……) 우리가 사회적 안보 의식을 일깨울 여지와 기회를 주기만 한다면 일반 대중은 기후변화 문제에 능동적인 태도로 이행할 준비가 되어 있어요.

문제는 (버거운) 과학적 사실을 제시하는 것과 행동을 향한 감정적, 사회적 동기를 자극하는 것 사이에서 적절히 균형을 잡는 것이다. 미란다는 사람들의 다양성과 기후변화의 빠른 속도를 고려하면 정해진 공식은 없다고 본다.

논리의 문제점

방문객의 지식수준을 모욕하지 않으면서도 정직한 중개자가 되어 기후 위기가 가속화될수록 현재의 영향이 얼마나 치명적인지 일깨워야 해요. 하지만 그것만으로는 많은 사람의 관심을 끌고 유지하게 할 수 없어요. 아직 우리에게 문명을 지탱할 정도로 기후를 안정시킬 기회가 있다고 과학에 근거하여 합리적으로 설득해야 해요. 그러면 사람들은 희망을 얻고 격려받는 것을 넘어서 진정한 자기 역량과 의지를 확인하고 전시장을 떠날 거예요.

미란다는 우리가 기후변화 과학을 얼마나 이해하든 실제로 그 지식이 어떤 행동으로 이어지려면 더 큰 이야기와 맥락, 우리의 관심사와 내집단과 연결 짓는 과정이 필요하다고 강조한다. 과학적 정보에 개인적 틀을, 논리적 자료에 감정적 포장을 덧씌워야 한다. 그게 미란다 자신이 필요했던 경험이다. 기후변화를 일반적인 수준으로 우려하던 사람이 전 세계적으로 점점 늘어나는 기후 운동가로 전향하게 된 계기는 바로 자신이 사랑하는 뉴욕시의 거리를 범람시킨 태풍에 대한 감정적, 사회적 반응 때문이었다.

이 장의 목적은 과학적 사실이 중요하지 않다거나 과학적 연구법을 약화해야 한다거나 감정으로만 소통해야 한다고 주장하는 것이 아니다. 감정적 호소가 늘 이성적 주장보다 효과적이지는 않다. 빗나간 청중에게 빗나간 감정을 적용하면 오히려 역효과가 날 수 있다.

내가 말하려는 것은 한마디로 기후변화가 이미 최고 수준의 과학기술로 입증되었으니 이제 기후변화를 이야기할 때 너무 논리적으로 따지지 말고 점점 더 '비논리적'인 대화법을 찾아야 한다는 것이다.

2장
감정으로 가는 첫걸음

사실보다
감정이 중요하다

산에서 막 돌아온 스키광처럼 보이는 토니 레이세로위츠
Anthony Leiserowitz는 세계적으로 저명한 아이비리그 교수
다. 산을 즐기는 사람답게 건강한 혈색이 아주 인상적인 인
물이다. 그 인상처럼 그의 사무실도 목제로 고풍스럽게 꾸
며져 있다. 나는 예일대학교 산림환경학과의 최고층에 있
는 그 사무실에서 레이세로위츠 맞은편에 앉아 그가 이끄
는 기후 소통 프로그램을 경청하고 있었다. 이 프로그램은
2005년부터 기후변화를 효과적으로 이야기하는 법에 관한
연구로 전 세계를 이끌어 왔다.

　　나는 예일대에서 일주일간 일종의 순례처럼 그 프로그
램 안팎을 오가며 레이세로위츠와 재능 있는 사회과학 대

학원생, 연구자 들과 이야기를 나누었다. 그들은 기독교인들이 기후 문제를 어떻게 대하는지부터 유권자들이 풍력 발전소를 어떻게 생각하는지까지 다양한 연구를 진행하고 있었다. 이 프로그램은 기후변화 소통의 신병 훈련소 같았다.

레이세로위츠는 자신의 현재 분야에 이르기까지 '굽잇길'을 걸어왔다고 표현한다. 그는 미국과 소련이 핵무기로 공멸하는 것을 막는 일을 오랜 진로로 삼고 대학에서 국제관계, 즉 냉전 정치를 공부했다. 하지만 졸업하기 6개월 전 베를린 장벽이 무너졌고, 그의 말마따나 국제관계학은 하루아침에 역사학이 되었다.

여행을 좋아하던 그는 친구를 따라 콜로라도주 아스펜의 스키 휴양지에서 허드렛일이라도 해서 해외여행에 필요한 자금을 마련하려고 했다. 그러다 운 좋게 아스펜지구변화연구소에 취직했고 그곳에서 4년 동안 일류 환경학자들에게 기후변화와 생물 다양성 멸종에 관해 배웠다.

레이세로위츠가 그 연구소에 들어간 때는 인류가 기후변화를 인식해 온 역사에서 중요한 시점이었다. 그때는 천체물리학자 제임스 핸슨James Hansen이 미국 상원 위원회에서 유명한 증언을 한 지 몇 년 지난 1990년대 초였다. 핸슨은 1988년에 일군의 정치인들(여기엔 테네시주 출신의 젊은 상원 의원 앨 고어도 있었다)에게 "온실효과가 포착됐고 그것이 지금 우리 대기를 변화시키고 있다"고 말했다. 핸슨의 증언으로 일반 대중이 기후변화를 인식하기 시작했다. 확실히 그 증언 덕분에 정계와 정책 입안자들이 기후 문제에 관심을 모았고 이 현상에 주목하는 자연과학자들은 막대한 연구 보조금을 받았다.

지구변화연구소에서 레이세로위츠는 환경과학 분야의 일류 교육을 받고 있었지만 사회과학 차원의 연구가 부족하다는 점에 좌절했다. 그는 팟캐스트 '클린캐피털'과 한 인터뷰에서 그 좌절감을 이렇게 회상했다.

(그곳의) 자연과학자들은 굉장했고 그들과 함께해서 영광이었지만, 저는 우리가 문제의 근본 원인보다는 증상에 초점을 맞추고 있다고 느꼈어요. 전 지구적 환경문제를 일으키는 원인은 인류가 제공한 거잖아요. 자연과학은 우리가 문제를 이해하는 데 큰 도움을 줄 수 있지만, 이런 문제는 결국 인간의 인식과 결정, 행동의 결과예요. 제가 느끼기에 우리가 정말 기후 문제를 해결하고 싶다면 자연과학이 해답이 될 수 없을 것 같았어요. 사회과학, 심지어 인문학으로 접근해야 할 것 같았죠.[1]

내가 6월 어느 날 레이세로위츠 사무실에서 한 질문들을 이제 와 돌이켜 보면, 민망할 정도로 투박했다. 나는 기후변화로 공포, 사랑, 분노, 죄책감 같은 내가 기본적으로 떠올릴 수 있는 모든 감정을 겪었고, 그런 경험이 사람들과 이야기할 때 효과가 있는지 물었다. 그는 인내심을 가지고 대답했다. 테마에 따라 변주되는 곡처럼 그때그때 다르다고.

인간의 태도는 반드시 행동으로 이어지지 않는다. 감정적 끌림에 '행동 촉구'가 더해진다고 반응으로 직결되지는 않는다. 우선 인간 심리와 목표 청중의 마음가짐부터 감을 잡아야 한다. 무슨 말을 할지 생각하기에 앞서 내가 누구에게 말하는지, 그들이 무엇을 하게 하고 싶은지 생각해야 한다. 레이세로위츠는 이렇게 말했다. "맥락을 읽어야 해요. 공포 1당 희망 3과 같은 단순한 공식은 없어요."

그렇게 쉽다면 얼마나 좋을까. 기후변화 메시지가 수십 년째 울려 퍼지고 있는데 아직도 많은 사람이 무시하고 거부하는 것이 현실이다. 레이세로위츠는 우리가 누구에게 말하는지뿐만 아니라 그들이 누구에게 귀 기울이고 싶어 하는지도 자문해야 한다고 덧붙였다.

"메시지보다 메신저가 중요할 때가 많아요." 이는 소통의 기본 원칙이지만, 기후변화처럼 정치화된 문제에서는 몇 번이고 반복해서 생각해 볼 가치가 있다. 유명한 환경론자들은 사람들에게 주목받는 만큼이나 외면당할 수 있다. 기후변화가 레이세로위츠 표현대로 '모든 집단행동 문제의 대표급'이지만, 우리가 이 문제를 해결하기 위해 하나로 힘을 합쳐야 한다고 해서 사람들이 행동하도록 설득할 수 있는 하나의 정답이 있는 것은 아니다. "만약 그랬다면 모두 나와 같은 길을 걸어야겠죠."

레이세로위츠에 따르면 기후 운동의 선결 과제 가운데 하나는 미래를 향한 긍정적이고 대안적인 관점을 만드는 것이다.

우리는 원하는 상황보다 원치 않는 상황을 훨씬 더 잘 묘사해요. 사람들을 설득하기 위해 화재와 전염병과 홍수가 난무하는 지옥도를 그리지, 우리가 살고 싶은 더 나은 세상에 대한 대안적인 이야기는 하지 않죠. 그 문화적 공백은 우리 적들이 신나게 채워요. 기후변화 조치에 반대하는 보수주의자들은 툭하면 환경론자들이 우리의 집과 차를 빼앗고 동굴에서 떨게 할 거라고 말해요. 환경론자들에겐 제시할 만한 대안적 비전이 없으니 실컷 그렇게 떠드는 거죠.

우리가 모두 지지할 대안적 비전을 만들려면 서로 다른 집단의 희망, 열망, 가치, 사고방식을 깊이 이해해야 한다. 사회에 존재하는 차이를 이해하고 존중하고 협력하면서 공통점을 파악해야 한다. 이를 위해 예일대학교와 조지메이슨대학교 연구자들이 합작하여 한 가지 접근법을 만들었다. '미국인의 여섯 가지 태도 연구Six Americas study'[2]라는 이 연구는 대규모 설문 조사를 통해 기후변화에 대한 대중의 신념, 태도, 위험 인식, 동기, 가치, 정책 선호, 투표 그리고 미디어 소비 패턴, 근본적인 행동 장벽을 측정했다. 참여자들은 응답에 따라 여섯 개 그룹으로 분류되며 각 그룹은 특정한 태도, 가치, 심지어 인구학적 특성까지 공유한다.

여섯 개 그룹의 한쪽 끝에는 '경각심'이 있다. 기후변화의 현실과 심각성을 확신하고 이미 문제를 해결하려고 개인, 소비자, 정치적 행동에 나선 그룹이다(나는 확실히 이 그룹에 속하고 내 주변 상당수도 그렇다). 나머지 그룹은 기후변화를 우려하는 정도가 다양하며 내림차순으로 '우려', '신중함', '무관심', '회의', '거부'로 나뉜다. 미국, 영국, 호주 같은 사회에서는 각 그룹의 태도를 이해하면 왜 사람들이 기후변화 메시지에 그처럼 반응하는지 더 깊이 이해할 수 있다.

미국인의 여섯 가지 태도 연구를 처음 접했을 때 나는 크리스마스 식탁에 둘러앉은 한 대가족의 모습을 상상했다.

'경각심' 있는 10대 소녀가 '거부'하는 삼촌 맞은편에 앉아 그레타 툰베리 사례를 들어 가며 주장하면 주변 가족들이 저마다 한마디씩 보탠다. 대개 '우려'는 '경각심' 편을 들고 '회의'는 '거부' 편을 든다. 그리고 '무관심'한 어머니는 다들 그쯤 하고 정리하길 바란다.

지난 10여 년 사이 인문학 분야에서 기후변화와 관련하여 점점 더 많은 연구가 이루어졌다. 앞 장에서 언급했듯이 사회과학적 연구가 이 문제에 꼭 필요하다는 인식이 늘어났다. 늦더라도 안 하느니보다 낫지만, 처음부터 '문화인류학'적 관점으로 기후변화를 다루지 않은 것이 참으로 안타깝다.

저널리스트 너새니얼 리치는 책 《잃어버린 지구》에서 우리가 1979년에서 1989년 사이에 기후변화 문제를 다룰 수 있었으나 헛되이 날려 버린 기회를 추적했다. 이 기간에 세계 주요 강대국들은 탄소 배출량 감소를 위해 법적 구속력이 있는 협의안에 서명하기까지 그 어느 때보다 가까이 이르렀다.[3] 리치의 안내를 따라 이 기간에 열린 다양한 회의, 학회, 청문회, 정상회담의 배후를 살펴보면, 그 당시 정책 입안자들과 과학자들이 우려스러운 데이터와 시행 가능한 정부 대책을 이미 파악하고 있었다는 걸 알 수 있다.

이런 일이 벌어지는 동안 일군의 철학자, 경제학자, 사회과학자(이른바 '운명론자') 들은 "인간이 초래한 문제를 인간의 해법으로 푸는 게 가능한지 격렬한 논쟁을 벌이느라 바빴다."[4] 운명론자들은 과학적 신빙성을 따지지 않고 가장 비관적인 자연과학자들이 그린 최악의 시나리오를 기정사실로 여겼다. 그들의 쟁점은 이 존재론적 위기가 코앞에 닥쳤을 때 과연 인간이 그 위기를 막을 의지가 있느냐였다.

> 운명론자들은 이 문제를 더 깊이 인지한들 우리가 과연 합리적으로 대응할지 의심했다. 어렴풋한 재앙의 위협이 변화를 일으킬 충분한 동기가 될까? 얼마만큼 위협을 느껴야 변하며 또 얼마나 변할 수 있을까? 물론 우리는 자식과 손주들의 미래를 걱정하지만, 정확히 얼마나 걱정할까? 우리의 생활수준을 양보할 만큼? 그러려면 얼마만큼 확신해야 하는 걸까? (……) 이 질문은 개인뿐 아니라 기업과 국가에도 물어야 한다. 우리는 미래에 얼마만큼의 가치를 두었는가?[5]

리치에 따르면 운명론자들은 정치인이나 자연과학자 들과 함께 이 중대한 10년간 기후 관련 주요 정상회담에 참석했으나 별다른 주목을 받지 못했다. "운명론자들의 발언은 아

감정으로 가는 첫걸음

무도 귀담아듣지 않는 듯했다." 1979년 봄 세계기후회의에
서는 물리학자들이 회의를 지배했다. 운명론자들이 어떤
주장을 제시하면 물리학자들은 그저 "고개를 끄덕일 뿐 복
사 전달과 관련 현상을 주제로 논의할 기회만 노렸다."

> 어쨌든 구름, 대양, 산림, 미시 세계에서 일어나는 그런
> 현상들이 그들의 전문 분야였으니까. 그래서 경제학자,
> 철학자, 정치학자 들은 아무리 강력하게 경고를 날려
> 도 존재감이 점점 희미해졌다.[6]

우리가 탄소 배출량을 줄이지 않는다면 기후 재앙을 맞이
하리라고 예지한 점에서 자연과학자들은 옳았지만, 그래서
어떻게 사람들을 행동하게 할 것인지에 대해서는 한탄스러
울 만큼 틀렸다. 기후변화가 과학적 사실을 넘어 사회적, 문
화적, 정치적 현상이라는 점을 충분히 인식하지 못했기 때
문이다.

*

기후변화 과학은 과학적 연구법이 허용하는 범위에서 가장
확실하게 증명되었다. 하지만 기후변화는 과학 그 이상이
다. 이는 사회적 현상이다. 기후변화의 사회적 측면에 비하

면 과학은 단순해 보일 수 있다. 물리 법칙은 질서 정연하지만 인간은 변덕스럽다. 사회 연구자들이 기후변화 메시지에 대한 사람들의 반응을 분석하는 일은 단순히 그들이 기후학을 얼마나 이해하고 있느냐(또는 그 반대)를 따지는 것이 아니다. 사람들의 세계관, 정치 성향, 가치관, 문화적 정체성, 심지어 성 정체성까지 분석하는 것이다. 그들의 자아와 내면 심리를 측정한다고 해도 과언이 아니다.

영국 학자 마이크 흄Mike Hulme이 쓴 책《우리가 기후변화를 인정하지 않는 이유》에 따르면 바로 그 점이 우리가 기후변화를 두고 논쟁을 일삼는 이유 가운데 하나다. 흄은 "기후변화에 대한 의견이 일치하지 않는 것은 우리 내면과 가치관, 정체성과 삶의 목적에 깊이 뿌리내리고 있다"고 썼다. "원인은 내부에 있다. 우리가 궁극적인 물리적 현실을 의도적으로 회피한 결과다."[7]

따라서 기후변화에 대한 사회의 갈등과 불화를 어느 정도 해소하기 위해서는 사람들의 다양한 신념 체계와 이를 형성하는 정서적 반응, 사회적 영향력을 이해해야 한다. 기후변화를 이야기하고 대책을 논의할 때도 그것들을 고려해야 한다.

특히 미국이나 호주 같은 나라에서 기후변화가 얼마나 정치화되었는지 고려하면 이는 더 중요하다. 레이세로위

감정으로 가는 첫걸음

츠 연구진의 조사 결과를 보면 1990년대 후반부터 기후변화 문제를 둘러싸고 당파적 노선이 점점 더 양극화해 왔음을 알 수 있다. 이 보고서에는 미국 정책 입안자들이 지구온난화의 해결책을 모색하기 시작한 1997년 교토의정서 협정 전까지는 민주당과 공화당의 관점이 크게 다르지 않았다고 설명되어 있다.

레이세로위츠는 학술지 〈위험 분석〉에서 2003년에 '지구온난화'라는 용어에 대한 일차 반응을 설문 조사했을 때 '사기'나 '날조'라고 표현한 사람은 응답자의 7퍼센트 정도라고 했다. 2010년까지 그 응답은 23퍼센트로 껑충 뛰었다.[8] 영국은 2003년에서 2008년 사이 기후변화 위험이 과장되었다고 믿는 비율이 15퍼센트에서 29퍼센트로 두 배 가까이 불어났다.[9]

앨 고어의 첫 다큐멘터리 〈불편한 진실〉(2006)은 엄청난 성공과 반향을 불러일으켰으나 기후변화 문제를 진보 진영과 강하게 결부시키는 다소 바람직하지 않은 부작용을 낳았다. 레이세로위츠는 오늘날 미국의 기후변화 회의론자와 부정론자 들은 (반낙태, 반이주민 신념과 함께) 공화당에 충성하는 것이 명백한 이념 집단이 되었다고 말한다.

이는 호주 상황과 거의 비슷하다. 수많은 여론 조사 결과를 보면 보수 성향 유권자들이 기후변화를 인간 활동이 초래한 현상이라기보다 '자연 발생적' 현상이라고 믿는다는 것을 알 수 있다. 2017년 한 연구 결과에 따르면 자신을 보수 정당과 동일시하는 호주인은 인위적 기후변화를 거부하는 경향이 상대적으로 훨씬 높고, 그 가운데서도 농촌에 사는 보수 성향 남성들이 가장 회의적이었다.[10]

나는 호주 선거 여론 조사 결과에서 늘 이런 정치적 양극화 현상을 본다. 요즘은 기후변화에 대한 견해를 추측하기 위해 지난 선거에서 어떻게 투표했는지 물어볼 필요조차 없다. 그저 정부의 역할을 어떻게 생각하는지(세금이 과한지? 규제가 너무 심한지?), 가장 신뢰하는 미디어가 무엇인지(블로그와 소셜 미디어? 아니면 공영방송?) 물어보면 가닥이 잡힌다.

물론 소셜 미디어를 비롯한 미디어가 기후 이슈의 정치화와 갈등을 고조하는 데 큰 역할을 한다. 2019년에 이소벨 글래드스턴Isobel Gladston과 트리벨리언 윙Trevelyan Wing 연구진은 미국기후연구소에 제출한 논문에서 어떻게 소셜 미디어가 기후변화와 관련하여 '뚜렷한 양극화 도구'가 되었는지 분석했다.[11] 그들은 소셜 미디어가 다양한 사람들 사이의 상호 작용을 돕는 좋은 플랫폼이 될 수 있지만, 현재로서는 이를 매개로 반박의 악순환이 이어지고 더 극단적인 여론 주동자들이 특정한 정보에 갇혀 새로운 정보를 받아들이지 못하는 '반향실 효과'를 조장할 수 있다고 보았다. 우파든 좌파든 자극적 표현이 더 관심을 끌고 갈등을 증폭하는 알고리즘이 확실히 깔려 있다.

호주와 미국의 기후변화에 대한 양극화 수준은 전 세계적으로 볼 때 그리 보편적이지 않다. 공신력 있는 연구 기관인 퓨리서치센터는 2015년 다음과 같이 밝혔다. "캐나다, 독일, 영국의 보수 정당 추종자들은 진보 정당이나 녹색 정당 추종자들보다 기후변화로 피해를 보리라고 믿을 가능성이 훨씬 낮다."[12] 그러나 다른 많은 나라에서는 기후변화에 대한 정치적 견해 차이가 훨씬 덜 뚜렷하다. 과학 쟁점에 대한 대중적, 정치적 관심도 훨씬 적다.

덜 양극화된 국가(주로 탄소 배출량이 상대적으로 미미하지만 이미 기후변화로 심각한 영향을 받는 국가)의 환경 운동가들은 서구 강대국들에서 기후학을 둘러싸고 끝없이 논쟁하는 모습을 보고 충격을 받는다. 내가 이 책을 쓰는 과정에서 만난 환경 운동가들은 이 점에 좌절하고 있고, 불신도 드러낸다. 강대국들의 당파 싸움은 국제적 차원에서 진전하길 바라는 그들의 희망에 재를 뿌렸다.

내가 인터뷰한 필리핀의 해양 보호론자인 애나 오포사 Anna Oposa도 바로 이 점을 지적했다. 애나 역시 서구권 일부 정치 지도자들이 아직도 기후변화의 원인을 두고 논쟁을 벌이고 있다는 사실에 충격을 받았다고 했다.

> 유엔기후변화회의에 청소년 대표로 처음 참석했을 때 기후변화가 어떤 나라에서는 매우 정치적인 이슈임을 깨달았어요. 저한테 기후변화는 늘 당파의 문제가 아니라 지지의 문제였거든요. 필리핀에서 기후변화를 이야기하면 다들 이해하며 태풍과 홍수 피해와 연관 지어 생각하죠. 진정한 회의론자는 만나 본 적 없어요. 기후변화가 자연 발생적이라고 생각하는 사람은 있을지 모르지만, "연구 자금 타려고 꾸며 낸 거짓말 아니야?" 하고 묻는 사람은 아무도 없어요. 미국이나 호주 뉴스를 들으면 이게 정녕 실화인가 싶어요.

따라서 사람들과 기후변화를 이야기할 때, 그것이 과학적인 문제일 뿐 아니라 사회적, 정치적인 문제라고 생각하는 편이 좋다. 일부 국가에서는 점점 그렇게 나아가는 추세다. 그러나 사람들의 확립된 정치 성향을 기후변화에 대한 반응과 연결 짓는 것은 큰 그림의 일부에 지나지 않는다. 그들의 감정적인 반응을 이해하는 것이 훨씬 더 중요하고, 그것은 우리를 정치의 영역에서 심리학으로 이끈다.

기후변화를 둘러싼 심리학을 파고들수록 내 포커스 그

룹 참여자들이 보이는 다양한 반응들이 점점 더 이해가 갔다. 나는 대학에서 심리학이 아닌 법학과 정치학을 전공했다. 후회하는 건 아니지만 그때 심리학을 몇 과목이라도 들었으면 좋았겠다는 아쉬운 마음이 든다. 나는 장장 15년 동안 호주 전역의 수천 개 포커스 그룹을 인터뷰하고 세계 곳곳의 사회조사와 연구 자료를 검토하면서 심리학 지식을 서서히 흡수했다.

심리학 렌즈를 통해 기후변화 문제를 보면 우리가 왜 아직 이 지점에 있는지 알 수 있다. 2018년 미국 기상학자 제임스 마셜 셰퍼드J. Marshall Shepherd의 TED 강연 '우리 세계관을 형성하는 세 가지 편향'을 보자.[13] 자칭 기후 괴짜 weather geek인 그는 기후변화를 믿느냐는 질문을 자주 받는다. 그에게 과학은 믿음의 문제가 아니기에 그 질문이 이상하다. 과학은 무엇이 진실이고 거짓인지를 증명하는 학문이다. 그는 기후변화, 백신 효과, 진화론처럼 과학자들이 사실로 판명한 것과 설문 결과에서 드러나는 대중의 신뢰도가 어째서 동떨어져 있는지 의문을 품었다.

그래서 자연과학자인 셰퍼드는 심리학 측면에서, 어떤 심리가 우리 세계관을 형성하는지 탐구하기 시작했다. 그는 3대 편향을 꼽았다. 첫 번째이자 가장 명료한 편향은 확증 편향confirmation bias으로, 우리가 이미 믿고 있는 바를 뒷받침하는 증거를 찾는 성향이다. 소셜 미디어를 통해 원치 않는 정보는 거르고 이미 확립된 믿음을 뒷받침해 주는 사람을 팔로할 수 있는 온라인 세상에서는 확증 편향이 더욱 뚜렷하게 드러난다.

두 번째는 더닝 크루거Dunning-Kruger 효과로, 이는 우리가 모르는 것을 과소평가할 뿐만 아니라 실제로 아는 것보다 더 많이 안다고 착각하는 성향을 뜻한다. 참고로 나는 이런 성향을 포커스 그룹 참여자들에게서 늘 목격한다. 전문적 과학 교육을 받지 않은 사람들도 기후학을 조목조목 따지고 분석한다.

마지막 편향은 인지 부조화cognitive dissonance다. 우리는 자기 신념과 일치하지 않는 생각이나 행동을 접하면 불편해한다. 그래서 새로운 증거가 제시되어도 자기 신념에 부합할 때까지 합리화하며 불편함을 해소하려 한다.

기후변화는 몹시 불편한 주제이기에 나는 포커스 그룹 참여자들이 인지 부조화를 겪는 모습을 자주 발견한다. 사람들은 자연재해의 강력한 증거를 맞닥뜨렸을 때도 기후변화 이외의 원인을 찾으려고 애쓴다. 또한 더닝 크루거로 논리의 빈틈을 파고들어 꼬투리를 잡고, 확증 편향으로 자신의 견해를 뒷받침하는 게시물을 찾아 헤맨다.

제임스 마셜 셰퍼드는 이 세상을 보전하고 더 나은 미

래를 만들려면 대중의 인식과 과학적 사실 사이의 격차를 좁혀야 한다고 주장한다. 그리고 각자 신념을 지탱하기 위해 어떤 편향을 이용하는지 돌아보라고 조언한다. 내가 어디서 정보를 얻는지, 그 정보의 신빙성을 따지기보다 그저 믿고 싶은 대로 해석하지는 않는지 생각해 보라고. 그러고 나서 나와 세상에 대해 깨달은 바를 다른 사람과 공유하라고.

현명한 조언이다. 우리는 타인의 편견을 극복하기 전에 먼저 자신의 편견을 돌아봐야 한다.

다시 강조하지만, 이제 기후변화 문제에 논리적 판가름을 멈추고 감정으로 다가가야 한다. 더 많은 과학은 해결책이 아니다. 사람들이 해결책이다. 즉 이성적이면서 감정적이고 변덕스럽고 창의적인 사회적 동물인 인간의 심리가 어떻게 작동하는지 이해해야 한다.

앞으로 이 책에서는 인간이 감정(공포, 사랑, 죄책감, 절망 등)에 어떻게 반응하고 그것이 우리가 기후변화를 이야기할 때 어떤 의미가 있는지 구체적으로 살펴볼 것이다. 다행히 기후변화에 대한 사회적 반응을 파악하는 데 감정을 주목하는 연구가 점점 늘어나고 있다.

감정과 행동의 관계는 늘 일관되거나 예측 가능한 것이 아니다. 하지만 우리 감정을 더 깊이 이해해야 더 나은 해법을 찾고 사람들을 행동하게 할 수 있다는 점은 분명하다. 등교 거부로 기후 파업에 동참한 10대들이 보여 주었듯이 말이다.

3장
소녀 환경 운동가들

10대들에게 배우는
기후 대화법

소녀 환경 운동가들은 기후변화에 대한 나의 '심경의 변화'를 촉발했다는 점에서 내가 이 책을 쓰기 위해 가장 먼저 조사한 대상이었다. 무엇이 그들을 자극했을까? 그들은 어떻게 나를 포함해 다른 사람들을 자극할 수 있었을까? 그리고 그들이 기후변화를 이야기하는 방식을 통해 우리는 무엇을 배울 수 있을까?

그리하여 나는 어느 온화한 일요일 오후, 시드니 교외에 있는 데이지 제프리Daisy Jeffrey 집을 찾아갔다. 먼저 부모님에게 인사하고 데이지와의 인터뷰를 촬영해도 되는지 허락을 구한 뒤 데이지와 식탁에 마주 앉아 내가 가져간 초콜릿 아이스크림을 먹으며 차를 마셨다. 크고 또렷한 갈색

눈으로 안경 너머 나를 바라보는 귀엽고 당찬 열여섯 살 소녀 데이지는 명문 음악 고등학교에서 첼로를 전공하는(내가 그 나이였을 때보다 훨씬 재능 있는) 학생이었다.

그 당시 데이지는 딱히 음악가의 길에 관심 있지 않았다. "음악으로 좋은 직업을 얻기란 정말 어렵잖아요. 20대 후반 멋진 음악인들이 평범한 일을 하며 작은 아파트 월세를 내느라 고생하고 있어요. 꼭 음악이 아니어도 제가 열정을 가진 분야는 많아요."

그 분야 가운데 하나가 기후변화다. 데이지는 호주청소년기후행동을 조직한 한 사람으로, 텔레비전과 라디오에 시위대 대표로 나가기도 했다. 우리가 만난 지 몇 달 뒤 데이지와 그레타 툰베리를 비롯한 세계 곳곳의 청소년 운동가들은 스페인 마드리드에서 열린 유엔기후변화협약 당사국총회에서 세계 지도자들의 지지부진한 논의에 좌절하여 회의장을 덮쳤다. 나는 데이지와 동료들이 어떻게 그 많은 사람을 기후 파업에 가담하도록 이끌었는지 궁금했다.

청소년들, 특히 10대 소녀들 사이에서 기후변화를 우려하는 분위기는 뚜렷하다. 호주의 여러 설문 조사 결과에 따르면 나이가 어릴수록, 아버지와 아들보다는 어머니와 딸이 기후변화를 더 많이 우려하는 것으로 나타났다. 데이지도 아주 어려서부터 환경문제에 관심이 있었다. 일곱 살

때 호일 쓰레기를 재활용하는 아이디어를 담아 총리에게 편지를 썼고, 몇 년 후에는 몇몇 친구들과 환경 블로그를 개설했다. 그 후 몇 년간은 그리 활동적이지 않았어도 스스로 환경 의식에 밝다고 여겼다. 그리고 얼마 후 기후 파업이 일어났고, 많은 것이 변했다.

데이지는 기후 파업에 처음 참여하자마자 단숨에 압도당했다. "이건 다르구나 싶었어요. 학생들이 참다못해 거리로 나가서 목소리를 낸 거죠. 감정이 북받쳤어요." 그 후 데이지의 학교 식당에서 자원봉사 하는 어느 학부모가 데이지를 조직책에 연결해 주었다. "저는 학교에서 늘 목소리를 내는 애였거든요. 그분이 제 열정을 알아보신 거죠."

두 번째 기후 파업에서 자기 학교 전교생 160명 가운데 50명을 참여시킨 데이지는 두 번째와 세 번째 파업을 조직한 주역이었고 군중 수천 명 앞에서 열정적으로 연설했다. 텔레비전과 라디오에 정기적으로 출연하면서 글로벌 미디어 거물 루퍼트 머독Rupert Murdoch이 소유한 영국 위성방송 스카이 뉴스에서 기후변화를 부정하는 고위 연방 정치인과 논쟁을 벌이기도 했다. 동료들과 함께 호주 수도 캔버라에 가서 정치인들을 접견하고 관련 정책을 탄원했다. 기후 행동 주동자라는 이유로 소셜 미디어를 통해 협박 메시지를 받기도 했다.

내가 가장 궁금했던 점은 데이지가 어떻게 우려하는 것을 넘어 행동하도록 다른 학생들을 설득해 냈는지였다. 학교에서 말릴 것은 뻔하고 부모도 적극적으로 권했을 리 없다. 자칫 지역 유지를 포함해 주변 사람들에게 숱한 비난을 받을지도 모르는 일이었다. 그들의 기후 행동은 베트남 전쟁 당시 대규모 반전 시위를 떠올리게 했다.

데이지는 학교 조회 시간에 참가자들을 모집하기 위해 평소처럼 외쳤다. "파업을 앞두고 있습니다. 기후변화가 현실이기 때문입니다. 우리에게는 세 가지 요구 사항이 있습니다. 여러분께서 지지 의사를 보내 주시면 큰 힘이 되겠습니다. 학교 측에 결석에 대해서는 미리 귀띔해 두었습니다." 연설이 끝나자 지지자들은 박수를 보냈고 동급생 20명이 참가 명단에 이름을 올렸다. 하지만 그보다 많은 수를 일대일 대화를 통해 모집했다. 데이지는 그 일대일 대화가 마이크로 전달되는, 학교 복도를 쩌렁쩌렁 울리는 메시지보다 훨씬 강력하다고 느꼈다. "목 놓아 외치는 건 사람들을 움직이는 데 별로 효과가 없는 것 같아요. 그걸 어렵게 배웠어요. 사람들은 시간을 들여 한 사람과 대화하는 힘을 과소평가해요. 그렇지만 상대방을 반만이라도 설득해 낸다면 정말 큰 차이를 만들 수 있죠."

데이지는 학교 친구들뿐만 아니라 낯선 사람도 설득할

수 있었다. 어느 날 아침 데이지는 길거리에 파업 선전물을 붙이고 도로에 분필 아트를 하다가 한 아저씨가 자기 아들들에게 하는 말을 우연히 들었다. "이런, 망할 빨갱이들 또 시작이네." 데이지는 큰맘 먹고 말을 걸기로 했다. "제가 가까이 가자 그 아저씨는 크게 당황하더라고요. 저는 파업을 주도하는 게 몇몇 아이들이라고 설명했어요. 나중에 그 아저씨 아들들도 파업에 동참했어요. 그 아저씨는 우리가 하는 일에 완전히 동의하지는 않았지만, 대화가 끝날 무렵엔 어느 정도는 이해한 듯했어요."

데이지는 사람들의 관심을 촉구하는 메시지에는 항상 '또래 저항peer resistance'이 따른다고 생각한다. "이렇게 말하는 친구들이 있어요. '나는 남들과 달리 재활용을 해' 그럼 저는 멋지다고 칭찬하죠. 하지만 제 생각에 그 친구들은 기후 파업이 이 문제를 호주의 주요 담론으로 끌어올리는 데 미치는 영향을 과소평가하고 있어요."

데이지가 볼 때 학생 집단행동의 또 다른 장벽은 미디어가 가차 없이 그려 내는 세상의 비관적인 이미지다. "언론을 보면 희소식은 거의 없어요. 그저 눈길을 끄는 끔찍한 뉴스뿐이죠. 그럼 내 주변에서 일어나는 일에 일종의 방어막을 두르게 돼요. 생각하지 않으면 고민할 필요도 없고 경각심도 들지 않거든요. 그저 먼일처럼 말하게 되죠. 눈앞에 없는 것처럼요."

데이지는 자신을 정치적으로 좌경이라고 보지만 기후 변화가 지나치게 당파적인 문제가 되어 가고 있다며 걱정했다. "기후변화는 모두의 문제인데 좌익의 문제로만 그려져 왔죠." 또한 기후변화 논쟁에서 쉽게 상대편을 조롱하거나 탄광 산업을 비난하는 일부 동료들과 달리 데이지는 그러한 산업에 종사하는 사람들의 입장을 공감한다. "저희 할아버지는 탄광 기술자였어요. 업계가 긴축되자 일자리를 잃고 청소부로 일하셨죠. 오랜 세월 세계 곳곳의 탄광을 보수하는 일에 열정을 쏟았는데 갑자기 정체성을 박탈당한 거예요. 대학 학위는 무용지물이 되었죠."

이야기를 나눠 보니 데이지는 기후변화 메시지를 전달하는 데 공감이 분노만큼 강력하다는 점을 이해하고 있었다. "기후 운동 단체의 고질병 가운데 하나는 탄광에서 자기 삶을 꾸려 나가는 사람들에게 얼굴을 덧씌우는 걸 잊어버린다는 거예요. 왜 이들이 자기 아이들의 미래를 생각하지 않고 화석연료에 계속 의존하려고 할까요? 확실한 건 이들도 나름대로 자식들을 위해 최선을 다하며 화석연료가 최선이라고 믿는다는 점이에요."

공감 능력이 뛰어난 걸 보니 데이지의 롤 모델이 뉴질랜드 저신다 아던Jacinda Ardern 총리라는 점에 쉽게 수긍이 갔다. "침착하고 어진 인물이에요. 쉽게 언성을 높이지 않죠. 물론 강력하게 외치는 것도 좋지만 누군가와 마주 앉아 차분하게 대화하는 능력이 정말 중요해요. 10대 소녀들이 특히 잘하는 일이죠."

호주에서 학생들의 기후 파업을 조직하고 이끈 일은 데이지 자신에게도 긍정적인 영향을 주었다. 전 세계 수많은 청소년, 특히 소녀들과 마찬가지로 데이지도 기후 운동에 뛰어들기 전인 10대 초반에 '지독한 정신 사춘기'를 겪었다. "목적의식을 찾으려고 애썼어요. 태양이 결국 지구를 삼켜 버릴 텐데 왜 굳이 신경 써야 해? 제가 내린 결론은, 이왕 살아갈 거면 행복하게 살고 내가 믿는 것을 위해 싸우려고 노력하는 게 옳다는 것이었어요."

2019년 호주 연방 선거에서 기후변화 부정론자가 대다수인 보수당이 재집권하게 되어 기후 파업 학생들은 좌절할 수도 있었을 것이다. 데이지 말에 따르면 과연 선거가 끝난 밤 눈물과 분노가 넘실거렸지만, 흥미롭게도 그리 오래가진 않았단다. "그날 밤 11시에 호주 각 지역의 파업 주동자들과 거국적인 그룹 채팅을 했어요. 이야기는 이렇게 흘러갔죠. '좋아, 이제 어떡하지? 뭔가 하긴 해야 하잖아.'"

★

집 밖에서 데이지와 부모님에게 작별 인사를 할 때 문득 데이지의 기후 파업 지도력이 음악적 소양과 관련 있는지 궁금해졌다. 혹시 첼로를 배워서 평생 적용할 만한 통찰을 얻었는지 물었더니 데이지는 이렇게 답했다.

> 음악은 다른 언어 같아요. 연주와 정기적인 공연을 통해 나를 표현하다 보니 발표에 어느 정도 자신감이 붙었어요. 대규모 악단 일원이 되어 함께 연주하면 소속감과 유대감을 느낄 수도 있고요. 음악은 늘 자기만의 방식으로 해석해야 해서 다른 각도에서 바라보는 법을 배웠어요. 그게 다른 사람들과 감정적으로 관계 맺는 데도 큰 도움이 됐어요.

10대 소녀들이 유독 영향력 있는 기후 운동가가 된 것은 정서적 유대감과 설득력 있는 대화를 통해서였다. 그레타 툰베리가 독보적으로 유명하긴 하지만 세계 곳곳의 젊은 여성들이 기후 운동의 최전방과 중심에서 활약하고 있다는 점은 분명하다. 집회와 언론에서 설파하는 주요 인사가 바로 그들이다. 데이지가 말한 대로, 소녀들은 이걸 정말 잘한다.

10대 소녀들이 강력한 기후변화 전달자라는 점을 뒷받침하는 연구 결과가 있다. 노스캐롤라이나 주립대학교 대니엘 로슨Danielle Lawson 연구진은 어린이와 청소년이 기후변화 문제에 얼마나 영향을 미칠 수 있는지 알고 싶었다. 그들은 세대 간 학습을 통해 공동체 안에서 기후변화를 우려하는 분위기가 조성될 수 있다고 전제했다.[1]

미국, 캐나다, 호주 같은 나라에서는 기후변화에 대한 태도에 영향을 미치는 가장 큰 요소가 정치적 성향이다. 로슨 연구진은 어쩌면 세대 간 대화가 정치적 분열을 피해 가거나 돌파할 수 있을지도 모른다고 보았다. 또한 어린이들은 기후변화를 인식할 때 세계관이나 정치적 이해관계에 덜 민감하며, 따라서 미성년자가 정치적 문제에 더 개방적이고 유연한 태도를 보이리라 상정했다.

로슨 연구진은 미국 노스캐롤라이나주 연안 도시 어느 중학교에서 이른바 '교육적 개입'을 실시했다. 238곳 가정의 학생들(만 10~14세)로 구성된 실험 집단과 통제 집단에 교사 15명을 배정하고 세대 간 소통을 촉진하기 위해 특별히 고안한 기후변화 커리큘럼을 제공한 뒤, 2년간 학생과 학부모에게 미치는 영향을 조사했다. 연구진은 이러한 세대 간 대화가 어떻게 가족의 다양한 역학 관계와 인구 통계 전반에 걸쳐 이뤄질 수 있는지 더 잘 파악하기 위해 성별,

인종, 정치 이념, 그리고 가족들이 얼마나 기후변화에 관해 대화했는지와 같은 요소들을 통제했다.

연구 결과가 발표되고 난 직후에 여러 언론에서 불신자를 설득하는 최고의 전달자는 10대 소녀들이라고 보도했다. 이 연구에서 네 가지 주요 시사점을 발견했다. 첫째, (놀랄 것도 없이) 기후 커리큘럼에 노출된 아이들은 대조군에 속한 아이들보다 기후변화를 걱정하게 되었다. 둘째, 걱정하는 아이들은 계속해서 부모님과 기후변화에 관해 이야기했다. 셋째, 이 발견이 정말 놀라운데, 걱정하는 아이들의 영향을 가장 많이 받은 부모들은 대체로 기후변화 메시지에 저항하던 사람들이었다. 연구진은 "개입 이전에 우려 수준이 가장 낮았던 부모가 가장 큰 변화를 보였다"고 설명했다.[2] 마지막으로, 부모가 기후변화에 더 관여하도록 설득하는 데 아들보다 딸이 효과적이었다(이 발견이 언론 보도의 근간이 되었다).

나는 세 번째와 네 번째 발견에 흥분했다. 세대 간 대화가 기후변화 메시지에 대한 저항, 특히 보수적 아버지들의 저항을 돌파할 수 있다는 점이 아주 흥미로웠다. 실제로 연구 결과에 따르면 "남성 또는 보수 성향의 부모는 실험 후 걱정하는 수준이 두 배 이상 늘어나는 등 여성 또는 진보 성향의 부모보다 더 큰 증가세를 보였다."[3]

로슨 연구진은 또 기후변화에 대한 정보를 되도록 지역 문제와 밀접하게 연관 짓는 것이 중요하다는 점을 발견했다. 실험 참여 교사들은 지역 현안에 초점을 맞춰 교육하고 현장 체험 학습과 학부모 참여를 활성화했다. 기후변화 정보를 개인적인 것과 관련 있게 만든 것이다. "현지 실태에 맞춰 기후변화 담론을 형성하면 회의적이었던 청중의 수용도가 증가하므로, 현지의 현안 교육이 기후변화에 회의적인 이들을 포함해 부모와 자녀를 모두 학습시켰을 것이다."[4]

　　마지막으로, 이 연구 결과 가정에서 기후변화를 더 많이 이야기할수록 부모의 우려 수준이 높아진다는 점을 알 수 있다. 대화가 관건이었다. 아마도 이 점이 아들보다 딸이 부모의 태도를 바꾸는 데 더 효과적이었던 이유일 것이다. 저녁 식탁에서 자녀들과 대화하려고 노력한 많은 부모가 인정하겠지만 그 또래 여자아이들은 남자아이들보다 언어적 소통에 더 능숙하다(덜 퉁명스럽다). 이는 성격이나 교육과 무관하다.

　　전반적으로 이 연구는 학교 교과과정에 기후변화를 포함시키는 것이 이 문제를 공동체 안에서 더 폭넓게 교육시키는 효과적인 방법이 될 수 있다는 것을 보여 준다. 이로써 더 많은 기후 운동가들을 배출할 수도 있다. 내가 이 책을 쓰기 위해 인터뷰한 여러 남녀 학생들은 학교에서 배운 내용으로 지구온난화가 자기 지역에 미치는 영향을 더 잘 인식하게 되었으며 스스로 환경보호에 열의를 가지게 되었다고 말했다.

10대 소녀들의 소통 능력은 전 세계적으로 성 규범이 변하고 있다는 사실과 멋지게 맞물린다. 이제 많은 나라에서 여자아이들에게 정치적 소견을 갖고, 세상 지식에 자부심을 품고, 과학과 기술, 공학, 수학 과목에 더 많은 관심을 가질 수 있도록 장려한다.

미국이나 호주 같은 나라보다 노인 공경 문화가 두드러지는 사회에서도 이러한 세대 간 학습이 이뤄질 수 있을까? 베이징에 있는 중국과학대학교의 두 학자는 그렇다고 밝혔다. 다만 거꾸로 노인들이 아이들에게 기후변화의 영향을 이해하도록 돕는 방향이었다. 후스판Sifan Hu과 천진 Jin Chen은 중국의 농촌 지역 열두 곳에 기후변화 교육 프로그램을 도입했다. 여기에는 포커스 그룹 안에서 10~13세 청소년들이 60세 이상 노인들과 소통하는 것도 포함됐다.[5]

포커스 그룹의 목적은 해당 지역에서 지난 수십 년간 관측된 기후의 변화를 이야기하는 것이었다. 중국에서 노인들의 지위가 이 연구의 핵심 요소였다. 연구진은 이렇게 서술했다. "지역공동체의 노인들은 신뢰할 수 있는 전달자다. 특별한 지위를 가진 '전문가'로 인식된다. 게다가 중국에서는 노인을 공경하고 약자를 돌보는 것이 전통적 미덕이며 이 점은 이 접근법을 강화할 수 있다."[6]

실제로 노인들이 공유한 (과학 데이터와 일치하는) 기후변화에 대한 기억이 청소년들에게 미친 영향은 컸다.

> 기후변화에 회의적이었던 청소년들은 프로그램에 참여한 이후, 전보다 더 걱정하거나 위험을 인식하고 의식적인 행동을 하는 등 의미 있는 변화를 보였다. 분석에 따르면 청소년들의 우려 수준과 의식적인 행동 교정의 변화는 기후변화 완화에 힘을 보태려는 더 큰 의지로 이어졌다.[7]

다시 말해 노인들이 하는 기후변화 이야기가 청소년들을 설득했고, 이 청소년들은 기후 행동에 더욱 마음을 열었다. 노스캐롤라이나 연구 결과와 마찬가지로 기후변화의 국지적 영향에 초점을 맞추는 것이 중요했다. 이는 '추상적인 것을 구체화'한 결과로, 보이지 않는 기후변화 과정을 가시화해서 참여로 이끄는 것이었다.[8]

매우 다른 두 문화권의 사회적 실험은 모두 세대 간 대화가 기후변화에 대한 고착된 태도마저 바꾸고 기후 행동과 관련된 정책을 지지하도록 장려할 수 있음을 시사한다. 여기서 핵심은 사랑하고 신뢰하는 사람들과 기후변화를 지역적으로 시급한 문제로 논의하는 것이다. 거듭 말하지만, 메시지보다 메신저가 더 중요하다. 국지적 환경 변화는 국내 또는 국제적 환경 변화보다 더 쉽게 관찰되고 더 걱정스럽다. 그리고 오늘이 내일보다 이야기하기 더 쉽다.

★

이 책을 쓰는 동안 나는 그레타 툰베리의 추종자들이 매스컴을 장악하는 모습을 지켜봤다. 2019년 9월 툰베리는 태양열 요트를 타고 런던에서 뉴욕으로 건너가 유엔기후행동정상회의에 참석해 세계 지도자들과 세계적인 언론 앞에서 연설을 했고 뉴욕에서 기후 파업을 이끌었다. 도널드 트럼프를 따갑게 노려보는 모습이 카메라에 잡히기도 했다. 툰베리를 노벨 평화상 후보로 지명하자는 목소리도 있었다. 물론 전 세계 정치계와 언론계 우익 지도자들은 툰베리를 비난했다. 그들은 툰베리가 발달장애의 한 갈래인 아스퍼거 증후군을 앓고 있다는 사실과 그로 인한 외모를 공격하기도 했다.

그런 인신공격은 뻔하고 저열하지만, 나는 그 외모가 툰베리의 영향력에 중요한 역할을 한다는 점을 부인하지 못하겠다. 툰베리는 실제 나이인 열여섯 살보다 훨씬 어려 보인다. 길게 땋은 머리와 립글로스도 바르지 않은 앳된 얼굴을 보면 열 살이라고 해도 믿을 정도다. 말투는 솔직하고 당차며 여느 10대의 말투에 조금도 물들지 않았다("기후변화는, 그러니까, 정말 심각한 문제입니다. 어느 모로 봐도 멋지지 않습니다……"). 그리고 툰베리는 자신에게 가장 중요한 문제에 매서운 눈으로 집중한다. 나는 툰베리가 말하는 모습을 보면 내 아이들이 나에게 묻곤 하는, 대답하기 어렵거나 불편한 질문들이 떠오른다. 내 신경을 건드려 애써 외면하려고 했던 무언가에 직면하게 하기 때문이다. "엄마, 엄마는 왜 다리털을 밀어? 아빠는 안 미는데?" "돼지도 감정을 느껴?" "나는 죽으면 어디로 가?"

과학 소통 전문가 조지 마셜은 《기후변화의 심리학》에서 대중을 설득하는 캠페인에서 소녀들이 하는 역할에 관해 썼다. 소녀들은 순수한 질문자나 희생자로서 메시지에 중추적 역할을 자주 해 왔다. 무릎 위에 어린 소녀를 앉힌 한 남자의 모습과 "아빠는 세계대전 때 뭐 했어요?"라는 표어를 실은 제1차 세계대전 모병 포스터는 유명하다.

그 포스터는 영국 남성들에게 나중에 자손들의 껄끄러운 질문에 떳떳이 답하려면 전쟁에 자원하라고 호소하는 메시지였다. 다만 그 포스터에 영감을 준 일화의 실제 인물

이 유명한 모병 포스터는 1914년 영국 육군성을 위해 제작되었다.
조지 마셜은 이것을 기후 옹호자들에게 효과적일 수 있는 행동 변
화 촉구 캠페인의 사례로 꼽는다.

소녀 환경 운동가들 77

은 아버지와 아들이었다. 포스터를 그린 화가는 더 강하게 호소할 수 있으리라 직감하고 질문자를 어린 딸로 바꿨다.

조지 마셜은 이 이미지가 그 후 많은 행동 변화 유도 캠페인의 골자가 되었다고 주장한다. 사람들의 수치심을 일깨워 행동을 촉구함과 동시에 자녀를 향한 사랑을 이용하는 것이다.

이 상징적인 포스터에 영감을 준 도덕적 딜레마는 기후변화 소통에서 반복되어 나타나는 윤리적 주제다. 내 아이들이 잘 살기를 바라는 마음은 인간이 지닌 가장 강력한 진화 동기이며, 이기심을 항상 압도하는 몇 안 되는 관심사 가운데 하나다. 표면적으로는 후세대가 우리가 내린 결정에 대해 묻는 것처럼 보이지만 그 이면은 아이들이 미래에 우리에게 뭐라고 따질지 상상하게 만드는 것이고, 이는 강한 행동 자극제가 된다.[9]

마셜은 이 포스터가 사회적 공감처럼 보일 수도 있지만 실제로는 '또래 압력, 믿음직한 전달자, 사회적 규범, 내집단 충성도'의 매우 효과적인 조합이었다며,[10] 오늘날 기후 옹호자들이 지속해서 영감을 받아야 하는 이미지와 표어라고 주장한다.

이 포스터는 내가 기후변화에 몰두하게 된 계기였던 뉴스 장면의 또 다른 버전이었다. 내 아이들이 커서 지구의 상태를 깨달았을 때 나는 아이들의 눈을 마주하고 "알아, 미안해. 하지만 네가 살아갈 만한 세상을 만들기 위한 운동에 내가 힘썼다는 것도 알아주렴"이라고 말할 수 있었으면 한다. 나에게는 기후 행동에 개인적, 직업적 노력을 기울이는 일이 '자식 보호' 범주에 든다. 생선 가시를 발라 주고 낯선 사람을 조심하라고 경고하는 일과 다르지 않다. 하지만 그건 내가 이미 기후변화에 대한 우려와 내 아이들의 미래 사이에 깊은 연관성을 만들어 놓았기 때문이다. 분명 모든 부모가 이렇게 대응하지는 않는다.

내가 세계자연기금 호주 지부 의뢰로 시행한 선거 후 분석 결과에서, 자녀가 많을수록 부모가 친환경 정당으로부터 멀어질 가능성이 크다는 점을 발견했다.[11] 미국, 캐나다, 영국에서 한 다른 연구들도 비슷한 결론을 내렸다.[12] 그 점은 쉽게 수긍이 간다. 마셜이 지적했듯이, 자녀가 있는 사람들은 "그저 울고 웃고 잃어버린 신발 한 짝을 찾느라 바쁜 일상에 매몰되어 기후변화는 별로 이야기하고 싶지 않은 까다로운 주제라고 생각해 버린다."[13] 따라서 자녀를 걱정하는 마음에 환경적 호소를 할 수 있는 범위에는 한계가 있다. 데이지가 말했듯이 탄광업 종사자들도 자기 아이들을 사랑한다.

그레타 툰베리는 '아빠' 모병 포스터로 시작된 전통을 잇고는 있지만 한 가지 중요한 길로 이탈한다. 툰베리는 화를 낸다. 삿대질하며 비난한다. 천진난만한 질문이 아니라 분명하고 직접적인 심문으로 우리의 수치심을 일깨워 행동을 부추긴다. 툰베리의 무기는 분노와 감정만이 아니다. 과학적 지식도 있다. 그 조합이 전 세계 많은 사람을 열광시킨다.

툰베리가 뉴욕에서 한 연설은 주로 '격앙되고 감정적인' 것으로 묘사되며 비판 세력과 악플러들의 표적이 되었다.

이건 아닙니다. 저는 지금 여기 있으면 안 돼요. 대서양 건너편에 있는 학교에 있어야 합니다. 그런데 여러분은 우리 청년들에게 희망을 바란다고요? 어떻게 감히 그러나요! (……) 여러분은 헛된 말로 저의 꿈과 어린 시절을 빼앗았습니다. (……) 여러분은 우리를 낙담시키고 있습니다. (……) 우리 젊은 세대는 여러분의 배신을 이해하기 시작했습니다. 미래 세대의 눈이 여러분을 향해 있습니다. 계속 우리를 좌절시키려고 한다면, 우리는 절대 용서하지 않겠습니다. 여러분이 이 책임에서 빠져나가도록 내버려 두지 않을 것입니다. (……)

전 세계가 깨어나고 있습니다. 여러분이 좋든 싫든 변화는 다가오고 있습니다.[14]

모든 우익 권위자들과 정치인들은 그 순간 툰베리를 끌어내거나 군대식 기숙학교로 보내 버리고 싶었을 것이다. 그 연설의 내용과 말투는 부모님이 위선적인 거짓말쟁이라는 걸 깨닫고 더는 착한 딸 노릇을 그만두겠다고 선언하는 청소년의 정당한 분노와 닮았다. 게다가 과학자 99퍼센트가 툰베리의 주장을 뒷받침하기에 무시하기는 어렵다.

물론 신랄한 비판 세력만큼은 아니지만 그 연설 내용을 지지하면서도 툰베리가 어떤 선을 넘진 않을까 걱정하는 사람들도 있다. 툰베리는 운동의 주축이지만 모든 집단을 설득할 만한 적임자는 아니다. 자신도 그것을 알고, 사람들이 과학자의 말을 새겨듣도록 늘 힘쓰고 있다고 말한다. 툰베리는 데이지처럼 세계 무대에 막 발을 내디딘 젊은 세대를 고무시켜, 나이와 권력이 더 많은 세대가 신속하고 결단력 있게 행동하게끔 부추기고 있다.

여자아이들은 기후변화 운동의 가장 효과적인 전달자로서 독특한 기술을 가지고 있다. 앞서 살펴본 대로 지역적, 개인적 세대 간 소통은 기후변화가 현실이라는 것뿐만 아니라 당장 행동해야 한다고 사람들을 설득하는 데 매우 효과적이다. 하지만 젊은 여성은 효과적인 전달자를 넘어서 더 중요한 역할을 한다. 그들은 온실가스 배출량을 줄이는 데 큰 몫을 할 수 있다. 특히 소비 수준이 이미 낮은 국가에서는 더 그렇다. 이들에게 진정한 선택권과 경제적, 사회적 힘을 제공할수록 환경문제에 도움이 된다.

작가이자 환경 운동가인 캐서린 윌킨슨Katharine Wilkinson은 TED 강연에서 지구의 오염물 배출량을 낮추려면 전 세계 여성들의 권리를 신장해야 한다고 주장했다. 윌킨슨은 우리가 성 형평성에 한 발 더 다가가면 지구온난화 해소에도 한 발 더 다가갈 수 있다고 믿는다.[15] 우리는 여성이 더 많이 교육받을수록 아이를 적게 낳는다는 점을 알고 있다. 따라서 여성을 교육하는 일은 인구 조절을 위해 중요하다. 학구열이 높은 여성들은 대체로 결혼을 늦게 하며 자녀도 적게 낳는다. 개인의 일들이 시간이 지나면서 세계적으로 영향을 미치게 된다. 윌킨슨은 인구 10억 명이 감소하면 1200억 톤의 온실가스를 줄일 수 있다는 통계를 인용했다.

우리는 또한 우리의 농업 방식과 식습관을 바꿔야 기후변화 감소와 순화에 도움이 되리라는 걸 안다. 전 세계 소작농 대다수가 여성일 뿐 아니라 가정에서 주로 음식을 마련하는 이도 여성이다. 농업 생산성이 향상되면 식량 안전이 보장된다. 윌킨슨이 참여하는 '감소 프로젝트'에서는 여성 소작농의 생산성을 높이면 2050년까지 오염물 배출량을 20억 톤 줄일 수 있으리라고 추산한다.[16] 여성의 생활환경을 개선하고 더 나은 교육, 건강, 경제적 안정, 출산의 권리, 가정 내 주체성을 보장하면 기후변화를 해결하는 데 상당한 도움이 된다. 윌킨슨은 강연을 멋지게 마무리한다. "여자들에게 모든 걸 고칠 책임이 있다는 건 아닙니다. 하지만 아마 해내는 건 우리일 거예요."[17]

10대 소녀들은 천성과 환경, 호르몬 또는 SNS 같은 요인으로 너무 감성적이라는 비판을 받는다. 하지만 기후변화 전달자로서는 이 점이 큰 영향력을 발휘한다. 그들은 이론과 통계를 파악하지 못할 수도 있지만, 정밀하게 조정된 감정적 호소의 힘을 이해한다. 기후변화가 개인적이고도 감정적인 문제임을 본능적으로 알고 있다. 오직 과학에 근거한 이성적인 주장만이 효과적인 것은 아니다. 기후변화를 이야기할 때 과학은 오히려 문제가 될 수 있다.

★

지금까지 우리는 기후변화를 이야기할 때 과학적 접근법의 한계와 감정적 접근법의 잠재력을 알아보았다. 그리고 소녀 환경 운동가들이 어떻게 젊은 세대와 나이 든 세대를 움직이게 하는지 살펴보았다. 이제 인간 심리라는 심해에 뛰어들어 죄책감부터 사랑까지, 기후변화에 대한 감정의 전 영역을 탐구할 때다.

앞으로 나올 내용에는 한 가지 주의 사항이 있다. 나는 각각의 감정을 내가 이해할 수 있는 순서로 다루었다. 여러분도 공감하길 바란다. 장의 진행은 부정적인 감정에서 긍정적인 감정으로, 또는 좋은 감정에서 나쁜 감정으로 나아가지 않는다. 미리 말하자면, 모든 감정이 기후변화를 이야기할 때 도움이 된다. 하지만 특정 감정이 특정 상황에서는 역효과를 낼 수 있다.

장마다 하나의 감정에 집중했지만, 모든 감정이 서로 밀접하게 연결되어 있다. 사실 감정들은 고립시키기가 훨씬 어려우며 공포와 분노, 희망과 사랑, 절망과 공포, 상실과 사랑처럼 겹쳐서 작동한다. 펜실베이니아대학교 대니얼 채프먼Daniel A. Chapman 연구진에 따르면 대화 상대를 설득하려면 감정을 손쉬운 지렛대나 스위치로 여기지 않고, 미묘한 정서적 소통에 초점을 맞추거나 때로는 직관이 아닌 논리적 사유를 거쳐 접근해야 한다. 누군가에게 희망과 의지를 불어넣으려는 기후변화 메시지가 다른 누군가에게는 공포와 분노를, 그의 친구에게는 절망을, 이웃에게는 무관심을 불러일으킬 수 있다.[18]

가치 있는 일은 절대 쉽지 않다.

4장
죄책감

내 일회용 커피잔이
바다거북을 죽일 수도 있다

오전 9시 45분. 회사 아래층 카페에서 줄을 선다. 가방에 손을 넣자마자 텀블러를 챙겨 오지 않았다는 사실을 깨달았다. 돌겠네. 차에 있나? 아닌데. 아참, 부엌 조리대 위에 두고 왔구나. 출근 준비를 하느라 정신없어서 깜빡한 것이다. 미친 아침이었다. 다른 말로 하면 평상시 아침.

나는 그날 6시에 일어나 식기세척기를 비우고, 채우고, 아침 식사를 하고, 세 아이와 아침에 뭘 먹을지 협상하고, 도시락을 싸고, 개 물그릇을 채우고, 세탁물을 한 보따리 널고, 소셜 미디어를 빠르게 확인하고, 유치원에 입고 갈 옷을 정하느라 쌍둥이와 옥신각신하고(패션쇼에 입고 갈 옷을 고르는 카다시안 자매가 따로 없다), 이를 닦으라고 시키고,

직접 이를 닦아 주고, 머리를 빗겨 주고, 어떤 머리핀을 할지 실랑이하고, 양말 한 짝이 없다고 난리 치는 아이를 달래고, 다들 집 밖으로 몰아내고, 아빠 차에 몰아넣고, 방으로 돌아와 샤워하고, 옷을 입고, 가방을 챙기고, 개를 마당에 내보내고, 대문이 잠겼는지 확인하고, 차에 타고, 핸드폰을 두고 온 걸 깨닫고 다시 챙겨 나와 회사로 향했다.

어쩐지 커피가 절실하더라니!

그래도 텀블러를 놓고 온 건 실수였다. 매장에서 마실 여유 따위는 없었다. 이미 늦었으니까. 젠장.

묘사한 대로 미친 아침이니 깜빡할 만했다. 나는 아침에 할 일이 산더미다(나만 그런 건 아니다. 여자들은 대부분 가정에 남자가 있든 없든 큰 짐을 떠안는다. 이러한 가사 분담 불균형은 전 세계 공통이다. 여성의 교육 수준과 고용률이 높은 나라도 마찬가지다).

그래도 나는 내 텀블러를 챙겼어야 했다. 호주인들이 매일 일회용 컵 270만 개를 버린다는 사실을 알고 있으니까. 이는 매년 거의 10억 개에 달하며, 길거리와 수로에도 무분별하게 버려진다. 내 일회용 커피잔도 이 사태를 가중시킬 것이다. 어쩌다 쓰레기통에서 떨어져 하수도에 빠지면 바다로 떠내려가 거북이를 질식시켜 죽일 수도 있다.

그런데 내가 지금 3.5달러짜리 이 커피를 꼭 마셔야 할까? 안 그래도 기후변화 문제로 해결할 일이 쌓여 있는데. 푸른바다거북의 성별은 알이 놓인 모래 온도로 결정된다. 기후변화의 결과로 기온이 상승하면 암컷이 더 많이 태어나며 자연적인 성비를 저해할 것이다. 그렇게 되면 가까운 미래에 바다거북이 멸종할 수도…….

난 나쁜 사람이다.

회사 동료들은 곧 내가 일회용 컵을 들고 돌아다니는 모습을 볼 것이다. 내 모든 연구와 집필 활동의 초점이 기후변화라는 걸 알고 있으니 나를 위선자라고 생각하겠지. 아아, 재활용에 집착하는 크레이그 씨가 내 뒤에 없어야 하는데……. 그래, 이번 한 번만 일회용 컵을 쓰자. 고작 10억 개 가운데 하나잖아. 내일부터는 텀블러를 항상 챙길 테고 다시는 이런 일이 없을 거야. 어쨌든, 이 일회용 컵 하나가 그렇게까지 기후변화에 영향을 주는 건 아닐 테니까…….

텀블러를 깜빡한 나의 친환경적인 반응을 약간 호들갑스럽게 묘사했지만, 아마 여러분 가운데 누군가는 익숙할 것이다. 이 사고 과정에는 죄책감, 자신에 대한 부정적 감정, 또래 집단의 비난이나 조롱에 대한 불안, 합리화 같은 것이 따른다.

죄책감

죄책감과 (그 사촌 격이자 더 극단적인) 수치심은 인간의 고통스러운 감정이다. 하지만 반드시 부정적인 감정은 아니다. 진화심리학자인 대니얼 스니서Daniel Sznycer는 그 두 감정이 우리의 행동을, 나아가 타인의 행동을 개선할 수 있다고 지적한다. "우리가 떳떳하지 않은 행동을 할 때 뇌는 그 행동을 바꾸도록 자극하는 신호를 보낸다."[1] 스니서 주장에 따르면 죄책감과 수치심은 우리를 아끼는 사람들에게 해를 끼치지 않게 함으로써 우리 생존과 진화에 중요한 역할을 해 왔다. 우리는 죄책감과 수치심 덕분에 사회적 결속을 유지하고 생존에 필수적인 내집단의 역학 관계를 지킬 수 있었다. 예를 들어 수렵 채집 사회에서 사람들은 생존을 위해 서로에게 의지했다. 힘을 합쳐 자원을 공유하고 위협으로부터 서로를 보호해야 했다. 타인과 어울리지 않고 겉도는 것은 치명적인 행동이었다.

　　죄책감과 수치심은 모두 실제 또는 상상한 도덕적 위반과 얽혀 있지만, 서로 다른 계기와 효과를 지니고 있다. 실제로 뇌를 스캔한 결과 서로 다른 부위에 불이 들어왔다. 죄책감과 수치심이 어떻게 서로 다른 신경 회로를 활성화하는지 연구한 끝에 내린 결론은 다음과 같다. "죄책감은 오직 한 개인이 학습한 사회 규범과 연관되며, 수치심은 그와 대조적으로 광범위한 문화적, 사회적 요소 때문에 더 복

잡한 감정이다."²

　그러면 기후변화를 이야기할 때 죄책감과 수치심이 어떤 역할을 할 수 있을까? 단지 상대방의 양심을 찌르는 게 아니라 장단기적으로 행동을 바꾸도록 유도하려면 둘 사이의 까다로운 균형을 맞춰야 한다. 심리학자들은 대개 죄책감이 수치심보다 건설적인 감정이라고 말한다. 죄책감은 잘못을 일깨울 뿐만 아니라 피해를 복구할 방법을 고민하도록 부추기기 때문이다.

　죄책감은 옳고 그름에 대한 믿음에 얽혀 있기에 갈등을 극복하고 행동을 변화시키는 도구가 될 수 있다. 심리학자들은 죄책감이 '친사회적' 행동과 관계가 있다고 본다. 이를테면 사과나 보상을 통해 피해를 복구하는 것이다. 게다가 죄책감을 느끼더라도 자신이 좋은 사람이라는 믿음은 그대로 유지할 수 있다. 이와 반대로 수치심은 '반사회적' 행동과 연관된다. 일단 자신에 대해 나쁜 감정을 갖게 한다. 따라서 대화 상대를 수치스럽게 해서 열등감을 일으키면 분노, 철회, 거부 같은 반응을 불러올 수 있다.

　기후변화 문제에 건설적 수준의 죄책감을 느끼게 하면서 수치심과 자괴감을 건드리지 않는 방식으로 말하기란 쉽지 않다. 그래서 받아들이는 일은 청중 몫이라고 떠넘기곤 한다. 하지만 내 생각에 기후변화에 대응하자고 효과적

죄책감

으로 호소하려면 우리가 위태로운 삶을 살고 있고 부득이하게 '나쁜' 선택을 한다는 걸 인정하면서도 환경을 위해 바꿀 수 있는 건 바꾸고 더 큰 집단의 일원으로서 행동할 책임이 있다고 설득해야 한다.

건설적인 죄책감은 집단의 책임을 개인의 책임만큼이나, 또는 그 이상 강조한다. "넌 잘못했어"라거나 "넌 그러지 말았어야 해"라고 하기보다 "우리에겐 책임이 있어" 또는 "우리는 뭔가 할 수 있고, 해야 해"가 건설적이다. 이런 죄책감은 우리의 됨됨이와 우리의 잘못된 행동 사이에 선을 긋는다. 우리가 옳지 않은 행동을 하더라도 그 안의 선의는 인정할 수 있다.

따라서 기후변화에 죄책감을 느끼게 하는 메시지가 행동 변화에 도움이 될 수 있다. 사람들은 수치심을 느끼면 방어적인 태도를 보이거나 메시지가 닿지 않는 곳으로 피할 수 있다. 다만 죄책감을 이용해 기후변화 메시지를 전달할 때도 한 가지 넘어야 할 산이 있다. 내가 앞서 힌트를 주었듯, 죄책감을 느끼려면 어느 정도 책임감이 있어야 한다. 우리가 피해를 주었다고 느껴야 한다. 내가 텀블러를 깜빡하고 느낀 죄책감은 아주 단순하다. 일회용 컵이 쓰레기 문제를 심화시키는 걸 알면서도 텀블러를 챙겨 오지 않은 실수를 저질렀다는 것이다. 커피를 포기하지 않고 카페인을 향한 이기적인 욕구가 바다거북을 생각하는 마음보다 앞섰다. 그 결과 죄책감이 생겼다(덤으로 크레이그 씨에게 들켜서 수치심도 약간 느꼈다).

다음에는 실수하지 않고 텀블러를 부디 챙기자고 다짐했다. 죄책감이 행동 변화(강화)를 불러온 것이다. 물론 나는 부유한 나라에 사는 부유한(식기세척기, 자동차, 온수 샤워, 반려동물, 수많은 아동복을 소유한) 사람으로서 단지 아침 일과를 보내는 것만으로 내 몫 이상으로 탄소를 배출하고 있다는 사실도 안다. 하지만 그날 아침 죄책감을 촉발한 건 내 생활 방식이 아니라 일회용 컵 하나였다.

★

우리가 기후변화에 어떻게 반응하는지 관찰하는 심리학자들은 지구온난화의 원인 자체가 우리의 도덕적 판단과는 무관하게 작용하므로 죄책감이나 수치심을 느끼기 어렵다고 지적한다. 누구도, 심지어 화석연료 산업 종사자조차도 기후변화를 바라지 않는다. 나와 비슷한 아침 일과를 보내는 워킹맘들은 지구온난화에 일조한다는 자각 없이 그저 정신없이 일하느라 바쁠 게 뻔하다. 기후변화는 우리 행위, 즉 현대인들이 살아가는 데 쓰는 모든 에너지의 결과로 일어나고 있다. 하지만 우리는 기후변화를 단지 부작용이나 부수적인 피해로 인식한다. 인식하기라도 한다면 말이다.

　인간이 의도치 않게 기후변화를 일으켰을 뿐이라고만 보면 고의성에 주안점을 두게 된다. 우리가 상처를 준 사람에게 툭하면 "기분 나쁘게 할 의도는 없었어"라고 말하는 까닭도 아마 그래서일 것이다. 마치 의도가 가장 큰 죄라도 되는 것처럼. 의도적 행동은 강한 감정을 불러일으키지만 의도치 않은 행동은 그렇지 않다. 의도치 않고 행동했다면 악당도, 탓할 사람도 없다. 나쁜 상황에서 나름대로 최선을 다한 사람만 있을 뿐이다.

　이러한 단점에도 죄책감이나 수치심은 오랫동안 기후변화 전달자들의 감정적 도구였다. 조지 마셜은 《기후변화의 심리학》에서 기후변화가 환경 단체들의 주요 쟁점이 된 이유 가운데 하나는 이러한 감정을 활용할 수 있기 때문이라며, 이 점으로 인해 환경 운동에 긍정적인 면과 부정적인 면이 생겼다고 지적한다. 때때로 사람들은 환경 운동가들을 고의로 흥을 깨고, 툭하면 쓸데없는 걱정을 하고, 금지와 중지에 목매는 프로 불평꾼으로 취급한다.

　환경 메시지에는 거의 청교도적 금기의 기운이 감돈다. 다들 레이더를 곤두세우는 듯하다. 페르 에스펜 스토크네스는 많은 기후변화 메시지에 담긴 비난적인 어조가 수치심을 촉발한다고 지적한다. "기후변화 이미지와 메시지는 내가 살아가는 방식을 부끄러워해야 한다고 간접적으로 강조한다."[3] 기후변화 부정론자와 기후 운동 반대자들은 환경 운동가들을 통제 국가의 앞잡이라고 묘사하는 것이 효과적인 전략이라는 점을 알고 있다.

또 다른 전략은 유명 환경 운동가들의 탄소 배출 행위를 저격하는 것이다. 앨 고어가 전용기를 가지고 있어! 에마 톰슨이 소고기 카르파초를 먹어! 리어나도 디캐프리오는 여자친구를 너무 자주 갈아 치워! 부정론자들은 인간이 본인의 선택에 따른 죄책감과 수치심에 어떻게 대처하는지 잘 안다. 부유하고 유명한 환경론자들을 공격해서 일반 대중을 죄책감에서 벗어나게 하는 것이 자신들에게는 쉬운 승리 방법이자 대중에게는 값싼 유흥거리라는 것을 안다.

나도 환경론자들이 최후의 심판을 부르짖는 광신도로 취급받는 게 안타깝지만, 왜 사람들이 죄책감을 유발하는 환경 메시지에 그렇게 반응하는지는 이해한다. 포커스 그룹 연구를 할 때 늘 목격한다. 내가 인간이 기후변화에 끼치는 영향을 제시하면 일부 참여자들(주로 기후 문제에 확신이 없는 사람들)은 책임을 전가하고 싶은 충동을 느낀다. 일단 자신의 영향력을 축소한다. "대기업과 비교하면 제가 끼치는 영향은 아무것도 아니에요." 그리고 타인의 행동을 지적해 자신의 행동 부족을 정당화한다. "저는 나름대로 노력하는데, 중국인들은 어떤가요?" 나아가 자신이 옳은 일을 하고 있음을 실례를 들어 설명한다. "저는 재활용으로 제 몫을 하고 있어요."

주목할 만한 점은 부유한 나라들, 특히 기후변화에 크게 일조하는 나라들에서 기후 메시지에 수치심을 느끼는 반응이 더욱 두드러진다는 점이다. 탄소 배출량이 상대적으로 미미한 잠비아나 키리바시 국민이라면 딱히 수치심을 느낄 필요가 없다. 반대로 부유한 나라에 사는 사람들은 기후변화 때문에 자신들의 소중한 삶의 방식이 심판대에 오르는 걸 안다. 스토크네스는 이렇게 말한다. "부유한 나라에서 기후변화 메시지는 우리에게 환경 파괴에 얼마간 책임이 있다고 말하기 때문에 받아들이기 꺼려진다."[4]

부유한 나라와 가난한 나라의 견해차는 기후변화 해결책을 묻는 글로벌한 설문 조사 결과에서 확인할 수 있다. 2015년 퓨리서치센터의 조사 결과, 부유한 국가들이 기후변화 해소에 더욱 적극적으로 나서야 한다는 응답은 이산화탄소 배출량이 적은 상대적으로 가난한 나라에서 많이 나왔다.[5] 필리핀인(73퍼센트), 가나인(64퍼센트), 탄자니아인(64퍼센트)은 부유한 국가들이 더 노력해야 한다고 답했다. 연간 이산화탄소 배출량 세계 5위인 일본은 34퍼센트 시민만이 부유한 국가들이 더 노력해야 한다고 답했고, 개발도상국들도 부유한 국가만큼 노력해야 한다는 응답은 과반수인 58퍼센트에 이르렀다.

긍정적인 측면은 우리 대다수(67퍼센트)가 기후변화를 해결하기 위해 기술적인 해결책 마련뿐만 아니라 생활양식을 바꿀 필요가 있다고 생각한다는 점이었다. 비록 지역별, 국가별 차이는 있지만 우리 대부분 생활 방식을 바꿔야 한다는 점을 이해하고 있다는 사실이 고무적이다.

문제는 생활 방식 변화에 초점을 맞추면 우리의 수치심이 증가한다는 것이다. 이를테면 호주 같은 부유한 나라에서는 기후 행동이 가사 활동과 소비 행동으로 좁혀졌다. 개인을 변화의 주체로 하고 가정의 울타리를 벗어나지 않는다. 마셜은 왜 이 점이 기후변화 메시지 전달의 초점이 되었는지 설명한다.

'자기 지각 이론self-perception theory'에 따르면 행동은 자아상을 형성하는 중요한 단서가 된다. 누군가를 설득해 환경친화적 행동을 하게 하면 그는 시간이 지나면서 자신을 환경친화적 세계관을 지닌 사람이라고 인식하게 된다. (……) 이를 근거로 2000년대 초 환경 단체들은 기후변화에 대한 소비자 개인의 책임에 초점을 맞추기 시작했다. (……) 이를 효과적으로 전달하기 위

해 개인의 행동들을 제안하는 생활의 지혜 목록을 만들었다.[6]

물론 가정에서 사용하는 에너지, 물, 화학물질에 대한 인식을 일깨우고 퇴비화와 재활용을 장려하는 일이 잘못된 것은 아니다. 하지만 나는 시민을 가정주부나 소비자로서만 대하는 기후변화 메시지가 그리 효과적이지 않다고 생각한다. 대기업과 정부의 정책이나 조치 없이 개인과 가정의 행동 변화만으로는 저탄소 경제로 신속하게 나아가기 어렵다.

요점으로 돌아가서 이야기하자면, 건설적인 죄책감은 집단적 책임을 강조하는 반면 수치심은 개인에게 손가락을 들이대는 경향이 있다. 나는 가끔 앨 고어와 (주부들의 롤 모델이라는) 마사 스튜어트Marsha Stewart가 반반 섞인 사람이 쓴 것처럼 보이는 기후 메시지를 접하는데, 그건 마치 내가 살림을 꾸리고, 식구를 먹이고, 개인용품을 사는 방법을 새롭게 익혀야 하는 낯선 행동 강령 같다. 삶에 지치고 자신이 무력하다고 느끼는 현대인들에게 지구를 살리는 일은 안 그래도 복잡하고 생활비가 많이 드는 집에서 친환경 제품을 더 많이 써 가며 가사 노동을 더 많이 해야 하는 일처럼 느껴진다. 호주인들을 대상으로 한 내 연구 결과를 참고

한다면 사람들은 우선 자신의 생활 방식에 수치심을 느낄
것이다.

★

이제껏 살펴본 바로 우리는 기후변화 메시지에 죄책감, 특
히 수치심을 이용할 때 어떤 위험이 따르는지 쉽게 알 수
있다. 반발을 불러일으키거나 환경론자들이 엄격한 생활
방식 단속자라는 인식을 강화할 수도 있다. 하지만 앞서 말
했듯이 죄책감은 건설적인 감정이 될 수 있다. 우리가 사람
들에게, 특히 부유한 나라의 부유한 시민들에게 인간 활동
으로 벌어진 기후변화에 책임감과 죄책감을 느끼게 할 수
있다면 행동으로 더 가까이 이끌 것이다. 다수가 조직적으
로 강력하게 행동하려면 특히 더 중요하다.

　분명 많은 심리학자가 죄책감과 수치심을 구분 짓기를
좋아하지만, 기후 행동의 맥락에서 바라보는 사람들은 그
구분이 그리 뚜렷하지 않다고 생각한다. 독일의 한 연구진
은 죄책감과 수치심의 결합이 친환경적 태도뿐 아니라 행
동까지 효과적으로 촉진하는지 알아보았다.[7] 독일 대학생
114명을 두 그룹으로 나눠 한 그룹에는 인위적 환경 피해
정보를, 다른 그룹에는 자연적 환경 피해 정보를 제시했다.
그러고서 그들의 감정과 행동 의향을 물었다. 마지막으로

환경오염 관련 시민 청원서를 제시하며 마음이 내키면 (부담 없이) 서명하도록 했다.

그 결과 인위적 환경 피해 정보를 접한 학생들이 자연적 환경 피해 정보를 접한 학생들보다 훨씬 더 큰 죄책감(죄책감과 수치심이 섞였으나 죄책감 쪽을 더 많이 가리켰다)을 드러냈다. 그들은 또한 환경을 위해 행동하려는 의지가 더 컸으며 청원서에 서명하는 일처럼 친환경적 행동을 자발적으로 실천하려는 경향을 보였다. 다만 연구진은 대학생들이 인구를 대표하는 집단은 아니므로 환경과 관련해서 죄책감 대 수치심 쟁점은 더 많이 연구해야 한다는 점을 인정했다.

이와 반대로 컬럼비아대학교의 연구팀은 환경친화적인 의사 결정을 유도하는 데 자부심 같은 긍정적 감정이 죄책감보다 훨씬 더 효과적이라고 밝혔다(연구진은 죄책감과 수치심을 구분 짓지 않았다).[8] 그들은 500명 이상 미국인으로 구성된 다양한 표본 집단을 모집한 뒤, 다양한 환경 시나리오를 무작위로 제시하고 '녹색(친환경)' 또는 '갈색(표준)' 선택지 사이에서 결정해 달라고 요청했다. 그리고 어떤 친환경적 행동을 하지 않거나 환경적으로 나쁜 행동을 했을 때 느낄 수 있는 죄책감을 숙고하도록 요청했다. 그 결과 연구진은 자부심과 녹색 선택 사이의 긍정적 상관관계를, 죄책감과 녹색 선택 사이의 부정적 상관관계를 발견했다. 즉 올바른 선택을 하지 못했다는 죄책감보다는 친환경적 선택을 했다는 자부심을 기대하는 것이 더 큰 동기를 부여했다는 뜻이다. 적어도 이런 맥락에서는 당근이 채찍보다 낫다.

또 다른 연구 결과 죄책감이 항상 자신을 돌아보고 반성하게 하는 것은 아니라는 점이 드러났다. 죄책감은 우리를 화나게 할 수도 있다. 코넬대학교 심리학 교수인 루항 Hang Lu과 조너선 슐트Jonathon P. Schuldt는 미국인 700명을 대상으로 한 설문 조사 결과에서 사람들이 죄책감으로 자신이 초래한 부정적 결과에 책임을 질 수도 있지만 다른 이들을 속죄양 삼아 자기 죄를 씻으려 할 수도 있다는 점을 발견했다.[9]

기후변화에 대한 죄책감의 긍정적 또는 부정적 역할을 다룬 글과 연구 결과를 살펴보면, 죄책감을 일으켜 책임을 지도록 유도하는 것은 위험한 전략이 될 수 있다는 견해가 지배적이다. 죄책감은 분노, 저항, 회피로 이어질 수 있고 경청과 깊은 이해를 막을 수 있다. 자부심 대 죄책감을 다룬 컬럼비아대학교 연구진은 죄책감처럼 부정적인 틀에 기초한 메시지가 개인의 자아상과 도덕성에 위협이 될 수 있고 긍정적 행동 대신 방어기제를 일으킬 수 있다고 결론 내렸다.[10] 기후 메시지의 목적이 (특히 아직 회의적인) 사람들이 행동하도록 이끌어 내는 것이라면 죄책감이 가장 유용한 감정은 아닐 수 있다. 그럴 만도 하다. 자격지심을 느끼게 하는 말을 누가 듣고 싶겠는가?

하지만 특정 상황에 있는 특정 청중에게는 죄책감(약간의 수치심과 더불어)이 유용하다. 죄책감은 나에게 효과적이었고 기후 행동에 꾸준히 동기를 부여했다. 이 책 첫머리에서 묘사한 대로 내 심경 전환의 촉매는 우리 아이들이 살아갈 세상에 대한 죄책감이었다. 기후 행동이 내가 하는 모든 일에 자극제인 만큼 나는 경각심을 지닌 시민으로 살아간다. 나에게 가장 설득력 있고 감동적인 기후변화 메시지는 주로 죄책감을 불러일으키는 쪽이었다.

앞서 이야기했듯이 나는 2019년 브리즈번에서 열린 기후 현실 콘퍼런스에 참석해 3일간 호주 전역과 전 세계에서 온 과학자, 정치인, 운동가 들의 연설을 들었다. 호주 각지의 원주민 단체 지도자도 많이 참석했는데 토레스 해협 제도의 지방자치단체 대표단도 있었다. 토레스 해협 제도는 호주 최북단과 파푸아뉴기니 사이에 274개 섬으로 이루어진 지역으로, 그 가운데 17개 섬에 6800명가량 살고 있다.

토레스 해협 제도 사회는 인근 연안과 더불어 독특한 문화와 6만 년이 넘는 오랜 역사를 자랑하지만, 여러 태평양 섬나라들과 마찬가지로 심각한 기후 영향을 받고 있다. 해수면 상승으로 새롭게 쌓은 방파제들이 무너지고 기상이 변으로 주택과 도로가 파괴되고 있다. 한 주민은 〈가디언〉과의 인터뷰에서 해수면 상승과 강풍 탓에 삶의 터전이 쇠락하는 현실을 개탄했다. "우리 섬은 바다에 먹히고 있습니다."[11]

토레스 해협의 실태를 나도 얕게나마 알고 있었지만 기후현실 콘퍼런스에서 섬사람들이 직접 전한 말들이 내게 깊은 인상을 남겼다. 연수 첫날, 프레드 겔라Fred Gela 시장은 기후변화가 섬에 미치는 영향에 대해 솔직하게 말했다. 집들이 무너지고 토지가 유실되는 것뿐 아니라 지역공동체에서 마땅한 의례도 치르지 못하고 장로들의 무덤을 다른 곳으로 이장할 수밖에 없었던 현실도 털어놓았다. 또한 그 일로 주민들이 받은 엄청난 정서적, 문화적 피해를 되새기며 돌아보았다.

시장은 또한 주민 모두 섬의 다른 지역뿐 아니라 호주 본토로 이주해야 할지도 모르는 상황을 알고 있다고 말했다. "그건 우리 땅입니다. 우리 정체성입니다. 우리가 이 나라에서 첫 번째 기후 난민이 될까요?" 다음 날, 토레스 해협의 던리 섬에서 온 교육자 토레스 웹Torres Webb은 청중에게 바다가 나무들을 휩쓸어 가는 사진을 보여 주었다. 그는 토레스 해협에서 아이가 태어나면 탄생을 기념하여 나무를 심는 문화가 있다고 말했다. 이 두 가지 실태, 즉 해일 때문에 아이들의 탄생목이 파괴되고 있다는 것과 존경받는 장로들의 무덤이 물에 잠기지 않도록 옮기고 있다는 이야기가 내 마음속에 아로새겨졌다. 나는 기후변화가 지역사회에 미치는 사회, 경제, 문화, 정신적 영향을 그보다 더 강력히 전달할 순 없었다.

연설이 끝난 뒤, 나는 겔라 시장을 따라 회의장 밖으로 나가 감사 인사를 했다. 그리고 토레스 해협 제도 주민들이 호주 정부에 국가 탄소 배출량을 줄이도록 압력을 가하려고 유엔인권위원회에 (세계 최초로) 제출한 보고서의 전망에 대해 논의했다. 나도 궁금했다. 섬들의 실태가 이렇게 심각한데 왜 호주 본토에서 더 크게 관심을 두지 않는지. 겔라 시장은 커피를 한 모금 마시고는 웃으면서 말했다. "아마 몇몇 사람들이 우리도 호주인이라는 사실을 잊어버린 거겠죠."

호주 북부 연안과 토레스 해협에서 4000킬로미터 이상 떨어진 곳에 피지가 있다. 호주 본토에서 토레스 해협을 방문하는 경우는 흔치 않지만, 피지는 호주인들에게 아주 인기 있는 휴가지다. 그들은 대부분 피지 공항에서 곧바로 리조트로 이동해 호주에서 온 다른 가족들과 휴가를 보낸다. 나는 호주인들이 자국 영토인 토레스 해협보다 피지와 같은 태평양 섬나라들에 기후변화가 미치는 영향을 더 잘 알고 있으리라 추측한다. 그러나 피지인들과 토레스 해협 제도 주민들 사이에는 공통점이 있다. 바로 호주 정부의 무대응에 분노하고 좌절한다는 것이다.

호주 지도자들이 태평양 섬 12개국 지도자들과 만날 때마다 기후변화를 의제로 다루지만, 호주는 이들 국가의 행동 요구를 똑똑히 듣고도 무시한다. 이들 국가는 탄소 배출량을 모두 합쳐도 부유한 서구 국가들에 비하면 미미한 수준임에도 기후 영향으로 고군분투하고 있다.

피지의 기후 운동가 라베타날라기 세루Lavetanalagi Seru 는 기후변화를 이야기할 때 죄책감이 효과적이라는 점을 안다. 하지만 먼저 청중을 파악해야 한다. 어린 시절 세루는 피지 본도 비티레부 섬 북부 해안 어느 마을에서 기후변화를 경험했다. 마을 사람들은 해수면 상승에 맞서 집을 보호하려고 방파제를 쌓았다. 둑은 몇 년간 버텼으나 곧 침식되기 시작했고, 물이 불어나 토대를 훼손하고 육지가 침수됐다. 그러던 중 2016년 사이클론 윈스턴이 피지를 강타해 경제와 농업에 광범위한 손해를 입히고 44명의 목숨을 앗아갔다. 세루가 사는 마을은 가옥 3분의 2가 무너지거나 파손되었다. 학교에서 배운 기후변화 과학과 가족과 공동체의 생존을 연결 짓게 한 사건이었다. "이렇게 생각했어요. 우리 마을이 앞으로 사이클론을 몇 번 더 겪어도 살아남을 수 있을까?"

그때부터 세루는 기후 관련 블로그를 시작하고 소셜 미디어에서 활동했다. 그의 트위터 피드에는 기후변화로 인한 파괴 이미지가 잔뜩 나온다. 세루는 지속 가능한 발전을 위해 목소리 내고 참여하는 청년들을 지지하는 비영리 단체인 '미래세대연합'을 공동 설립했다. 그리고 시를 쓰기 시작했다. 다음은 그 작품 가운데 한 편이다.

바다를 바라본다
내가 밟고 자란 땅
나의 어린 시절 놀이터
이제 바다에 휩싸였다

바닷물이 내륙으로,
우리 보금자리로 스며들어
내 조상들이 길어 마시던 물을,
우리 가족이 마실 물을 오염시킨다

이제, 선택의 여지 없이

우리는 소금물을 마신다
인간의 산림 벌채와 과도한 오염으로
손실되는 땅과 황폐해지는 미래
치료제 또한 그들 손에 있다

나는 세루에게 죄책감을 자극하는 메시지가 행동을 이끌어
내는 데 효과가 있다고 생각하느냐고 물었다. 그는 그때그
때 다르다고 했다. 피지에 부유한 서양인들이 머무는 대규
모 해외 거주자 공동체가 있는데 세루는 자신의 목소리가
그들의 행동을 촉구할 수 있으리라 생각했다. 그러나 정작
맞닥뜨린 건 무관심과 거드름이었다.

청중 한 사람이 내게 이렇게 말하더군요. "왜 산업화한
나라들을 비난합니까? 우리는 이 나라를 발전하도록
도왔고, 우리가 없었다면 당신들은 국가로 발전하지
못했을 겁니다." 또 한 사람은 선진국들이 화석연료에
서 대체 연료로 이행하는 데 얼마나 큰 비용이 드는지
아느냐며 이렇게 덧붙였어요. "당신들을 이주시키는
비용이 더 저렴할 겁니다." 그는 물건이 아니라 사람을
이주시킨다는 것의 의미를 이해하지 못하는 듯했어요.
이곳이 단순히 우리 생활 터전이 아니라 우리 정체성

죄책감

의 뿌리이며 경제적 가치보다 훨씬 깊은 문화적 의미
를 지니고 있다는 것도요.

세루와 그의 단체는 이와 대조적으로 기후변화 문제에 이
미 관심이 있는 호주, 미국, 유럽 학생들과 정책 입안자들을
만났을 때 더 큰 호응을 얻었다.

우리는 그들을 기후변화 피해 지역에 데려가 삶이 뒤
바뀐 사람들을 만나게 했어요. 네, 우리는 그들이 죄책
감을 느끼도록 유도했고, 한 발 더 나아가 이렇게 물었
어요. "그래서 그 죄책감으로 앞으로 무엇을 할 건가
요? 어떻게 지도자들에게 책임을 묻겠습니까?"

세루는 긴 시간을 들여 자기 공동체의 회복력과 삶의 터전
을 벗어나지 않으려는 주민들의 결의에 관해 이야기했다.
많은 사람이 태곳적부터 살아온 곳을 버리고 더 높은 지대
로 이주하는 것은 결코 가벼운 일이 아니다.[12] 그럼에도 그
들의 곤경 따위는 신경도 안 쓰는 세상에 세루는 치를 떨었
다. 기후변화에 대한 국제적인 노력이 이대로 계속 부족할
경우 피지의 젊은 세대들이 느끼는 미래에 대한 불안감도
이에 못지않다. "전 아이를 갖지 않을 거예요. 아이를 원하

지만, 요즘 세태를 보면 내 아이가 자랄 미래는 상상조차 할 수 없어요. 누가 물불이 들끓는 행성에서 아이를 키우길 원하겠어요?"

아마도 세루가 진행하는 피지 방문객 투어의 목적은 약간의 연민을 불러일으키려는 것일지도 모른다. 프레드 겔라와 토레스 웹이 호주 본토인들로 가득 찬 회의장에서 토레스 해협에 대해 호소했던 것처럼 말이다. 연민이 책임감을 끌어내도록 하는 것이다. 앞서 죄책감의 한계를 알아본 코넬대 루항과 슐트 연구진은 기후변화 메시지를 전할 때 연민을 자극하는 방법이 효과적이라고 보았다.

왜냐면 연민은 타인과의 교류를 증진하고 심리적 거리를 줄일 잠재력이 있기 때문이다. 이는 우리가 기후변화를 동떨어진(시공간적으로 먼) 것으로 느끼는 경향이 있기에 매우 중요하다.

루항과 슐트 연구진은 미국 성인 400명을 두 그룹으로 나누고 모두에게 기후변화로 인한 동아프리카 가뭄을 다룬 기사를 보여 주었다. 기사에는 굶주린 아이가 엄마 품에 안긴 모습이 실려 있었다. 한 그룹에게는 아이의 기분을 상상해 보라고 요청하고[13] 다른 그룹에게는 기사를 객관적으로 읽도록 유도했다. 연구진은 두 집단이 각각 높은 연민 반응과 낮은 연민 반응을 보이리라 상정하고 기후변화에 관한 다양한 질문들을 이어 갔다.

높은 연민 그룹은 정부를 향한 기후변화 대응 촉구에 호의적으로 반응했다. 무엇보다 기후변화에 대한 보수와 진보라는 당파적 반응을 고려할 때 "중도파와 보수파에게 지지를 더 받아 내는 데 높은 연민 조건이 효과적이었다."[14] 따라서 연민이라는 감정에 당파적 분열의 돌파구가 될 잠재력이 있다고 연구진은 주장했다.

다만 한 가지 중요한 주의 사항이 있었다. 기사에서 묘사된 기후 피해자들은 먼 나라에 사는 가난한 흑인들이었다. "이는 아마 미국 백인 남성이 다수인 표본 집단에게 엄청난 심리적 거리감을 불러일으켰을 것이다."[15] 연민이 넘기에는 너무 먼 거리일까? 안타깝게도 우리는 우리와 닮지 않은 사람들에게 연민을 덜 느끼는 경향이 있다. 심지어 같은 지역 시민이자 이웃이라 해도 말이다.

★

기후변화의 맥락에서 죄책감과 수치심이 궁극적으로 어떻게 작용한다고 말할 수 있을까? 그래, 적어도 나에게는 효과적이었다. 기후 파업에 나선 아이들과 내 아이들을 향한 죄책감으로 거의 하루아침에 우려에서 경각심 단계로 바뀌었다. 그리고 토레스 해협과 피지 등지에서 벌어지는 일에 죄책감과 수치심을 느끼며 계속해서 기후변화에 관여하고 있다.

하지만 보다시피 심리학적 연구는 죄책감이나 수치심의 효과와 둘의 차이를 우리 기대만큼 명확히 알려 주지 않는다. 분명 특정 조건에서 특정 집단의 죄책감을 자극하면 그들은 개인의 행동을 바꾸고 새로운 사회적 행동 규범을 따르며 궁극적으로 정부 대응을 촉구할 수 있다. 하지만 수치심은 위험한 감정이다. 특히 사람들의 행동이 아닌 됨됨이를 지적해 수치심을 유발하는 것은 모험이다(탄광업자들을 아무리 손가락질해도 그들이 석탄 생산을 멈추지는 않을 것이다). 학계 전반에 따르면 기후변화에 경각심까지는 없어도 우려하는 사람들에게는 죄책감이나 수치심보다 자부심이나 동정심 같은 긍정적인 감정이 더 효과적일 수 있다.

기후변화 담론에 죄책감과 수치심이 팽배한 지금, 기후변화에서 가장 큰 이익을 본 사람들이 그런 감정에 가장 둔감할 것이라고 생각한다. 석유 회사 엑손모빌의 CEO가 매일 밤 침대에 누워 '내일 출근할 때는 텀블러를 챙기자'라고 생각하겠는가?

글쎄.

5장
공포

산불이 여론을 바꿀까?

기후현실 콘퍼런스를 준비하면서 나는 기후변화 관련 책을 한 무더기 사들였다. 그 가운데 미국 칼럼니스트 데이비드 월러스 웰즈David Wallace-Wells의 《2050 거주불능 지구》도 있었다. 그 책은 내 침대 옆 테이블 위, 브뤼노 라투르Bruno Latour의 《다운 투 어스》와 에드워드 윌슨의 《지구의 절반》 사이에 2019년 내내 끼어 있었다. 사실 나는 그 책을 읽기가 무서웠다. 읽었다가는 불안과 공포에 잠식되어 기후변화에 모든 에너지를 쏟아부을 게 뻔했다. 실제로 그 책을 읽은 친구가 3분의 1쯤 읽고 나서 "흐느낌을 주체할 수 없었다"는 감상을 전했다. 그해 어느 때에 나는 책을 열어 목차를 훑어봤다. '폭염', '굶주림', '익사', '산불', '죽어 가는 대양', '숨 쉴 수 없는 대기', '경제 붕괴'. 나는 첫 장 첫 줄로 눈 길을 옮겼다. "상황은 심각하다. 생각보다 훨씬 더 심각하 다."[1] 나는 책을 탁 덮었다. 이어서 읽으려면 더 차분하고 강 해져야 했다.

하지만 결국 그 책을 읽게 되었다. 호주에서 전례 없는 산불이 여름내* 국토를 휩쓸며 가옥 수백 채를 파괴하고 인 명 33명과 동물 10억 마리 이상의 목숨을 앗아가고 있을 때 였다. 군대가 동원되어 이재민 몇 천 명을 대피시켰다. 호주 역사상 최대 규모의 평시平時 피난이었다. 2019년 9월 화재 가 일어난 이래 2020년 2월까지 무려 토지 6만 제곱킬로미 터가 불탔다.

나는 매일 밤 잠자리에 들기 전에 《2050 거주불능 지 구》를 읽었다. 가까운 미래에 기후로 인해 수만 명이 죽고, 드넓은 농경지가 황폐해지고, 수많은 도시가 물속에 잠기 고, 생존자 사회는 암울하고 흉흉해지리란 내용이었다. 자 고 일어나면 휴가나 출장으로 가 봤던 지역들이 파괴되었 다는 소식을 접하며 하루를 시작했다. 내 소셜 미디어 피드 는 친구들이 올린 모두 불타 버린 친지들의 집 사진으로 넘 쳐났다. 11월부터 1월 사이 화재로 인한 연기가 시드니, 캔

* 호주의 여름은 12월~2월이다.

버라, 멜버른으로 불어 태양을 붉게 물들이고 공기를 탁하게 했다. 화산재가 바다와 수로에 떠다녔다.

나는 내내 대재앙이 펼쳐지는 그 책을 읽으면서 몇 번인가 악몽을 꾸었다. 에뮤들이 우리 집에 쳐들어오는 꿈이었다. 쫓아내면 갈증과 열기로 죽으리란 걸 알았지만, 성난 에뮤들은 날카로운 부리로 내 딸들을 마구 쪼아 대려 했다. 나는 빗자루를 휘두르며 아이들을 보호해야 했다. 침대에 누워《2050 거주불능 지구》의 책장을 넘기며 저자가 묘사하는 공포의 규모를 가늠하다 보면 극도로 우울하고 무기력해지곤 했다. 아마 이 책은 스토크네스가 묘사한 '붕괴 포르노collapse porn'의 완벽한 예일 것이다(구글에 검색하지는 마시길).[2] 붕괴 포르노란 최악의 재난 시나리오와 그 안의 모든 세부 묘사를 즐기는 행태를 비꼬는 뜻으로, 이런 식의 스토리텔링은 나처럼 이미 우려하는 사람들에게도 '종말론적 피로감'을 불러올 수 있다.

월러스 웰즈를 변호하자면, 그가 묘사한 가까운 미래는 과학적 증거와 오늘날 이미 벌어지는 일에 고루 기반을 두고 있다. 나는 우리에게 기후변화에 대처할 도구와 기술이 얼마나 있는지 낙관적인 소식을 최대한 모았지만, 그 책은 내 책장에서 위태로운 현실, 즉 우리가 지금과 같은 삶을 이어간다면 쉽게 벌어질 일들을 꾸준히 상기시켰다.

★

기후변화와 관련해 자연과학계에서 나오는 비관적인 전망은 학술적 언어로 전달되기 때문에 우리가 사는 방식에 영향을 미치기 전에 효력을 잃곤 한다. 본인의 연구 결과를 정밀 검토하라는 압박을 받는 과학자들은 괜한 조롱과 공격을 살까 봐 감정적인 용어를 웬만하면 쓰지 않는다.

《2050 거주불능 지구》와 같은 책의 목적은 소름 끼치는 그림을 그려서(저자는 우리가 기겁하길 원한다) 사람들이 책임감을 느끼고 뭐라도 하지 않고는 못 배기게 만드는 것이다. 흥미롭게도 월러스 웰즈는 자신이 낙관주의자라고 말한다. 인간이 짧은 시간 안에 지구 전체의 대기를 바꾸는 능력을 보여 주기만 한다면 기후변화를 완전히 되돌릴 순 없더라도 종말론적 환경보다는 살기 나은 환경을 만드는 해결책을 이끌어 낼 수도 있다고 주장한다.[3]

공포는 (죄책감처럼) 나를 기후 운동에 몰두하게 했다. 두려움은 솔직하다. 합리화에 우선한다. 하지만 이 감정이 실제로 효과가 있을까? 기후변화가 정말로 위기이며 우리의 즉각적인 대응이 필요하다고 사람들을 설득하는 데 도움이 될까?

태풍, 가뭄, 홍수와 같은 기상이변은 인간 사회에 늘 경이와 공포를 불러일으켰다. 마이크 흄에 따르면 인류 역사 전반에서 날씨는 "인간의 이해나 통제를 넘어선" 것이었고 따라서 한낱 인간에게는 "신과 악마가 둘 다 작용하는 영역"이었다.[4] 고대부터 현대에 이르기까지 종교에서는 날씨를 신(들)의 허락이나 불허의 계시로 여겼고, 불이나 물, 공기 같은 자연 요소는 신이 인간의 행위를 벌하거나 상을 주려고 이용하는 도구로 여겼다.[5] 주피터의 벼락, 포세이돈의 폭풍과 홍수, 독실한 노아와 그의 가족만이 살아남은 구약성서의 대홍수 같은 사례가 그랬다. 흄은 "우리는 우리 기후를 사랑하지만, 그와 동시에 두려워한다"고 썼다.[6] 이는 광대한 대륙에 걸쳐 극단적 풍토를 지닌 호주에 특히 잘 들어맞는다.

날씨와 공포 사이의 깊고 오랜 관계를 돌아보면 사람들이 기후변화를 두려워하게 만들기 쉬워 보이는데, 실상은 그렇지 않다. 인간이 위협과 위험에 어떻게 반응하는지 기본적인 이해를 하는 사람이라면 기후변화가 만만치 않은 과제를 품고 있다는 점을 지적할 것이다. 인간이 공포를 느끼려면 위협을 인식하고 관찰할 수 있어야 한다. 시야에 포식자가 있는지, 재산, 생명, 신체가 위험하다고 느끼는지. 그래야 '투쟁 또는 도피' 반응이 활성화된다. 여러 설문 조사 결과는 전 세계인이 기후변화를 즉각 조치가 필요한 심각한 위협으로 여기고 있다고 보고하지만, 정작 우리는 기후 변화가 현실이 아니라는 듯이 군다. 모호하게 느껴지기 때문이다. 그래서 기후변화는 우리가 행동에 나서고 피해를 예방하게 하는, 진화적으로 중요한 뇌 인지 버튼을 누르지 못하는 것이다. 스토크네스는 이렇게 지적한다.

기후 위기는 (……) 추상적이고, 감지할 수 없으며, 몇십 년에 걸쳐 점진적으로 변화하는 날씨 문제다. 개성과 실체가 없다. 인간의 통제나 지배권을 넘어선다. 사교 모임에서 거의 언급되지 않는다. 우리와 우리 공동체가 아니라 주로 멀리 떨어진 낯선 사람들에게 복잡하고 간접적인 영향을 미친다. 지나간 날의 뉴스다. 마지막으로, 진짜 적이 없다. 적이 있다면 다름 아닌 우리 자신이다.[7]

게다가 이산화탄소라는 무색무취 가스로 인해 발생하는 위협이기에 더욱 실체 없이 느껴진다.[8] 대기 중 이산화탄소 농도를 1980년대 환경문제를 지배했던 오존층 손상과 비교해 보자. 이른바 오존 '구멍'(고갈이라는 표현이 더 정확하다)은 주로 인간이 에어로졸 제품에 프레온가스를 사용하기 때문에 발생한다.

저널리스트 너새니얼 리치가 말했다. "오존 구멍이 지구온난화보다 눈에 더 잘 띄는 것은 아니지만 어쨌든 일반인들이 볼 수 있었기에 세간에 경각심을 주었다."[9] 오존에 대한 논의가 최고조에 이르렀을 때 나는 10대 후반에서 20대 초반이었다. 가끔 하늘을 올려다보며 지구를 둘러싼 보호층이 찢어져 마치 외계 침공처럼 방사선 직격타를 맞는 상상을 하곤 했다. 그래서 주저 없이 내 디오더런트 스프레이를 버릴 수 있었다.

리치는 "추상적인 대기 문제가 인간이 상상할 수 있고 (……) 겨우 돌파할 수 있을 만한 규모로 가공되었다"고 주장했다.[10] 프레온가스를 금지하기 위해 국제적으로 협력했고, 이제 오존층은 몇 십 년 전처럼 파괴 직전의 상황에서는 벗어났다.

물론 주위를 자세히 둘러보면 곳곳에 이산화탄소가 급격히 증가한다는 가시적이고 직접적인 징후가 존재한다. 해수면 상승뿐 아니라 전례 없는 극단적인 기상이변으로도 나타난다. 하지만 우리가 그런 징후들을 그저 대자연의 작용이 아니라 위협으로 느끼려면, 인간이 초래한 기후변화가 그 원인이라고 연결 지을 수 있어야 한다.

진화심리학을 살펴보면 왜 사람들이 기후변화 위협에 '합리적으로' 대응하는 데 필요한 수준의 공포를 일으키기 어려운지 알 수 있다. 진화심리학자들은 인간은 오랫동안 자연 선택을 통해, 특히 주변 환경에서 살아남기 위해 진화해 왔다고 말한다. 수천 년 동안 우리 조상들은 20~150명 정도 소집단을 이뤄 유목민과 수렵채집자로 살았다. 이러한 삶의 방식은 이른바 '오래된 정신old mind' 또는 '고대 두뇌ancient brain'로 굳어졌는데, 이를 이끄는 '태고의 동력 ancestral forces'은 이기심, 지위, 사회적 모방, 단기적 이익과 선명한 위험 같은 것들이다.[11]

이기심과 단기적 이익이 우리 사고방식에 직결되어 기후변화 대응을 어렵게 한다는 점은 쉽게 알 수 있다. 하지만 이 장의 목적상 '선명한 위험'에 초점을 맞추자. 거창한 학술 정의는 제쳐 두고 쉽게 말하자면 선명한 위험의 요지는 이거다. '내 눈앞에서 벌어지는 게 아니라면 알 게 뭐야.' 위험이 실재하고 임박했다는 감각이 둔할수록 우리는 덜 우려한다.

인간은 이성과 감정이 뒤섞인 채 주변 세상을 평가한다. 위험을 매우 합리적으로 평가하는 사람은 극히 드물다. 스토크네스 표현에 따르면 "심리학적으로 위험은 수치가 아니라 감정이다."[12] 그리고 진화심리학으로 본다면 위험에 대한 감정들을 이끄는 또 다른 동력들이 있다.

첫째로 이기심과 선명한 위험을 우선하는 태고의 동력

때문에 우리는 일반적인 위험이나 미처 알지 못한 위험보다 개인적인 위험을 더 강하게 느낀다.

둘째, 아마 바이러스성 전염병과는 별개로 우리는 자연적인 위험보다 인간이 만들어 낸 위험을 더 두려워한다. 예를 들어 사람들은 보통 해변에서 자외선 차단제를 바르지 않고 몇 시간 동안 서 있는 것보다 핵폐기물에서 나오는 미량의 방사능을 더 두려워한다. 전자가 더 해로울 수 있는데 말이다. 또한 우리는 교통사고처럼 흔히 일어나는 위험보다는 테러 공격처럼 '극적이지만 드문 위험'에 더 초점을 맞춘다.[13] 비록 객관적으로 신빙성이 있더라도 덜 거론되는 위험보다는 사회 지도층과 언론이 떠들어 대는 위험에 더 집중하는 경향이 있다. 이렇게 세간의 주목을 받는 위험을 우리는 진짜 위협으로 받아들인다.[14]

마지막으로 우리는 위험을 대하는 태도가 서로 다르고, 따라서 위협에 대응하는 양상도 제각각이다. 위험을 감수하는 사람도 있고 회피하는 사람도 있다. 온갖 심리적, 사회적, 문화적 동력이 위험을 감수하거나 회피하는 성격을 만든다. 내가 연구한 바에 따르면 기후변화 위협에 가장 심드렁한 집단은 젊은 남성들이다. 인터뷰할 때 젊은 남자 그룹은 환경과 사회의 붕괴 전망에 전혀 걱정하지 않는 듯한 태도를 보였다. 그 가운데 한 명은 이렇게 말했다. "우리 사회가 〈매드맥스〉 스타일로 향한다고 해도 나와 내 친구들은 문제없을 거예요. 우린 몸도 튼튼하고 미친놈들처럼 운전하니까요." 게다가 우리가 30여 년 전부터 쭉 기후변화와 관련해 비관적인 소식을 접하고 있다는 사실은 어떤 이들에게는 낡아 빠져서 경각심이 무뎌진다는 것을 뜻한다. '아직 안 죽었잖아' 식의 타성이 자리 잡은 것이다.[15]

일부 연구자들은 우리가 기후변화 정보를 접하는 방식이 이렇게 거리감을 늘릴 뿐 아니라 개인적 연관성을 떨어뜨린다고 지적한다. 위협을 감지하고 필요한 만큼의 공포를 느끼는 데 걸림돌이 된다는 것이다. 예를 들어 아주 오랫동안 기후변화를 상징하는 이미지는 빼빼 마른 북극곰이 작은 유빙을 딛고 선 모습이었다. 이 모습은 아직도 지구온난화의 영향을 다루는 뉴스 보도에 간혹 등장한다. 마음이 아픈가? 물론이다. 내 문제처럼 느껴지는가? (생업으로 북극곰의 실태를 연구하지 않는 한) 글쎄.

영국 학자 브리기테 네를리히Brigitte Nerlich와 루시 자스팔Rusi Jaspal은 자연재해 이미지가 어떻게 기후변화에 대한 인간의 반응을 상징화하는지 살펴보았다. 그 결과 매스컴이 거리감을 늘려 기후변화가 긴밀하고 긴박하다는 느낌을 떨어뜨릴 수 있다고 밝혔다.[16] 그들은 매스컴이 2011년 기후변화 적응 관련 IPCC 보고서의 보도 자료에 나오는 이미지들을 분석했다. 다양한 이미지가 있었지만 황폐한 땅에 사람이 전혀 없는 풍경이라는 공통점이 있었다. 두 학자는 인간이 부재한 이런 이미지가 잠재적으로 우리와 환경 사이의 거리감을 증폭시켜 환경 파괴 위협을 덜 심각하게 보이게끔 한다고 지적했다. 인간이 등장하는 이미지라 해도 저개발국과 선진국 사람들은 매우 다르게 묘사됐다. 예를 들어 방글라데시인들은 기후변화로 인한 재앙 같은 기상 상황에서 그저 '삶을 이어 가는 모습'으로 그려졌다. 삶이 멈출 듯한 절박함이나 절망감은 전혀 없었다. 오히려 그런 혼란이 일상화되었다는 느낌이었다.

부유한 나라의 시민들은 그런 이미지를 보고 기후변화가 가난한 나라들에만 직접적인 영향을 주는 것처럼 느끼고 (더 나쁘게는) 어차피 그들은 애초에 잃을 게 별로 없으니까 대강 문제를 수습할 수 있으리라고 여길 수 있다. 이와 대조적으로 부유한 나라 사람들이 묘사된 자연재해 이미지는 폐허와 상실에 초점을 맞췄다. 이를테면 홍수나 산불로 파괴된 집의 잔해 속에서 서로 부둥켜안고 우는 가족들의 모습처럼 말이다.

IPCC 보고서가 발표된 후 두 학자는 기후변화를 묘사한 이미지들이 공포, 무력감, 취약성 같은 피동적인 정서들을 자극해 '참여 및 책임'과 관련된 능동적인 활동을 막는다고 결론지었다.

그러나 과학자들의 예측대로 앞으로 기상이변과 해수면 상승이 심해지면 태도와 행동은 분명 점진적이 아니라 극적으로 변화할 것이다. 언론과 여론에서는 이번 호주 대화재가 지금까지 한 번도 없었던 사건이기에 기후변화를 대하는 태도의 티핑포인트가 되리라는 공감대가 형성됐다. 즉 일반적인 우려를 넘어 이것이 국가적 위기이자 비상사태라는 깊고 지속적인 이해로 나아가는 전환점이 되리라는 예측이었다. 나도 한편으론 그렇게 믿고 싶었지만 내 안의 사회 연구자는 회의적이었다.

확실히 기상이변이 기후변화에 대한 사람들의 우려를 고취하는가에 관한 사회적 연구 결과는 엇갈린다. 콜롬비아대학 연구진은 2014년 실시한 연구에서 실제로 이상기후가 기후변화에 대한 우려를 불러일으킨다고 보고했다.[17] 하지만 '온난화'를 기후변화의 명백한 징후로 강조했기 때문인지, 사람들은 유난히 더운 시기에만 우려하는 경향을 보였고 유난히 추운 시기에는 정반대였다. (그렇기에 모든 걸 고려해 '지구온난화'가 아닌 '기후변화'라는 표현을 쓰는 것이다. 극한 겨울을 포함한 기후 패턴의 변화에 중점을 두기 때문이다.)

나는 호주인들을 대상으로 연구한 결과, 콜롬비아대학

교 연구진이 보고한 것과 비슷한 반응을 확인했다. 기상이 변과 무더운 여름은 사람들이 직장 정수기 앞이나 가정 저녁 식탁에서 나누는 일상적인 대화에 기후변화를 끼워 넣게 만든다. 다만 그러다 날씨가 선선해지면 경기 침체, 유행병, 테러 공격과 같은 새로운 '위기'가 나타나 언론과 정치적 관심을 끈다.[18]

이와 비슷한 연구 보고서에는 평균기온 상승이 기후에 대한 우려를 반드시 고취하지는 않는다고 밝혔다. 미국 환경 정책 전문가 패리쉬 베르퀴스트Parrish Bergquist와 크리스토퍼 워쇼Christopher Warshaw는 1999년에서 2017년 사이 기후변화 여론 데이터를 검토하여 기온 상승과 사람들의 우려가 상관있는지 조사했다.[19] 그 결과 높은 기온이 더 큰 우려로 이어진다는 사실을 확인했다. 구체적으로, 섭씨 1도가 상승하면 기후변화를 '상당히' 우려하는 사람의 비율이 약 1퍼센트 증가했다.[20] 정치적 양극화가 심해질 때도 기온 상승과 우려의 상관관계는 유지됐다. 하지만 문제는 아무래도 이 시기 우려의 증가 폭이 미미하다는 점이었다. 두 전문가는 "온난화가 기후변화에 대한 대중의 합의를 끌어낼 것 같지는 않다"고 결론지었다.[21]

우리가 기후변화를 확신하고 걱정하는 정도는 기온과 함께 오르내리며 '평생에 한 번 있을까 말까' 한 태풍, 산불,

홍수가 점점 자주 일어남에 따라 높아질 수 있지만, 지금까지의 여론 반응 속도를 고려하면 마냥 기다릴 수만은 없다. 기상이변 사고가 점점 많아지리라 예상되고 더 익숙해지면서 '가르침의 적기teachable moment'로 활용하기 어려워진다. 산불은 새로운 일상이 될 것이다. 또는 너새니얼 리치가 일축했듯이, "우리에게 남은 시간 동안 재난 자체만으로는 여론에 변혁이 일어나지 않을 것이다."[22]

하지만 이 모든 게 우리가 기후변화를 이야기할 때 공포를 유용한 수단으로써 완전히 배제해야 한다는 뜻은 아니다. 공포 활성화는 대대로 공중 보건과 안보 분야에서 긍정적인 사회적 행동을 촉진하는 캠페인의 중추였다. 하지만 기후변화 공포 확산이 과연 앞서 기술한 심리적 장벽들을 뛰어넘을 수 있을까? 더 넓은 사회적 인식과 행동을 고무하기는커녕 사람들이 그저 몸을 사리게만 하지 않을까?

공포의 호소력과 효과를 연구하는 학자들은 공포를 이용하는 것이 이로운지 해로운지 의견 차이를 빚고 있다. 하지만 관련 문헌들을 검토해 보면 공포만으로는 부족하다는 게 중론이다. 단순히 공포심을 자극해 호소하는 일을 남발하면 사람들이 둔감해지기에 지속적인 효과를 얻을 수 없다. 이를 극복하려고 공포의 수준을 높여 기후변화 메시지를 전달하면 너무 극단적이라 사람들이 믿지 않을 테고 자칫 우스꽝스러워질 수 있다. 전달자를 향한 신뢰가 추락해 부정과 같은 의도치 않은 결과를 낳을 수도 있다.

영국 학자 새프런 오닐Saffron O'Neill과 소피 니컬슨 콜 Sophie Nicholson-Cole은 잉글랜드 노리치에 사는 젊은이들 을 대상으로 설문 조사와 인터뷰를 한 결과, 기후변화의 두 려운 이미지가 사람들의 관심을 끌 수는 있지만 참여를 끌 어내기에는 역부족이라고 밝혔다.[23] 그런 이미지들을 보면 무력하고, 버겁고, 체념하게 된다는 것이었다. 두 학자는 그 보다 개인의 일상사와 연결되는 위협적이지 않은 이미지를 사용하라고 권했다.

기후변화에 이미 경각심을 지닌 사람들에게는 단순한 공포 호소가 효과적이지 않을 수 있다. 학자 요헨 클레레스 Jochen Kleres와 오사 베테르그렌Åsa Wettergren은 덴마크와 스웨덴의 기후 운동가들을 연구하여 공포가 기후 재앙 위 협에 대한 인식을 높이고 행동에 동기를 부여한다는 점을 발견했다.[24] (한 운동가는 "위협은 소파에서 일어나게 하는 전제 조건"이라고 말했다.) 문제는 공포가 잠재적으로 사람 들을 마비시키고 절망시킬 수 있다는 점이다. 따라서 공포 는 사람들이 집단행동으로 변화를 일으킬 수 있다는 희망 으로 중재되어야 한다. 희망은 행동에 기름을 붓고, 집단행 동은 다시 희망을 낳아 공포를 희석한다.

한편 암묵적으로 금기시되는 주제인 죽음을 다루지 않고는 기후변화 공포를 이야기할 수 없다. 우리의 죽음 말이다. 캐나다 학자 세라 울프Sarah Wolfe와 이스라엘 학자 아미트 투비Amit Tubi는 누구나 죽는다는 필멸에 대한 인간의 예측 가능한 반응이 기후변화에 대한 반응을 어떻게 만들어 내는지 탐구했다. 그들은 '필멸 인식mortality awareness'이 우리의 지지부진한 환경 위기 대응으로 이어지는지 궁금했다. 즉 그들은 우리가 환경 위기에 지지부진하게 대응하는 까닭을 '필멸 인식'으로 어느 정도 설명할 수 있을지 궁금해했다.

기후변화는 지구상 모든 이에게 영향을 미칠 위협이라는 점에서 죽음과 같다. 그러나 개인적이고도 사회적이고, 국지적이고도 세계적이고, 즉각적이고도 미래적이고, 만성적이고도 급진적이고, 잘 알려지고도 알 수 없는 현상이기에 독특하다.[25]

두 학자는 사람들이 기후변화 메시지에 직면할 때 현실 부정, 회피, 합리화 같은 필멸 인식의 전형적인 방어기제를 작용한다는 점을 발견했다. 그 결과 본질적 위협에 대한 무관심, 저항, 의구심이 늘어날 수 있다.

그러나 환경을 이미 걱정하는 사람들에게 자기 죽음을
더 잘 인식하게 하면 실제로 미래 세대에 유산을 남기기 위
해 행동하려는 욕구를 북돋을 수 있다. 울프와 투비는 이런
유산을 '영웅 사업hero project'라고 표현하는데, 여기에는 자
선 활동부터 명예 추구, 모범 부모 되기에 이르기까지 다양
한 선행이 포함된다(어쩌면 이 책은 나의 '영웅 사업'일지도
모른다). 즉 기후변화를 이야기할 때 필멸을 인식하게 하면
사람들은 환경문제에 대한 본인의 기존 관점에 따라 관심
의 전원을 끄거나 켤 것이다.

이미 경각심을 지닌 사람으로서 나는 기후변화를 떠올
릴 때 단지 내 죽음을 두려워하는 것 이상이다. 10대 시절
영국 고딕 록밴드 더 큐어와 카프카 소설에 심취했던(맞다,
검은색 베레모도 있었지) 나는 내 부재는 덜 생각하고 지구
상에 잠시나마 존재하는 나의 유산을 더 많이 생각함으로
써 두려움을 달랠 방법을 찾았다. 내 아이들, 가족과 친구들
을 더 사랑하고, 사회 연구와 환경 운동에 공헌하는 내 일을
더 열심히 하는 식으로 말이다. 깊이 생각하고 싶지는 않아
도 내 죽음은 후세대를 위해 길을 열어 준다. 기후변화는 이
모든 것을 위협하지만, 이런 생각을 하면 나의 필멸 인식이
진정된다. 기후변화를 생각할 때 나는 내 죽음뿐 아니라 내
뒤에 오는 모든 것의 죽음도 함께 생각한다.

공포는 매일 지속하기 힘든 감정이다. 투쟁 또는 도피 반응은 즉각적인 행동을 불러일으키지만 생존을 위해 가끔 발동될 뿐이다. 주기적으로 활성화되면 신체적으로나 심리적으로 악영향을 받는다. 바로 이 점 때문에 토니 레이세로위츠는 우려가 공포보다 더 생산적인 감정이라고 말했다. 우려는 공포만큼 우리의 인지 능력을 앗아가지 않는다. "사람들이 공포로 인해 기후 정책을 지지하리라 예측할 수 없습니다. 우려는 그 반대죠."

그리고 우리는 지구인들이 기후변화를 우려하고 있다는 걸 알고 있다. 조사 결과에 따르면 현재 대부분 국가에서 기후변화가 현실이며 미래 안보에 실질적인 위협이 될 시점에 이르렀다고 믿고 있다. 퓨리서치센터에서 2018년에 26개국을 조사한 결과 13개국에서 기후변화를 최고의 국제적인 위협으로 꼽았다.

세계 각국의 지도자들이 우리의 우려를 진지하게 받아들인다면 얼마나 좋을까?

★

공포보다 우려가 낫다. 공포를 이용해 기후변화를 효과적으로 이야기하려면 집단행동으로 파생되는 희망 같은 긍정적 감정과 결합해야 한다. 그럼 혹시 이와 같은 맥락으로 유머와 위트가 공포와 어우러져 효과를 발휘할 수 있을까? 특히 문제를 회피하고 싫증 내는 사람들에게? 쓴 커피에 넣는 설탕 한 숟갈처럼? 책, 드라마, 영화에 이르기까지 우리 주변에는 위기일수록 웃으라는 격언이 넘쳐난다. 기후를 재밌게 이야기하면 환경론자들이 흥을 깨는 집단이라는 선입견이 완화될 것이다.

이 책을 쓰기 시작한 초기에 누구보다 솔직한 기후 행동 지지자이자 저명한 과학자, 2007년에 올해의 호주인으로 꼽힌 팀 플래너리Tim Flannery를 인터뷰할 기회가 있었다. 나는 그를 만나고부터 유머의 역할을 생각해 보게 되었다.

나는 그에게 기후변화 소통에서 공포의 역할이 무엇이라고 생각하는지 물었다. 그의 대답은 놀라웠다.

공포와 불안은 메시지 안에 깃들어 있죠. 상황은 무섭지만 그걸 가릴 방법이 있습니다. 그 무서운 메시지를 전달하면서 사람들의 불안을 덜어 줄 방법이죠. 교수형이 횡행하던 시절에는 사형 집행인의 이미지를 유쾌하게 그리곤 했습니다. 저는 그 유쾌한 사형 집행인이 되려고 해요.

말하자면 코믹 릴리프*다.

불쾌한 기후변화 메시지를 전달할 때 유머가 이를 완화한다는 플래너리의 주장은 실제로 미국의 몇몇 연구 결과를 통해 확인됐다. 예를 들어 정치에 무관심한 젊은 시청자들에게 정치 패러디(심야 프로그램, 스케치 코미디, 풍자 뉴스)는 효과적이며 지구온난화를 더 잘 알게 하고 그것이 현실이라고 믿게 한다.

코넬대 연구진은 청소년들에게 세 가지 기후변화 관련 영상을 보여 주고 반응을 관찰했다. 하나는 공포, 다른 하나는 유머, 나머지는 객관적이고 중립적인 정보 중심이었다. 연구진은 공포와 유머가 환경 운동을 촉진하는 데 똑같이 효과적이라는 점을 발견했다.[26] 콜로라도대학교의 또 다른 연구진은 코미디가 기후변화를 인식하고 참여하게 하며, 새로운 해결책을 모색하려는 의지를 끌어올린다고 밝혔다. 그 연구진은 버겁고 불쾌한 문제에 직면했을 때 코미디를 통한 완화와 전복 효과가 새로운 생각의 통로를 열어 줄 수 있다고 결론지었다.[27]

극작가 데이비드 피니건David Finnigan은 학문적 연구

---

* comic relief. 연극 용어로, 비극적 장면에서 관객의 긴장을 잠시 풀기 위해 삽입되는 희극적 장면이나 사건, 캐릭터를 뜻한다.

없이도 기후변화 담론에 공포와 유머가 결합하면 강력한 결과를 낳을 수 있다고 확신한다. 미기상학자micrometeor-ologist를 아버지로 둔 데이비드는 〈기후 부정론자들을 죽여라〉와 더 최근에는 〈당신은 2024년까지는 안전하다〉라는 각본을 썼다. 그는 기후학자들을 인터뷰한 내용을 바탕으로 이산화탄소 수치가 계속 증가하면 지구에 어떤 일이 일어날지 추론하고, 그 내용을 무대에 올려 음악, 슬라이드쇼, 독백, 기발한 춤으로 꾸민다. 데이비드는 내게 말했다. "내가 두려워하는 것들을 이야기하기 위해 재미있고 참신한 방법을 꾸준히 생각해 냅니다."

그가 이런 희곡을 쓰는 목적은 반드시 관객들에게서 특정한 효과를 거두거나 희망, 공포, 분노 같은 반응을 불러일으키는 것이 아니다. 데이비드의 동기는 자신에게 흥미로운 현상에 관해 표현하고 싶은 것인데, 기후변화는 충분히 영감을 주는 소재다. 그는 우리가 지구에 미치는 영향에 대해 상당히 직설적이고 재미있는 비유들을 써서 표현한다. 예를 들어 〈당신은 2024년까지 안전하다〉에는 '스나지snarge'에 관한 대목이 있다. 스나지란 비행기와 충돌해 죽은 새의 흔적을 뜻한다. 매일 여객기 표면에서 긁어낸 잔해를 DNA 감식반에 보내 어떤 새들이 사고를 당하는지 알 수 있다. 일부러 새들을 죽이려는 여객은 아무도 없다(저기, 우린 그냥 출장이나 휴가 가는 중이었다고요). "우리는 나쁜 사람들이 아니지만 의도치 않게 세상을 죽이고 있죠." 데이비드가 설명했다.

〈당신은 2024년까지 안전하다〉는 2019년부터 6년간 매해 개별 주제로 공연하는 기획 시리즈로, 2024년에는 하루 내내 공연하고 막을 내릴 예정이다. 나는 데이비드의 고향인 영국에서 공포가 기후 문제에 어떤 역할을 하는지 물었다. "분명 두려운 문제인데 우리는 평생 그 안에 있었어요. 기후변화를 이야기할 때 공포는 큰 비중을 차지하지만, 저는 공포에 떨며 살지는 않아요." 그렇다면 혹시 공포와 유머가 결합하면? 그 두려운 메시지가 다소 유쾌해지려나?

저는 미래 세대가 우릴 조롱하거나 비난할 것 같아요. 우리에게 지구를 고칠 방법이 있었는데 제대로 해내지 못했으니까요.
기후변화를 이야기하는 맥락에서 어떤 감정들은 타당해요. 분노와 슬픔처럼요. 하지만 유머는…… 장례식에서 키득거리는 것처럼 부적절한 느낌이죠. 하지만 그건 매우 인간적인 반응이기도 해요. 어쩔 수 없는 순간들이 있잖아요. 이 모든 것의 우스꽝스러움, 지금 우리가 하는 짓의 경악스러운 어리석음이 아주 큰 울림을 줄 수 있어요.

데이비드의 연극은 블랙 유머와 그보다 암담한 사실이 뒤섞여 빠르게 진행된다. 그래서 관객들은 저마다의 감정 상태에 따라 제각기 반응한다.

〈기후 부정론자들을 죽여라〉 감독은 초연 전에 출연진에게 관객들이 웃을 거라고 기대하지 말라고 조언했어요. 이 쇼에 예측 가능한 웃음은 없다고. 어떤 관객은 이 대목에서 웃고 어떤 관객은 저 대목에서 웃을 거라고. 그 말대로였어요. 모든 개그는 각기 빛났지만, 계속해서 웃는 사람은 없었죠. 〈당신은 2024년까지 안전하다〉도 마찬가지였어요. 같은 대목에서 어떤 관객들은 낄낄대고 어떤 관객들은 침묵했죠. 공연이 끝나고 저에게 다가와 "정말 암울했어요"라고 말하는 사람도 있고 "정말 희망적이었어요"라고 말하는 사람도 있었어요. 관객이 하는 경험은 제각각이에요. 어떤 상태에 있느냐에 따라 공감하는 지점이 다르죠.

나는 데이비드와 이야기를 나눈 뒤 그가 말한 미래 세대의 조롱과 비난을 떠올리다가 혹시 분노에 찬 웃음을 지칭하는 단어가 있을까 궁금해졌다. 얼마간 구글링해 보니 '감정실금pseudobulbar affect'이란 현상이 있었다. 화를 내거나 슬퍼해야 할 순간에 걷잡을 수 없이 웃는 것이 그 증후 가운데 하나였고, 다른 하나는 걷잡을 수 없이 우는 것이었다.

★

내가 이 책을 마무리하는 동안 세계자연기금 호주 지부에서 사상 최악의 산불에 대한 호주인들의 태도를 조사해 달라는 의뢰를 받았다. 2월 중순이 되자 전국적인 불길은 사그라들었지만, 재건과 반성이 남아 있었다. 이번 재난으로 많은 사람이 피해를 보았을 뿐 아니라 기후변화를 더 우려하고 정부 조치를 더 원하게 되었다는 몇몇 조사 결과가 있었다.[28] 2월 중순 멜버른에서 열린 기후비상정상회의에서 이번 재난이 기후변화에 대한 여론의 전환점이 되었다는 의견이 많았다.[29] 확실히 사건이 거대하고 격렬하다 보니 기후변화를 무시하거나 믿지 않는 사람들도 주목하기 시작했다.

　세계자연기금은 기후변화와 재생에너지 문제를 검토하기 전에 내가 전년도에 실시한 포커스 그룹 연구의 참가자들이 산불 이후 어떤 반응을 보이는지 인터뷰해 달라고 요청했다. 나는 그들이 기후변화를 어떻게 느끼는지 잘 알고 있었다. 일반적 수준으로 걱정하는 사람부터 철저히 무시하는 사람까지 스펙트럼이 다양했다. 그런데 다시 인터뷰해 본 결과는 냉혹했다. 이번 산불로 기후변화 문제에 경각심이 생기고 더 나은 정부 조치를 열망하는 사람들이 소수 있었지만, 그들은 이미 진지하게 걱정하던 사람들이었다.

나머지는, 심지어 기후변화가 현실이라고 믿던 사람들조차도 방화범과 초기 진압실패를 비난하는 경우가 더 많았다. "산불은 대서양의 이상 기후나 빙산이 녹아서가 아니라 주로 인간의 어리석음으로 인해 벌어진 재앙이니 이번 사건은 기후변화의 범주에 속하지 않아요." 그런가 하면 폭염과 가뭄을 기후변화와 연관 지으려 애쓰는 환경론자들을 향한 분노도 뚜렷했다. "고의로 기후변화를 뉴스거리 삼으려는 느낌이 들어요. 산불이나 가뭄, 홍수를 이용할 뿐이죠. 저는 환경론자들이 자기주장을 밀어붙이기 위해 대중과 주변 환경까지 끌어들인다고 생각해요." 이들은 정부와 결탁한 환경론자들이 화재에 취약한 지역에서 진압용 맞불을 내는 것을 일부러 방해한다고 억측하기도 했다. "증거는 없지만 지방 소방청에 방화범들이 있는 것 같아요. 원활하게 진압하려면 환경론자들은 뒤로 빠져 있어야 해요."

이번 화재 때문에 기후변화를 우려하는 사람들은 더

우려하고, 무시하거나 믿지 않는 사람들은 연관성을 더 외면했다. 다만 호주가 정부 주도로 신속히 재생에너지로 전환해야 한다는 견해는 만장일치로 찬성했다는 점에 주목해야 한다. 이처럼 사람들은 기후변화가 산불의 원인이라는 점에 반대하더라도 탄소 배출량을 줄이기 위한 주요 해결책에는 동의할 수 있다.

우리는 악천후가 전 인류에 깨달음의 순간을 주는 전환점을 마냥 기다릴 수 없다. 우리의 인지 장벽은 홍수에 쓸려 가거나 산불에 타 없어지지 않을 것이다. 그러나 태양 전지판의 과학적 원리는 몰라도 해결책에는 다 함께 동의할 수 있다.

혹자는 기후 행동이 시급하다고 믿지 않는 이들을 설득하는 데 공포는 효과가 없다고 주장한다. 우리 대다수가 '종말론적 피로감'을 느끼고 있다는 것이다. 드라마와 영화, 소설에 나오는 세계 종말 시나리오에 너무 익숙한 나머지 그것이 정확한 예언이라 해도 마치 〈왕좌의 게임〉의 대너리스 타르가르옌이 용을 타고 날아와 자기 집 반려견을 낚아채는 일만큼이나 설득력 없을 거라고 꼬집는다.

나도 사회 연구를 진행하면서 기후변화 종말론을 불신

하는 사람들을 심심찮게 봤다. 기후변화를 무시하거나 믿지 않는 사람들은 우리가 핵전쟁이나 밀레니엄 버그로(최근에는 코로나19로) 세상의 종말이 올까 봐 공포에 떨었던 과거를 지적한다. 하지만 이제까지의 연구가 어떤 공정한 척도라면, 공포는 희망과 유머, 집단행동을 향한 감정적 호소들과 맞물려 제 몫을 할 것이다.

내가 늘 겁에 질렸으면 하는 한 무리가 있다. 기후 행동에 나서기를 꾸물거리는 세계 곳곳의 정치인들이다. 나는 그들이 단순히 기후변화를 두려워하길 원치 않는다. 그들이 봉사하고 보호할 것이라 믿었던 시민들의 분노를 두려워하길 바란다.

우리를 두려워하길 바란다.

6장
분노

화를 실천으로 바꾸는 법

애나 오포사의 명함을 받았을 때, 직위에 '인어 대장Chief Mermaid'이라고 적혀 있었다. 하지만 그런 사랑스러운 명함 없이도 애나는 퍽 인상 깊었다. 나는 이 매력적인 해양 환경 보호론자를 기후현실 콘퍼런스에서 만났다. 애나는 연설을 하려고 필리핀에서 (헤엄치지 않고) 날아왔다.

연설에서 애나가 들려준 이야기 하나가 특히 기억에 남는다. 애나는 필리핀에서 '중력 거스르기Defying Gravity'라는 캠페인을 주도해 왔는데, 헬륨 풍선에 기도문을 묶어 하늘로 날리는 흔하고 해로운 관행을 막으려는 캠페인이었다. 애나가 사는 지역 연례 축제에서만 해도 기도 풍선을 수백 개씩 띄운다. 이 풍선들은 결국 이미 엄청난 양의 플라스

틱이 떠다니는 바다에 떨어져 해양 생물들을 위험에 빠뜨린다.

하지만 애나는 그것이 문제라고 사람들을 설득하는 데 어려움을 겪었다. "한 기자와 인터뷰했는데, 그 기자가 저더러 종교의 자유에 간섭하지 말라고, 풍선을 띄우면 기도가 신에게 도달하는 거 모르냐며 따지더군요. 어차피 중력 때문에 다 떨어진다고 설명해도 다른 사람 신앙에 의문을 품어서는 안 된다는 말만 반복하더라고요." 애나는 그 기자와 더 입씨름하지 않고 달리 접근하기로 했다. "저는 남의 믿음을 조롱할 생각이 없어요. 어떻게 하면 사람들을 설득하고 변화시킬까 궁리할 뿐이죠."

그래서 애나가 설립한 비영리 단체인 '필리핀해를 구하라'에서는 가톨릭교회 지도자들에게 편지를 보내(필리핀의 가톨릭 인구는 세계에서 세 번째로 많다) 이 관행에 대해 공개적으로 견해를 밝힐 것인지 물었다. 편지에는 우리가 하느님의 창조물로서 지구의 관리인이며 그 서식지와 생물들을 보호해야 한다고 썼다. "그들은 답장하지 않았지만, 곧장 보도 자료를 발표했어요. 우리가 그들에게 보낸 편지 내용을 거의 그대로 읊으면서 그 해로운 관행에 반대한다고요."

비록 애나의 단체가 교회 지도자들의 마음을 바꾼 공

로는 인정받지 못했지만, 타이밍은 적절했다. 종교와 과학의 견해차가 있음에도 '상호 공감대를 찾기 위해 캠페인을 벌일 수 있다'는 사실을 확인한 것이다.

애나는 저녁 식사 자리에서 기후변화를 자주 이야기하는 가정에서 자랐다. 아버지는 국제 환경 변호사로, 딸이 대학생일 때 기후변화의 국제법적 조치를 연구하는 프로젝트에 참여하게 했다. 당시 필리핀에는 점점 강한 태풍과 홍수가 발생해 피해가 잇따르고 있었다. 2장에서도 언급했지만 애나는 청소년 대표로 유엔기후변화회의에 참석했을 때 호주 같은 선진국에서 부정론이 팽배한 것을 알고 깜짝 놀랐다. 애나는 필리핀 교육부의 자금 지원을 받아 젊은이들을 위한 기후변화 옹호 안내서를 만들었다. "현지 자료가 없었어요. 서구권의 북극곰 사진들뿐이었죠. 우리나라에서 기후변화의 상징은 북극곰이 아니라 홍수로 집을 잃거나 허리까지 차오른 물을 헤치고 이동하는 사람들이에요."

어느 날 아침 나는 애나와 스카이프로 대화했다(애나는 마닐라에서, 나는 시드니에서 연구 중이었다). 나는 애나에게 기후변화에 대한 감정을 어떻게 다스렸는지 물었다. 특히 좌절과 분노에 어떻게 대처했는지가 궁금했다. "젊은 환경론자로서 많이 울었어요. 이슈가 생길 때마다 울었죠. 왜 사람들은 내 말을 안 듣는 거지? 하고요. 그러다 깨달았어요. 내가 앞으로도 환경론자로 살아가려면 감정을 다스리는 법을 익혀야 한다는 걸요." 그리고 오랫동안 대의를 위해 싸워 온 아버지의 조언 덕분에 애나는 분노를 더 잘 조절하게 되었다.

한 번은 정부 지도자와 큰 갈등을 겪고서 아빠한테 울면서 전화한 적이 있어요. 아빠는 제 우는 소리에 웃음을 터뜨렸죠. "언제까지 울 거니? 슬프거나 화가 나더라도 얼른 털어 내고 다음엔 무엇을 할지 고민해야지. 환경보호를 전투로 여기지 말렴. 그러면 항상 전쟁 중이라고 느낄 테니까. 앞으로도 화는 계속 날 거야. 분노로 가득 찬 눈으로 보면 항상 이기거나 지는 싸움이 되겠지. 차라리 게임이라고 생각해. 그럼 창의력이 생겨. 장기적인 계획을 세우는 법을 익히면 실제로 즐길 수 있을 거야. 전투라고 생각하면 늘 분노하는 싸움꾼밖에 못 돼. 화난 사람 곁에 있고 싶은 사람은 아무도 없단다."

아버지의 현명한 충고를 가슴에 새긴 애나는 덜 화내고 더 유쾌하게 환경 운동에 임하기 시작했다. 애나는 자기 나라가 기후변화를 비롯해 여러 문제를 겪고 있지만 필리핀 사람들은 행복 지수가 높은 편이라고 했다. 그래서 애나의 일은 건전한 친환경 행동을 촉진하는 재미있고 기발한 밈*을 만드는 것이 주요 과제인데, 애나는 이 밈이 메시지 전달에 효과적이며 보호 활동을 즐겁게 한다고 말한다. "분노는 여전히 중요해요. 가끔은 정말 화가 나요. 맞아요, 부유한 나라들이 노력하지 않아서 우리나라가 고통받는다는 점에 분통이 터지기도 해요. 하지만 그렇다고 두 손 놓고 있을 순 없죠."

★

분노는 평판이 나쁘다. 거의 언제나 부정적으로 비친다. 수많은 문화권에서 분노를 원시적이고 반사회적이며 위험한 감정으로 본다. 분노는 우리가 어떤 공격을 당하거나 우리의 목표가 누군가 또는 무언가 때문에 좌절됐다고 인식할 때 생긴다. 공포와 마찬가지로 분노의 주된 목표는 우리가 위협에 대처하도록 동기를 부여하는 것이다. 실제로 분노와 공포는 테러리스트의 공격이나 가택 침입 같은 위협에 대한 반응처럼 동시에 일어날 수 있다.[1] 분노는 죄책감과 같

---

* 인터넷이나 소셜 네트워크에서 유행하는 여러 가지 매체의 문화를 말한다.

은 다른 부정적인 감정과도 연관된다. 무엇보다 우리는 분노가 우리의 건설적인 의사 결정 능력을 약화시킨다고 여긴다. 스토니브룩대학교 레오니 허디Leonie Huddy 교수에 따르면 분노는 많은 경우 낮은 수준의 인지적 노력과 관련 있다. 분노는 덜 신중한 행동과 덜 체계적인 사고방식을 부추겨 위험한 행동의 결과를 덜 인지하거나 덜 우려하게 할 수 있다.[2] 분노하는 사람은 대체로 비이성적으로 비친다. 분노에 찬 사람은 술집에서 낯선 사람에게 주먹질하고, 난폭 운전으로 사람들을 위협하고, 진심이 아닌 말을 내뱉는다. 화난 사람이 여럿 모이면 더 위험하다. 자기 공동체를 불태우고, 건물을 습격하고, 사람들을 나무에 묶을 수 있다.

하지만 인간의 모든 감정이 그렇듯이 분노는 특정 상황에서 그 목적을 달성한다. 공포와 마찬가지로 만약 우리가 분노를 어느 정도 느낄 수 없다면 자신과 사랑하는 사람, 아끼는 물건들을 보호할 수 없을 것이다. 펜실베이니아대학교 대니얼 채프먼 연구진은 분노가 대체로 공격적이고 파괴적인 감정으로 보여도 실제 폭력으로 이어지는 경우는 그렇게 많지 않다고 주장한다. 분노와 폭력 사이의 연관성은 분명 존재하지만 상황에 따라 복잡하게 작용한다. 채프먼 연구진은 분노가 파괴적이라는 지나치게 단순한 관점 대신, 사람들이 사회정의 문제(이를테면 차별)를 해결하도

록 고무하는 데 분노가 가장 큰 동력이라고 보고한 연구를
인용한다.[3]

이런 식으로 분노가 효과적으로 전달되면 긍정적이고
생산적인 감정이 된다. 우려하는 시민들을 운동가로 만들
때 특히 그렇다. 역대 사회 운동을 연구하는 사람들은 분노
의 효과를 잘 이해하고 높이 평가한다. 분노의 긍정적인 힘
에 관해서는 영국의 노숙인 자활 잡지 《빅이슈》 창립자 존
버드John Bird가 아름답게 요약했다.

> 분노는 훌륭한 동력이다. 세상에 분노를 느끼지 않으
> 면 세상을 바꾸고 싶지 않을 것이다. (……) 어릴 때 가
> 스레인지 근처에 앉아 있으면 엄마가 냄비에 물과 귀
> 리를 넣고 저으라고 시켰다. 그렇게 젓고 또 젓다 보면
> 내용물은 어느 순간 먹을 만한 귀리죽으로 변했다. 분
> 노에 대한 내 느낌이 그렇다. 더 걸쭉하게 만들어야 한
> 다. 총알이 아닌 로켓 연료가 되도록 말이다.[4]

물론 분노가 사회운동을 형성하고 고무할 수 있지만, 또한
그 운동을 이끄는 사람들에게 극한 피로감을 주어 조직 내
부의 갈등으로 이어질 수 있다(사회운동에 참여해 봤다면
누구나 인정할 것이다). 이에 연구자들은 존 버드의 표현대

로 분노가 효과적인 로켓 연료가 되려면 다른 감정들과 결합해야 한다는 점을 증명했다.

일례로 요헨 클레레스와 오사 베테르그렌은 덴마크와 스웨덴의 기후 운동가들을 대상으로 연구한 결과, 젊은 기후 운동가들에게 분노가 매우 중요하면서도 까다로운 감정이라는 점을 발견했다.[5] 분노는 시위자들이 권력자들에게 기후 피해 책임을 묻게 한 강력한 정치적 정서였다. 하지만 젊은 기후 운동가들은 화난 얼굴만 보여서는 대중이 동참하지 않으리란 점을 깨달았다(애나의 아버지가 말했듯이 화난 사람 곁에 있고 싶은 사람은 아무도 없다). 그래서 그들은 기후변화 메시지에 분노의 표현을 배제하려고 노력했다.

결국 클레레스와 베테르그렌은 운동가들에게 분노, 희망, 공포가 모두 중요하며, 무엇보다 꾸준히 운동에 참여하게 하는 동력이라고 결론지었다. "분노는 희망을 영향력 있는 감정으로, 희망은 분노를 긍정적인 감정으로 만듭니다." 단정 짓기는 어렵지만, 분노와 희망이 효과적으로 결합하면 분노의 파괴성을 누그러뜨릴 수 있다.

하지만 일반 대중에게는 어떨까? 영국 기후 시위대 '멸종 저항'의 일원이 아닌 이상 기후변화에 대한 분노의 메시지가 효과가 있을까?

나는 기후변화와 분노를 떠올리면 즉시 트위터가 연상된다. 내 트위터 팔로 목록에는 기후 문제에 정치적으로 관여하거나 기후변화에 관심이 있는 사람이 점점 늘어나고 있다. 매일 피드를 내리면 유용한 뉴스 기사들 사이사이로 기후변화의 원인과 영향에 대해 끝없이 격렬한 논쟁을 벌이는 흐름이 보인다. 뻔하고, 고통스럽고, 때로는 지루하다. 나처럼 그런 정보를 계속 접하는 것이 직업인 사람에게조차 말이다.

나는 늘 트위터 속 기후변화 논쟁이 이 문제를 더욱 정치화하고 무관심한 사람들의 참여를 가로막지 않을까 생각했다. 조지 마셜은 이를 확신한다. 그는 소셜 미디어가 사람들이 정치와 관련해 내집단 정체성을 극성스럽게 표출하는 마당이 되었으며 기후변화가 대표적인 쟁점이라고 지적한다. '내집단 정체성'이란 자신이 속한 집단과 자신을 강하게 동일시할 뿐 아니라 다른 집단보다 우월하다고 믿는 것을 의미한다. 마셜은 소셜 미디어 플랫폼 전반에서 기후에 관한 수많은 댓글을 살펴보면 이런 '내집단 수행in-group performance'이 뚜렷이 드러난다고 주장한다.[6]

마셜은 인터넷에서 모욕을 주고받으며 싸우는 목적은 상대방의 마음을 바꾸기 위해서가 아니라 자기 견해를 강화하고 자신이 충직한 키보드 전사라는 것을 보여 주기 위해서라고 주장한다. 그는 이런 키보드 전투가 벌어지는 동안 나머지 다수는 완전히 무시되는데 이런 소모전이 꼭 필요한지 의문을 제기한다.[7]

소셜 미디어가 기후에 대한 사람들의 태도에 어떤 영향을 미치는지에 대한 몇몇 흥미로운 연구가 있었고, 결과는 예상대로 엇갈렸다. 버몬트 대학교 에밀리 코디Emily Cody 연구진은 2008년 9월에서 2014년 7월 사이 트위터에서 기후를 언급한 댓글을 분석했다. 그 결과 기후변화와 관련해서 언급한 것들은 대부분 주로 환경 운동가들이 대중 인식을 고취하려고 퍼뜨리는 뉴스 자료에서 나왔다.[8] 하지만 콜로라도 주립대학교 애슐리 앤더슨Ashley Anderson의 2017년 연구 결과는 그리 긍정적이지 않다.[9] 앤더슨은 소셜 미디어 속 기후변화 보도의 톤이 대체로 비관적이라서 대중이 꺼릴 가능성이 있다고 밝혔다. "소셜 미디어는 기후변화를 둘러싼 견해, 지식, 행동에 긍정적인 영향을 줄 수 있지만, 새로운 개인에게 가닿거나 견해를 바꾸기보다는 단순히 기후변화에 대한 기존 인식을 강화하는 데 그칠 수 있다."

소셜 미디어 속 '담론(개인 간의 진정한 교류든, 인공지능 토론이든, 전문가나 비전문가가 조장하는 분란이든)'의 영향은 현재로서 확실한 결론을 내리기가 거의 불가능하다. 게다가 내 경험에 의하면 기후변화 담론은 플랫폼마다 다르게 펼쳐진다. 인스타그램이나 레딧과 달리 페이스북은 주로 원하는 정보를 받고 원하는 사람들과 교류한다. 따라서 내가 페이스북에서 접하는 기후변화 정보는 주 관심사가 서핑, 자동차, 건설인 내 남편과 매우 다를 수밖에 없다.

나는 소셜 미디어에서 아주 흥미로운 기후변화 정보를 얻기도 했다. 주로 세계 곳곳의 과학자와 저술가 들의 글을 통해서였다. 하지만 내가 호주인들을 대상으로 연구한 결과, 소셜 미디어 속 기후 논쟁에는 두 가지 주요 부작용이 있다. 바로 사람들이 논의를 꺼리게 된다는 점과 점점 더 합의점을 찾기 어렵다고 믿게 된다는 점이다.

이는 분노라는 감정의 가장 큰 단점, 즉 '우리'와 '그들'을 만들어 내려는 경향으로 이끈다. 영웅과 악당. 아군과 적군. 앞서 말했듯이 분노는 어떤 공격을 당하거나 목표가 좌절됐을 때 일어난다. 공격이나 좌절이 부당하다고 느껴지면 분노는 커진다. 보통 사람이나 조직, 시스템이 부당하게 기분을 상하게 하거나 부당하게 좌절감을 준다. 대개 치솟는 분노가 누군가 또는 무언가를 향하게 되면 잘못된 표적을 맞히기 쉽다. 부당함에 화가 난 사람들은 편리하게 비난할 원인이나 희생양을 찾기 쉽다.

많은 연구 결과에 따르면 분노는 다른 사람들을 비난

하고 처벌하고 싶은 충동을 증가시키고 책임감이나 행동력을 감소시킬 수 있다. 코넬대 루항과 조녀선 슐트는 미국인 700명을 대상으로 한 조사에서 분노가 타인의 사회적 병폐를 탓하는 경향을 높이는지 알아보았다. 화석연료 산업을 향한 분노를 자극하면 참가자들은 그러한 사업에 더 큰 책임을 지우는 정부 정책을 더 많이 지지했다. "일부 참가자들은 분노를 느낄 때 소비자 보이콧처럼 처벌을 수반하는 행동을 더 강하게 지지했다."[10]

비난하고 처벌하려는 우리 욕구를 키우는 분노의 능력은 스토니브룩대학교 레오니 허디 연구진이 진행한 또 다른 연구 결과에서 확인되었다. 분노와 불안이 이라크 전쟁에 대한 미국 시민들 표심에 미치는 영향을 살펴보니, (불안은 위기감과 반전 의식을 키웠지만) 분노는 위기감을 최소화하고 군사적 조치를 찬성하도록 이끌었다.[11]

책임 공방은 부당함을 느끼면 분노하게 되는, 거의 불가피한 흐름의 결과다. 2019년에서 2020년에 걸친 호주의 '검은 여름'에 전국 곳곳이 불타고 정부와 지자체가 재건 방법을 고민하는 와중에 언론에서는 손가락질이 난무했다. 환경론자들은 정치인들과 언론을 비난하고, 기후 부정론자들과 심지어 몇몇 고위 공직자들은 환경론자와 방화범 들을 비난했다. 대중은 사방에 손가락질했다. 특히 주 선거와 연방 선거가 얼마 남지 않은 시점에서 이 모든 분노와 원망이 정확히 어떤 결과를 낳을지 예측하기 어려웠다. 대중의 지지가 더 적극적인 기후변화 정책으로 옮겨 갈까? 아니면 그 반대로 갈까?

분노로 인해 환경 운동과 같은 진보적인 사회운동이 형성될 수 있지만, 기후 행동을 꺼리는 대중 영합주의 정부가 선출될 수도 있다. 사실 대중 영합주의 정치인들은 희생양(특히 비백인, 이민자, 난민)을 향한 사람들의 분노를 지피는 데 전문가임을 스스로 증명해 왔다. 그들은 비난의 명수다. 스토크네스는 '정의로운 우리'와 '악한 그들'을 나누려고 하는 충동이 기독교의 오랜 영향으로 서구 문화에 만연하다고 주장한다. 이러한 충동은 대부분 파괴적이고, 양극화와 근본주의를 더욱 고착화해 우리가 직면한 문제들을 해결하는 데 필요한 협력과 응집력을 훼손한다.[12] 조지 마셜은 이에 동의하며, 영웅 대 악당 접근법이 협력과 상호 이익, 우리의 인간성을 저해한다고 주장한다.[13]

게다가 죄책감을 다룬 앞 장에서 보았듯이, 기후변화의 책임을 전가하는 것은 쉬운 일이 아니다. 물론 유난히 잘못한 사람들이 있지만 부유한 나라의 많은 사람들은 기후변화와 그것이 다른 나라에 미치는 영향을 무시한 채 자기 행동이나 투표를 통해 어느 정도 기후변화에 일조했다.

이 지점에서 기후변화 메시지 속 분노의 역할에 대한 내 태도는 더욱 복잡해진다. 내가 감히 토레스 해협, 피지, 방글라데시, 필리핀 사람들에게 분노가 생산적이지 않으니 진정하라고 말할 수 있겠는가? 합의점과 상호 이익을 찾는 데 분노가 방해가 된다고? 그들은 죽기 살기로 발버둥 치고 있는데 내 나라와 지도자들은 전혀 신경 쓰지 않는 듯하다. 아주 적어도 나는 그들의 분노를 이해한다. 장담하건대 태평양 섬나라 주민들이 겉으로는 태평해 보일지 모르겠지만, 기후변화에 관해서라면 몹시 화가 나 있다. 미국 마거릿 두 브레이Margaret V. du Bray 연구진은 피지, 키프로스, 뉴질랜드, 영국까지 4개 섬나라 주민을 비교한 연구를 통해 피지(해수면 상승)와 키프로스(심각한 물 부족) 주민들이 기후변화에 대해 분노를 표출할 가능성이 가장 크다는 점을 확인했다.

기후적으로 불리한 그룹들은 환경 불의로 정서적 고통을 겪을 가능성이 크다. 모든 그룹 가운데 피지인들이 기후변화 영향에 물리적, 경제적으로 가장 취약하고 삶의 터전과 끈끈히 연결되어 정서적으로 가장 고통스럽다.[14]

내가 4장에서 인용한 라베타날라기 세루의 시를 되새겨 보자. "인간의 산림 벌채와 과도한 오염으로 / 손실되는 땅과 황폐해지는 미래 / 치료제 또한 그들 손에 있다." '정의로운 우리'와 '악한 그들' 나누기는 우리가 기후변화 대응을 촉구할 때 문제가 될 수 있지만, 세루의 분노는 정당하다.

조지 마셜이나 페르 에스펜 스토크네스도 분노의 감정을 억누르는 것이 어렵다고 말한다. 그런 감정은 때때로 내보내야 한다. 스토크네스는 책에 이렇게 썼다. "분노를 억지로 긍정적 사고, 임시방편, 사회운동으로 억누르지 않고 그저 우는 게 나을 수도 있다."[15] 실제로 기후 문제에 이미 관여하거나 염려하는 사람들에게 분노와 좌절의 감정을 차단하기란 헛된 일이다.

호주 로열멜버른 공과대학교의 블란쳇 벌리Blanche Verlie 교수는 12주의 기후변화 교육 과정 동안 학생들이 다양한 감정을 겪는다는 것을 깨달았다. 그들은 서로 다른 지점에서 분노하고, 억울해하고, 따지고, 맞서고, 실망했다. 벌리는 이러한 감정들이 "기후변화에 대처하는 법을 익히는 과정"의 일부이자 핵심이라고 말한다.[16] 환경론자든 아니든 우리 모두 그 대처법을 빨리 익혀야 한다.

심리학자 조너선 하이트Jonathan Haidt는 뛰어난 책《바른 마음: 나의 옳음과 그들의 옳음은 왜 다른가》에서 분노,

특히 정치적 당파주의로 야기된 분노에서 벗어남으로써 얻는 이익을 짚어 본다. 하이트는 예일대에서 공부하던 젊은 시절 열렬한 자유주의자였으며 학교 안팎에서 1980년대 신보수주의와 신자유주의를 격렬히 비난했다. 중장년에는 미국을 떠나 인도 등지를 여행하며 문화 심리를 공부했다. 미국으로 돌아오자 젊은 시절 반사적으로 튀어나오던 적대감을 느끼지 않고도 보수주의자들의 주장을 듣고 이해하게 되었다. 그 주장들을 무조건 무시하는 대신 "심각하게 상충하지만 좋은 사회를 향한 같은 진심"이라고 신중하게 바라볼 수 있게 되었다.[17] 본인의 자유주의적 견해와 태도를 견지하면서도 타인의 신념과 차이점에 더 열린 마음을 갖게 되었다. "더는 화를 내지 않게 되자, 정의로운 분노가 요구하는 '우리는 옳고 그들은 그르다'는 결론에 도달하려고 애쓰지 않게 되었다."[18]

이전 장에서 우리는 기후변화가 점점 더 심각해지고 그 위협이 명백해지는데도 어떻게 수십 년간 정치적 양극화가 고착됐는지 살펴보았다. 확실히 당파적 분열, 즉 '우리 대 그들' 사고방식을 무너뜨리면 전 세계인이 모두 기후 위협에 대처해야 한다고 사람들을 설득하기 쉽다. 물론 기후변화에 대한 책임이 피차일반은 아니다. 내가 헤어드라이어를 사용하고 비행기를 탄다고 해서 코크 형제 같은 화석연료 기업 거물들이 책임에서 벗어날 수 있는 것은 아니다.

다시 말하지만, 분노는 평판이 나쁘다. 억울하게도 그렇다(만약 분노가 디즈니 영화 〈인사이드 아웃〉처럼 의인화한다면 그야말로 분통을 터뜨릴 것이다). 기후에 대한 분노는 두려움과 마찬가지로 정당하고 적절하며 때로는 카타르시스까지 느껴진다. 그래서 나는 분노를 적이자 친구로 본다. 너무 오래 함께하면 안 좋지만 궁극적으로 이 관계는 우리를 긴장하게 하고 더 노력하게 만든다. 개인과 집단의 건설적인 분노는 부당함을 해소하기 위한 필수 추진력이다. 부패한 정권을 무너뜨릴 수 있는 로켓 연료다.

그러나 우리는 기후변화를 우리와 그들의 전쟁으로 보지 않고도 분노하거나 좌절할 수 있다. 마셜은 기후변화의 원인을 눈가림하거나 왜곡하려는 이들을 적이 아닌 '방해물'로 봐야 한다고 주장한다(미묘하지만 중요한 차이다).[19] 그리고 애나의 아버지가 말했듯이, 기후변화를 해결하려는 우리 노력을 전투가 아닌 게임으로 여겨야 한다.

아주 기나긴 게임.

★

지금까지 죄책감, 공포, 분노라는 친숙한 감정들을 탐구했다. 비록 부정적으로 특징지어지고 기후변화를 이야기할 때 안 좋은 영향을 미칠 수 있지만, 이 감정들은 기후 운동의 기반이고 심지어 도움이 된다. 그리고 기후변화를 이야기할 때 엄밀한 등식(이를테면 분노1 희망3 죄책감0.5 같은 식)은 없지만 일반적으로는, 특히 행동의 필요성을 확신하지 못하는 사람들에게는 자부심, 공감, 연민과 같은 긍정적인 감정이 더 효과적이다.

이제 다음 두 장에서 더 어두운 감정의 외연, 부정과 절망을 들여다보자.

7장
부정

나는 결백해야 한다

사람들이 기후변화가 현존하는 위험이 아니며 인간 때문에 벌어진 일이 아니라고 할 때 나는 마음이 흔들린다. 나도 그들을 믿고 싶다. 다른 문제로 의견이 충돌할 때와는 다르다. 미래가 현재와 비슷할 거라거나 위협이 과장되었다는 말을 들으면 나도 그 태평한 전망에 끌린다. 그저 세상 시름 다 잊고 따뜻한 온천에 몸을 담그고 싶어진다.

기후변화와 인간의 반응을 다루는 사회 연구에서 부정이라는 감정은 주목 대상이다. 나 같은 사람들에게는 단연 흥미로운 화제다. 부정론자들은 뭘 잘못 먹었나? 머리가 나쁜가? 하지만 적어도 개인적으로는 약간 부럽기도 하다. 기후변화를 안 믿으면 얼마나 속 편할까? 그리고 나도 이따금 기후변화 영향이나 평균기온 3도 상승으로 벌어질 상황을 그려 보다가 '어쩌면, 아마도 그렇게 최악은 아닐 거야'라고 중얼거린다.

심리학에서 부정이란 자기 행동의 중요성이나 결과를 인정하지 않거나 현실을 받아들이기를 거부하는 심리를 말한다. 알코올이나 마약에 중독되고서도(분명 건강, 가족 관계, 직장 생활을 해치고 있는데도) 문제가 아니라며 습관을 이어 가는 사람들이 대표적인 예다. 하지만 기후변화가 현실이 아니라거나 영향이 미미하다거나 자연스러운 과정일 뿐이라고 주장하는 사람들을 묘사할 때 부정은 미흡한 용어다. 부정에는 많은 얼굴이 있기 때문이다. 모든 부정이 같지는 않다.

기후 부정론은 널리 사용되고 적용되는 용어이며 거의 늘 모욕으로 쓰인다(그래서 기후변화가 현실임을 부정하는 권력층 대다수가 자신을 회의론자라 칭한다). '부정론자'라는 이름표에는 짚고 넘어가야 할 중요한 차이점들이 숨어 있다. 페르 에스펜 스토크네스가 지적한 첫 번째는 적극적 부정과 소극적 부정의 차이다.

적극적 부정은 이 문제에 의욕적으로 관여하고 친구, 동료, 소셜 미디어에 기후변화를 이야기하고, 거부하고, 반박하는 것이다.[1] 소극적 부정은 물론 그 반대다. 기후변화

화제를 맞닥뜨리면 외면하거나 아예 차단한다. 스토크네스가 언급한 대로, 소극적 부정론자들에게 "부정은 불편함에서 편리하게 벗어나는 수단"[2]으로 쓰인다.

내가 연구하는 포커스 그룹에는 적극적 부정론자보다 소극적 부정론자가 많다. 인터뷰할 때 적극적 부정론자들은, 뭐랄까 말이 많다. 소극적 부정론자들은 한 번에 몇 마디 안 하고 질문에만 대답하며 간식으로 나오는 샌드위치에 더 큰 관심을 보인다.

두 번째는 진정한 부정과 회의의 탈을 쓴 부정의 차이다. 조금 전 말했듯이 많은 기후 부정론자들이 자신을 회의론자로 묘사한다. 나름대로 기후변화를 탐구했으나 몇몇 의문점이 있다고 말하는 편이 더 그럴듯하게 들리기 때문이다. 문제는 이러한 자칭 회의론자들이 대체로 전혀 회의적이지 않다는 것이다. 왜 그런지 이해하기 위해 이 책 초반에 다루었던 과학적 연구법의 본질로 돌아가 보자.

과학적 연구법의 원칙 가운데 하나는 어떤 지식이든 과학적 진리로 받아들여지려면 실험을 거듭해야 한다는 것이다. 그리하여 과학적 지식으로 인정받더라도 기본 원리 수준에서가 아니라 그것을 수정하고 확장하는 과정에서 여전히 의문을 제기할 수 있다. 스토크네스 표현에 따르면 "과학 자체가 아주 체계적인 회의론"이다. 학계에서 합의한

엄격한 조건 아래 진행되는 끊임없는 의문과 실험이다. 회의론자가 되는 일은, 과학에서는 바람직하다.[3]

물론 인류가 지구를 빠르게 덮히고 우리 모두에게 파괴적인 결과를 초래한다는 생각에 의문을 제기하고 거부해온 진정한 회의론자들도 있다. 하지만 초기 기후변화 예측이 거의 정확하다고 증명된 이후로 과학, 정치, 산업, 정부, 기상학 분야에서 일하는 다수가 견해를 바꾸었다.

하지만 기후변화가 현실이 아니라거나 자연 발생적이라고 주장하는 사람들은 과학적 회의론이나 심지어 건설적인 이의 제기에도 관심이 없다. 그들은 고의적이고 호전적이며 자신이 들으려고 하는 정보만 골라 듣는다. 이는 과학적 진리를 구하는 태도와 아무 상관이 없다.

따라서 여기까지 보면 적극적 부정론자와 소극적 부정론자, (점점 줄어들고 있지만) 진정한 회의론자, 회의론자로 가장한 부정론자가 있다.

마지막 차이는 전문 부정론자와 아마추어 부정론자의 차이다. 전문 부정론자들은 전 세계 정치, 산업, 언론계에서 영향력 있는 권력층이고 정보가 풍부한 싱크 탱크다. 그들은 기후변화 과학을 공격함으로써 돈을 벌고 지위를 얻는다. 아예 기후학자들을 공격하기도 한다.

아마추어 부정론자들은 부정론자 정치인들에게 투표

하고, 부정론 매체를 소비하고, 트위터에서 부정론 메시지를 퍼뜨리는 사람들을 팔로하지만, 그런 행위로 돈을 벌지는 않는다. 전문 부정론자와 아마추어 부정론자의 차이를 빗대자면 미국 보수주의 방송인 러시 림보Rush Limbaugh와 가족 모임 때 옆자리에 앉기 싫은 술 취한 삼촌의 차이다.

이와 비슷하게 미시간대학교 앤드루 호프먼Andrew Hoffman 교수는 제도적 지원을 받는지 아닌지에 따라 미국 내 부정론을 구별한다. 그는 조직적인 '기후 부정' 단체와 더 넓은 의미의 '회의적' 인구를 신중하게 구분한다.

조직적인 부정 단체는 기후변화 의혹을 조장하는 전문 단체인 하트랜드 연구소나 보수적인 싱크 탱크가 운영하는 카토 연구소처럼 집단적 사회운동인 반면, '회의'로 분류되는 집단은 기후변화 자체나 기후 행동을 촉구하는 동기를 의심하는 더 폭넓은 인구를 지칭한다.[4]

이렇게 어떤 부정론자인지 구별하는 게 왜 중요할까? 그야 더 적극적이고 전문적인 부정론자일수록 기후변화 대처를 지연시킬 힘이 크기 때문이다. 그리고 그들의 시도가 매우 성공적이라는 점도 증명되었다.

우리 주변에 이런 부정의 스펙트럼이 있다면, 그것을

이끄는 동력은 무엇일까? 공포는 좋은 출발점이다. 사회과학 연구 결과에 따르면 부정은 기후변화 정보로 촉발된 두려움에 대응하는 기제다. 그러나 이런 설명만으로는 충분하지 않다.

공포를 다룬 장에서 보았듯이, 기후 운동가들은 예측되는 미래가 아무리 끔찍해도 사명을 위해 두려움을 제쳐두려고 노력한다. 기후변화에 대한 두려움은 보편적이고 이해할 수 있는 반응이다. 하지만 부정하려면 두려움 이상의 무언가가 작용해야 한다. 스토크네스는 "우리는 불안한 사실들을 부정하거나 무시할 때 두려움과 죄책감에서 벗어날 피난처를 찾는다"고 말했다.[5] 이는 소극적인 부정에 가깝고, 누구나 가끔 그렇게 한다.

하지만 기후학을 공개적으로 부정하고 조롱하면 적극적 부정이 된다. 적극적으로 부정하면 자신의 생활 방식을 비난하고 이래라저래라 하는 무리로부터 자기를 방어할 수 있다. 이때 부정은 정보나 지능 부족이 아니라 '자기 보호 본능'에서 기인한다.

이것이 부정 현상을 이해할 때 가장 중요한 측면이다. 기후 과학을 부정하는 사람들은 머리가 나쁘거나 올바른 정보를 접하지 못한 사람들이 아니다. 그들은 자신의 세계관과 가치관, 자아 정체성을 위협하는 메시지에 반응하는 것이다. 스토크네스는 우리가 결백해야 하기 때문에 기후변화를 거부하는 것이라며 부정의 뿌리를 명쾌하게 묘사한다.

부정론자들은 기후변화가 현실이고 긴급하며 인간의 화석연료 사용으로 일어난다는 주장으로부터 자신의 정체성과 생활 방식을 방어해야 한다고 느낀다. 그래서 논리적으로 설명하고 싶어 한다.[6]

죄책감을 다룬 장에서 보았듯이, 특히 부유한 나라의 부유한 사람들에게 기후변화 메시지는 우리가 지구를 훼손하고 수십억 인구에게 피해를 주는 현상을 일으키고 그 과정에서 혜택을 받고 있다는 비난을 내포하고 있다. 우리는 결백하기를 원하지, 기후변화가 우리 잘못으로 벌어진 일이기를 원치 않는다. 그래서 기후변화의 신빙성과 심각성, 해결책을 부인한다.

따라서 기후 부정론자의 생각을 바꾸기 위해 과학 토론을 벌이면 실패할 게 뻔하다. 그들을 설득하려 할 때 "자아의 벽에 충돌하기" 때문이라고 스토크네스는 묘사한다.[7] 기후뿐만 아니라 그들에게 중요한 모든 것에 대한 관점을 바꾸라고 요구하는 것이나 다름없다. 물리 법칙과 기후 패턴을 토론하고 있더라도 본질적으로는 우리의 과거, 현재,

미래, 그리고 우리 사회의 권력 구조에 관한 서로 다른 관점을 논하는 것이다. 기후 부정론자들은 결론에서 출발하여 고집스럽게 역행하면서도(누구나 때때로 그러하지만) 딱히 일관적인 견해를 유지하려고 노력하지는 않는다.

브리스톨대학교 슈테판 레반도프스키Stephan Lewandowsky 연구진은 기후 부정론이 체계적이기보다 단편적이고 모순된 주장을 한다고 보고했다.[8] 기후 부정론 세계에서 '지구는 오히려 식어 가고 있다'라는 지구 냉각설은 '지금까지 관찰된 온난화는 자연스러운 현상이다', '온난화는 유익하므로 인간이 끼치는 영향은 상관없다'는 주장들과 공존할 수 있다.

우리가 기후 부정론을 과학에 대한 거부가 아니라 정체성, 지위, 권력 위협에 대한 반응으로 이해한다면, 세계 곳곳의 연구들이 밝혀냈듯이 기후변화에 대한 신념의 인구학적 동향을 식별할 수 있다. 이 말은 곧 기후 메시지로 정체성을 더 위협받는 사람들이 기후변화를 부정할 가능성이 더 크다는 뜻이기도 하다.

기후변화의 현실과 사실을 받아들여서 자신의 정체성, 권력, 특권이 흔들린다면 계층 피라미드 꼭대기에 있는 사람들은 거부감 그 이상을 느낄 것이다. 미국 에런 맥크라이트Aaron McCright와 라일리 던랩Riley Dunlap의 연구 결과, 보

수적인 백인 남성이 다른 집단보다 회의적이거나 부정적인 태도를 보일 가능성이 크다고 한다.[9]

기후 부정론과 반페미니즘 사이의 강한 연관성을 보여 주는 연구도 늘고 있다. 최근 기후 부정론을 다루는 세계 최초의 학술 연구 센터를 발족한 스웨덴 차머스 공과대학교 연구진은 수년 동안 기후 부정론자들과 반페미니즘 극우파 사이의 연관성을 조사해 왔다. 2014년 기후 회의론자들의 언어를 연구하는 논문에서 학자 요나스 안스헬름Jonas Anshelm과 마르틴 홀트만Martin Hultman은 반페미니스트들과 기후 부정론자들의 공통점을 발견했다.[10] 기후 부정론자들은 환경을 아끼는 태도는 약하고 여성스러운 것인 반면 환경을 정복하고 기후변화의 잠재적 위험을 받아들이는 태도는 강하고 남성적이라고 여긴다는 점이었다.

기후 부정론자들의 특성에는 여러 인구학적 변수가 있지만(청년층보다 장년층, 여성보다 남성, 진보보다 보수, 도시보다 시골), 우리는 이러한 동향이 일반화되도록 내버려두어서는 안 된다. 정형화는 더더욱 나쁘다. 부정론자들에 대한 해로운 고정관념 가운데 하나는 교육을 덜 받을수록 기후변화를 더 의심한다는 것이다.

이를 뒷받침할 몇 가지 증거가 있다. 내가 호주에서 한 여러 설문 조사와 다른 연구 결과, 기후 과학을 거부하는 사람들은 이 문제를 크게 우려하는 사람들보다 대체로 교육 수준이 낮다. 이러한 격차는 다른 나라에서도 확인된다.

하지만 이 점이 과장되어서는 안 된다. 과학 이해도가 기후변화에 대한 신념을 결정짓는다는 인식이 퍼질 수 있기 때문이다(여태까지 살펴보았다시피 이해력보다 중요한 것은 세계관이다). 피지나 필리핀 등지에서 낮은 교육 수준은 기후변화를 확신하는 데 장해가 되지 않는다. 실제로 미국의 몇몇 연구 결과, 기후 문제가 더 정치화되면서 교육 수준이 높은 백인 보수주의자들이 기후 메시지를 거부하거나 저항할 가능성이 더 크다는 점이 나타났다.[11]

우리는 다양한 공포가 다양한 형태의 부정을 유발한다는 점을 안다. 그런데 기후 부정론이 만연한 사회에서 우리는 또 무엇을 알 수 있을까? 우선 인간이 기후변화의 주범이라 믿고 우려하는 사람들이 그렇지 않은 사람보다 많다는 것이다.

2019년 글로벌 여론조사 업체 유고브는 멕시코, 호주, 독일, 중국, 프랑스, 영국에서 기후변화를 거부하는 사람들이 인구의 10퍼센트에 이른다고 보고했다. 인도네시아, 사우디아라비아, 미국은 각각 18퍼센트, 16퍼센트, 13퍼센트로 더 높았다.[12] 2018년에 호주 학자 브루스 트랜터Bruce Tranter가 13개국 부정론자들을 조사한 연구 결과에 따르면 호주가 22퍼센트로 노르웨이와 나란히 1위를 차지했고 그 뒤를 미국, 뉴질랜드, 핀란드가 바짝 뒤따랐다.[13] 내가 확인한 호주인들의 기후변화 인식을 다룬 수많은 연구 결과에서 기후 부정론자의 비율은 한 자릿수에서 22퍼센트에 이르렀다.

연구에서 '부정'을 어떻게 정의하고 어떤 국가를 대상으로 하든 기후 과학을 거부하는 사람들은 전체 인구의 4분의 1도 되지 않지만, 이들은 여전히 '상당한 소수'다. 따라서 부정론은 한 국가의 정치 구조에 따라 언제든 정치권력으로 바뀔 수 있다. 호주를 예로 들면, 기후 부정론자들은 아주 적은 투표율만으로도 상원 의원으로 선출되어 기후 법안을 막거나 보수 정당과 결탁하여 환경 개혁을 저지할 수 있다. 나아가 더 큰 파벌로 뭉쳐 기후 개혁의 속도를 늦출 수도 있다.

부정론자의 비율보다 더 중요한 것은 기후 문제에 대한 대중의 인식과 영향력이다. 전 세계 많은 연구 결과에 따르면 사람들은 기후 부정론자의 비율을 과대평가하는 경향이 있다. 일례로 호주의 연방 과학산업연구기구(CSIRO)는 2010년에서 2014년까지 매년 호주인 약 1만 7500명에게 설문 조사를 진행했다. 그 결과 응답자의 거의 80퍼센트가 기후변화를 현실로 믿고, 그 가운데 62퍼센트가 인간 활동이 그 원인이라고 생각했다.[14] 그러나 다른 호주인들의 견해가 어떨지 예측해 보라는 물음에 응답자들은 부정론자들의 비율을 과대평가했다. 그들은 호주인의 약 23퍼센트가 기후변화를 부정할 거라고 예측했는데, 조사 결과 실제 수치는 8퍼센트에 그쳤다.

부정론자의 수를 과대평가하는 경향은 일반 대중뿐 아니라 과학계도 마찬가지다. 미국의 한 연구 보고서에는 터무니없게도 무려 87퍼센트의 미국인이 기후변화에 대한 과학적 합의가 이루어진 것도 모른다고 적혀 있었다.[15] 그래서 우리는 여론 조사로 측정된 실제 부정론자 수를 보고 내심 안도할 수 있을지 모르지만, 전문적 부정이 우리 인식에 미치는 증폭 효과를 고려해 보아야 한다. 전문적 부정은 과학계와 여론에도 기후 과학에 구멍이 존재한다고 느껴지도록 유도하기 때문이다(언론이 균형을 맞춘다는 구실로 부정론자들과 기후학자들을 토론시키는 것은 득보다 실이 크다).

웅변을 잘하는 전문적 부정론자들은 불확실성을 불편해하는 인간 심리를 능숙하게 이용한다. 여기서 다시, 일반 대중이 기후변화를 이해할 때 과학적 연구법이 장벽이라는 점으로 돌아가 보자. 마이크 흄은 이렇게 지적했다.

불확실성은 기후의 미래 동향에 대한 과학적 예측에 만연하다. (……) 일부 불확실성은 물리적 기후 체계가 어떻게 작동하는지 충분히 이해하지 못하는 데서 비롯된다. (……) 다른 불확실성은 지구의 대기나 대양처럼 크고 복잡한 체계가 애초에 예측 불가라는 점에서 기인한다. 또 다른 점은 예측되는 미래에 인간이 끼치는 영향이 불확실하다는 점에서 비롯된다. (……) 최선은 다양하고 폭넓게 장래를 예측하는 것이다.[16]

전문적 부정론자들은 이 과학적 불확실성을 이용해 사람들에게 의혹의 씨앗을 뿌린다. "과학자들도 확신하지 못합니다." "여전히 과학적 논의가 진행 중입니다." "국가적으로 합의가 되지 않았습니다." "시기상조입니다." "지금 당장 행동할 필요는 없습니다."

부정론과 부정론자들에 대해 우리가 아는 바를 종합해 보면 그들은 인구학적 비율보다 훨씬 큰 영향력이 있으며 그들과 논쟁하는 것은 마치 망태기에 문어를 쑤셔 넣으려고 애쓰는 것과 같다. 그렇다면 우리는 어떻게 해야 할까? 부정론자들과 논쟁할 가치가 있을까?

부정론자들의 심리를 파고든 많은 연구자와 철학자들은 신경 쓰지 말라고 한다. 스토크네스는 "반대하기로 마음을 굳힌 사람들과 논쟁에서 이기려고 애써 봐야 소용없다"고 말했다.[17] 마셜 역시 전문적으로 숙련된 기후변화 부정론자들(이를테면 미국의 마크 모라노Marc Morano나 영국의 크리스토퍼 멍크턴Christopher Monckton)은 토론하거나 의견을 교환하는 데 관심이 없고, 오히려 그것을 종합 격투기에 가까운 '토론 배틀'이라고 본다는 점을 지적한다.[18] 나도 이 점이 괴롭다. 기후 부정론자의 생각을 바꿀 수 없다는 걸 알지만, 전문적 부정론자들이 여론에 미치는 영향을 고려하면 아예 무시하기도 어렵다.

내 친구이자 동료, 호주의 유명한 기후 운동가인 애나 로즈Anna Rose는 매우 용감하게, 그리고 아주 공개적으로 기후 회의론자들의 생각을 바꾸려고 노력했다. 2006년, 스물세 살 때 7만 명 이상 활동하는 호주청소년기후연합을 공동 설립한 애나는 10대 시절부터 기후변화를 위해 꾸준히 싸워 왔다. 석탄 산업지로 유명한 뉴캐슬에서 자랐고, 가족은 뉴사우스웨일스 북서부 지역에서 대대로 밀 농장을 운영해 왔다.

애나는 학교에서 배운 내용과 직접 가족 농장에서 겪은 가뭄 경험을 통해 기후 운동을 시작했다. 일대일로 대화하면 수줍은 듯 조곤조곤 이야기하지만, 일단 강단에 오르면 열정적이고 설득력 있는 운동가로 변한다. 애나는 최신 기후학뿐 아니라 기후변화 조치에 담긴 모든 정책적 함의를 꿰뚫고 있는 기후 전문가이기도 하다. 텔레비전에서 기후 회의론자와 토론할 사람이 필요하면 애나가 적임자다.

바로 그래서 2011년에 그런 일이 있었다. 애나는 호주의 공영 방송 〈ABC〉가 제작한 다큐멘터리, 〈나는 기후변화에 대한 당신의 생각을 바꿀 수 있습니다〉에 출연했다. 이 한 시간짜리 로드쇼에는 최근 은퇴한 보수 정치인 닉 민친 Nick Minchin과 함께 애나가 영미권 나라들을 여행하는 내용이 담겼다. 생경한 조합이었다. 닉 민친은 수십 년간 연방 상원 의원과 장관을 역임하고 보수당에서도 자유 시장경제를 신봉하는 강력한 우익 지도자였다. 노골적인 기후변화 '회의론자'인 그는 관료 시절 기후변화에 효과적인 정책에 매번 단호하게 반대했다.

이 프로그램의 기획 취지는 닉과 애나가 각각 선정한 전문가 집단을 함께 만나서 인간이 기후변화를 초래했다는 사실(또는 거짓)을 상대방에게 설득할 수 있는지 확인하는 것이었다. 제작진은 여기에 '중립적인' 태도를 지닌 깜짝 손님들을 투입하기도 했다. 무대는 하와이의 화산 정상에서 워싱턴과 런던 거리, 호주 퍼스 교외, 영국 동부 해안선의 침식 절벽으로 이어졌다.

애나는 이 다큐멘터리 출연 여부를 오랫동안 숙고했다. 다른 환경론자들은 소리 높여 거부하며, 애나에게 관여하지 말라고 경고했다. "그들은 제가 논쟁에서 '이길' 수 있다고 생각하는 게 순진하다고 지적했죠." 기후학이 실제와 달리 논쟁할 여지가 있는 것으로 프레임을 씌우려는 부정론자들의 전략에 휘말린다는 것이었다.[19] 하지만 애나는 결국 도전하기로 했다. "많은 사람에게 다가갈 기회였어요. 기후 운동이 수년간 소통하려고 애써 온, 거실에서 텔레비전을 보는 일반 시민들에게 말이죠."

이 로드쇼에서 애나는 특유의 노력과 신념으로 자신의 임무를 수행했다. 비행기와 호텔 방에서도 쉬지 않고 최대한 많은 과학 정보를 흡수했다. 전문가들을 선정할 때는 몇 가지 명확한 기준을 세웠는데, 논쟁에 능한 좌파 운동가보다는 명망 있는 과학자와 전문가를 택했다. 수석 해양학자이자 미 해군 제독인 데이비드 티틀리David Titley가 그 가운데 한 사람으로, 한때 기후 회의론자였으나 현재는 과학을 받아들여 기후변화 대응 기동 함대를 이끄는 인물이다. "다른 문제였다면 닉은 제독의 견해를 매우 진지하게 받아들였을 것이다."[20]

애나는 또한 영국 보수 정치인이자 브렉시트 지지자

170

잭 골드스미스Zac Goldsmith를 택했다. 그는 기후 행동을 단순히 큰 정부를 위한 구실이 아닌 거대한 경제적 기회로 보았다. 애나는 설명했다. "내가 이 대변인들을 택한 이유는 그들이 실제로 닉을 만나 그의 마음을 바꿀 가능성이 있기 때문이었어요. 그들은 온건하고 정중해요. 닉과 같은 보수주의자들을 자극하지 않으려고 오히려 기후변화의 심각성을 줄여 말하지요."[21]

한편 닉 민친은 다른 접근법을 취했다. 《회의론자 핸드북》과 《글로벌 불량배가 당신 돈을 갈취한다》를 쓴 조앤 코들링Joanne Codling과 그 배우자 데이비드 에반스David Evans 같은 '전문가들'을 택했다. 기후학에서 어떠한 공적 자격도 없는 사람들이었다. 부정론 논객인 마크 모라노는 기후학자들을 "공개적으로 매질"해야 하며 기후변화는 공산주의자들의 음모라고 말했다. 리처드 린젠Richard Lindzen 교수는 구름이 지구온난화를 억제할 거라는(더불어 간접흡연의 위험성은 유사 과학이라는) 주장을 굽히지 않았다. 또 크리스토퍼 부커Christopher Booker라는 작고한 저널리스트는 진화론에 이의를 제기하고 석면이 안전하다고 주장했다.

이들을 방문하는 틈틈이 닉은 애나에게 《쿼드런트Quadrant》 같은 우익 잡지들을 읽으라고 권했다. 그 잡지에는 환경론자들이 인간을 싫어하고 자유를 제한하며 부유하게 생활하는 자들을 처벌하기를 원하는 공산주의자들이라는 주장이 담긴 여러 기사가 실려 있었다. 닉은 또한 한때 열렬한 기후 부정론자였다가 '미온주의자lukewarmer'(지구온난화를 인정하지만 느리게 일어난다고 보는 사람)로 돌아선 비외른 롬보르Bjørn Lomborg와 기후학에는 동의하지만 탄소세 도입에 반대하는 사람도 불렀다.

게다가 닉은 우주 방사선이 지구온난화에 미치는 영향에 관한 초기 연구 결과를 들어 보자며 유럽원자핵공동연구소(CERN)의 제네바 본부를 방문하자고 제안했다. 그러나 그곳의 수석 연구원조차도 이산화탄소가 아닌 다른 것이 기후변화의 원인이라는 주장의 증거로 자기 연구 결과를 해석하는 것을 거부하고 닉의 주장이 극단적인 관점이라고 일축했다.[22]

닉 민친은 자칭 회의론자지만 과학 부정에 도가 튼 사람들로 자신의 전문가 집단을 구성했다. 참고로 과학 부정의 특징을 다룬 영향력 있는 연구에서 마크 후프나글레Mark Hoofnagle와 크리스 후프나글레Chris Hoofnagle 형제는 부정론자들의 주특기로 다음 세 가지를 꼽았다. 음모 이론("기후변화는 조작이다"), 가짜 전문가(전문가라고 자처하지만 확립된 지식에 동의하지 않는 사람들), 그리고 골라먹기(주제 관련 연구를 폭넓게 살피지 않고 고립된 연구에

선택적으로 의존하는 태도).[23]

애나는 과학계 박사 학위가 있고 외교에 능한 전문가들을 방문하여 탄탄한 증거를 바탕으로 닉의 마음을 바꾸려고 시도했다. 반면 닉은 대중의 마음에 의혹의 씨앗을 뿌릴 카리스마 있는 반대자들을 찾는 일을 주요 전략으로 삼았다. 그는 애나를 설득하는 데 전혀 관심이 없어 보였다.

두 사람이 여행하며 오랫동안 이야기를 나누는 동안 회의론 뒤에 숨은 닉의 진정한 의도가 드러났다. 그 의도에 이 장에 요약된 모든 사회 연구가 반영돼 있다. 닉은 기후 과학을 이해하는 똑똑한 사람이다. 문제는 그 과학에 따라 인간들이 행동을 근본적으로 바꿔야 한다는 점이다. 과학이 진정한 걸림돌인 셈이다. 애나는 여행 도중 생각했다. "아마 그는 자기 세계관에 도전하지 않는 과학은 잘 받아들일 것이다."[24] 정부 규제를 최소화하고 자유 시장의 힘을 최대화하려는 닉 민친의 사명에는 교섭할 여지가 없다.

과학이 아무리 데이터로 증명되고 합리적이라 해도, 신뢰할 만한 전문가가 전달한다 해도 그가 의심을 거두지 않는 까닭이다.

애나는 이 다큐멘터리가 제작되는 과정을 정리한 책에서 자신이 상대편보다 괴로웠음을 토로한다. "이 일은 전투다. 하지만 나는 타고난 전투사가 아니다. 너무 무르고 쉽게 상처받으며 공격을 감정적으로 받아들이기 때문이다."[25] 나는 애나의 책을 다 읽고 다큐멘터리를 두 번 본 뒤 애나에게 문자를 보냈다. "몇 년 지난 지금 돌이켜 볼 때 그만한 가치가 있는 일이었나요? 누가 기후 회의론자와 논쟁해야 하는지 물어보면 어떻게 대답해야 할까요?" 애나는 즉시 답했다.

"네, 그만한 가치가 있었어요. 부정론자와 논쟁해야 하냐고요? 당신이 설득할 수 있는지 지켜보는 청중이 있다면 해야죠."

★

어쩌면 기후변화가 촉발할 수 있는 모든 감정 가운데 부정이 가장 이해할 만한 감정 아닐까? 우리는 모두 얼마간 기후변화를 부정한다. 삶을 유지하려면 그래야 한다. 기후변화 과학을 받아들이는 것은 모순적인 삶을 사는 것이나 마찬가지다. 안정적인 미래(노후, 대출 상환, 상조 보험)를 계획하면서도 그런 미래가 없을지도 모른다는 증거를 인정하는 셈이니까. 조지 마셜은 이렇게 썼다. "나는 불안을 한쪽으로 치워 놓는 법을 배웠다. 위협이 실재한다는 것을 알면서도 일부러 느끼지 않는 것이다."[26]

누구나 부정에 끌린다는 점을 인정하면 부정론자들,

특히 전문적 부정론자들의 강력한 꾐에 넘어가지 않을 수 있다. 우리는 기후변화를 두려워하고, 일부는 그것이 지구에 미치는 영향을 완화하기 위해 점점 더 용기를 내고 있다. 기후 부정론자들은 기후변화 자체보다 기후 행동으로 변화된 세상을 더 두려워한다. 그래, 그들을 이해할 수는 있지만, 변호할 수는 없다.

8장
절망

지구 종말 자조 모임

기후학자를 울리려면 정부 간 기후변화협의체(IPCC) 보고
서가 몇 건이나 필요할까? 아마 서너 건 정도? 최근에는 더
적으려나? 어쩌면 한 건만으로 눈물이 터질지도 모른다. 지
난 몇 년 사이 세계 곳곳에서 기후 관련 우울증, 불안, 분노
를 '고백'하는 기후학자들이 점점 늘어났다. 어떤 이들은 슬
픔이나 분노를 다스리지 못하거나, 침대에서 일어날 힘이
없거나, 연구 프로젝트를 포기하거나, 아이를 갖지 않기로
마음먹거나, 본인은 현실을 깊이 자각하고 있는데 다른 사
람들은 평상시와 다름없이 지낼 때 느끼는 괴리감인 '존재
론적 충격existential whiplash'을 받아 방황한다고 토로한다.

　　노벨상 수상자인 캐밀 파머전Camille Parmesan 교수는

2012년 미국야생동물연맹에 제출한 보고서에 "잃어버린 것에 대해 감정적으로 반응하지 않는 과학자는 아무도 없다"고 썼다.[1] 구글에 '기후학자'와 '절망'을 함께 검색하면 박사학위(PhD)와 외상후스트레스장애(PTSD)를 함께 지닌 이들의 이야기들을 접할 수 있다.[2] 알다시피 PTSD는 최악의 상황이 실제로 일어나기 전에 느끼는 정신적 고통이다.

기후학자만큼은 아니지만 나도 이런 절망이 익숙하다. 나는 이 책을 쓰기 위해 최대한 많은 과학을 접했다. 내가 찾은 자료도 읽고 친구와 동료들이 보내 주는 기후 관련 이야기도 모두 읽었다. 그 정보들은 내 정신에 상당한 영향을 미쳤다. 지식은 한번 흡수하면 되돌리기 어렵다.

데이비드 월러스 웰즈는 이를 '독성 지식'이라고 말한다. 일단 알게 되면 모를 수 없고 모든 생각은 그것으로 오염된다.[3] 고백하건대 나는 이 책을 쓰면서 이사, 이민, 퇴직, 삭발, 사격 배우기, 소파에 누워 일어나지 않기(그리고 물론 이 책의 집필을 포기하기) 직전까지 가며 깊은 절망과 홧김의 순간을 경험했다.

★

내가 이 주제로 접근한 모든 전문가가 극심한 절망은 비록 일시적이든 단편적이든, 기후변화의 원인과 영향을 철저히 이해한다면 피하기 어려운 감정이라고 말했다. 기후 메시지는 불안할 뿐 아니라 혼란스럽다. 마치 코로나19 범유행 시기의 삶과 비슷하다. 살아갈 만한 세상을 우리의 잘못된 행동으로 인해 다 알면서도 잃을 수밖에 없다는 생각은 어떤 사람들을 미치게 한다. 프랑스 철학자 브뤼노 라투르Bruno Latour는 이렇게 썼다. "매일 지구 상태를 보도하는 뉴스가 우리 정신 상태에 어떤 영향을 끼치고 있는지 궁금하다. 어떻게 대응해야 할지 모르는 상태에서 우리가 어찌 찜찜하지 않겠는가?"[4]

기후변화 관련 정신 건강 분야는 정부, 민간단체, 공중 보건 전문가, 연구자들의 관심이 증가하면서 점점 더 커지고 있다. 기상이변으로 사랑하는 사람, 집, 생계를 잃은 이재민들의 심적 고통과 트라우마, 식량 안보 위협과 물 부족, 가뭄에 시달리는 농업 공동체의 우울과 불안처럼 기후 관련 정신 건강 문제는 다양하다.

그리고 평균기온 상승이 더 많은 정신 건강 문제, 특히 공격성을 불러일으키는지에 대한 새로운 연구가 뒤따르고 있다. 일례로 로스앤젤레스 기반 연구진은 9~18세 학생들을 대상으로 개별 추적 연구를 시행한 결과, 평균기온이 상승할수록 공격적인 행동이 증가한다는 점을 발견했다.[5] 이 인과성은 가난한 가정의 소녀들에게서 가장 뚜렷했다(다만 흥미롭게도 주변 환경에 녹지가 많을수록 기온 상승으로 인한 공격성이 떨어졌다). 성인 인구를 대상으로 한 다른 연구도 비슷한 결론에 도달했다.

막스플랑크인간개발연구소의 닉 오브라도비치Nick Ob-radovich가 수행한 연구 결과에 따르면 극심한 기온 변화, 꾸준한 온난화 추세 및 기상이변 증가는 아무리 미미한 정도라도 누적되어 인간의 기분과 행동에 상당한 영향을 미칠 수 있다.[6] 그는 소셜 미디어를 통해 악천후가 사람들의 정서를 악화한다는 사실을 확인했고(지구 온도가 2도 오르면 트위터 피드는 온갖 독설로 넘쳐날 것이다), 기온이 아무리 조금 오른다 해도 복잡한 인간 상호 작용 방식에 영향을 준다는 점을 발견했다. 이러한 '미세 규모 기후 영향'은 확실히 우리 일상생활과 안녕에 영향을 미치며, 나아가 인간관계와 사회적 결속력을 약화시킬 수 있다.

기후변화가 정신 건강 문제를 일으키고 악화시키며 증가시킨다는 사실은 공중 보건과 심리학 분야에 잘 알려져 있다. 이로 인해 정신 건강 분야의 다양한 단체에서 기후변화에 대해 목소리를 내왔다. 미국심리학회는 "기후변화의 심리학적 영향은 점점 누적되고 상호 작용하면서 계속 심해질 것"이라고 발표했다.[7] 다른 여러 나라 단체들도 비슷한 성명을 냈다. 이 새롭게 떠오른 이슈를 다루려고 전문가들은 기후 시대의 정신 건강 관리를 위해 연구하고 보고하는 노력을 이어 왔다. 그리고 점점 더 많은 심리학 네트워크, 연맹, 전문의 들이 등장해 기후 관련 정신 질환을 다루기 시작했다.

라투르 표현대로 우리를 찜찜하게 하는[8] 기후변화의 비관적 전망은 '기후 우울증', '생태 비탄', 가장 흔한 '환경 불안'처럼 기후 지식의 직접적 여파로 인해 생긴 심리 상태를 뜻하는 용어들을 만들어 냈다. 영국 주재 심리학자 토머스 도허티Thomas J. Doherty와 수전 클레이튼Susan Clayton은 기후변화의 심리적 영향을 다룬 연구에서 환경 불안 증상으로 공황 발작, 식욕 감퇴, 조급증, 불면증 들을 꼽았다.[9] 두 학자는 이런 증상들은 위험 폐기물 처리장 주변에 사는 사람들이 겪는 증상과 유사하며, 나아가 기후 영향에 의한 일반적 불안과 '병적' 불안을 구별하기 까다로울 수 있음을 지적한다.

과거 정신 건강 전문가들은 안전하지 않은 환경 탓에 건강이 나빠질까 전전긍긍하는 태도를 현실적 위협과는 비례하지 않는 강박적인 태도라고 보았다. 하지만 도허티와 클레이튼은 "기후변화가 건강에 미치는 영향과 그 영향의 전례 없는 규모에 대한 증거와 예측을 고려하면 과연 어디까지가 적정 불안 수준인지 따져 볼 필요가 있다"고 지적했다.[10] 과연 우리가 기후 영향으로 불안을 느낀다고 해서 비이성적이라고 말할 수 있을까? 우리가 느끼는 두려움이 상상력의 산물이 아니라는 점은 최근 IPCC 보고서에도 명시돼 있다. 그렇게 따지면 과연 전통적인 심리학과 정신의학이 기후 관련 정신 건강 문제를 겪는 사람들을 충분히 도울 수 있기는 한 걸까?

기후학자들의 절망은 서서히, 그러나 확실히 널리 퍼지고 있다. 살펴보기만 하면 사방에 기후 절망의 징후가 있다. 아주 극적인 예로, 환경 운동 변호사 데이비드 버켈David Buckel은 2018년 뉴욕에 있는 한 공원에서 휘발유를 뒤집어쓰고 분신했다. 그는 유서에 이렇게 썼다. "지구인들은 화석연료를 태워 나쁜 공기를 마시고 그 결과 많은 사람이 요절한다. 화석연료를 이용해 요절한 나를 보고 우리 스스로 어떤 행동을 하고 있는지 깨닫기를 바란다."[11]

그런가 하면 출산 파업BirthStriker 운동도 있다. "생태위기의 심각성에 따른 실존적 위협에 권력층이 아무런 대응을 하지 않기에" 아이를 갖지 않겠다고 공개적으로 선언하는 것이다.[12] 인터넷을 깊이 파고들면 기후 운명론 또는 환경 허무주의를 많이 발견할 수 있다.[13] 그리고 정치적 극좌파에서 나온 '파멸론자doomer'들은 영국 기후 시위대 '멸종 저항'을 디즈니 공주 모임처럼 보이게 한다(퓰란보다는 백설공주에 가깝다). 그들은 우리 가운데 누구도 살아남지 못하리라고 믿는다.

　우리는 이러한 사례를 지나치게 감상적이거나, 이미 심란한 사람들의 과잉 반응으로 여기거나, 최후의 심판이 목전에 다가왔다는 기독교식 종말론의 새로운 징후로 읽기 쉽다. 하지만 기후변화가 어린이와 청년 들의 정신 건강에 미치는 영향은 무시하기 어렵다. 청년들에게 그들 세대가 직면한 가장 큰 문제가 무엇인지 설문 조사하면 정신 건강은 (기후변화와 함께) 상위 5위 안에 든다.[14] 호주, 영국, 미국 같은 나라 청년층에는 불안이 만연하다.[15] 전 세계 부유한 나라들의 정부 기관 보고에 따르면 5세 아동부터 청소년 불안 장애가 증가하는 추세다.[16]

　기후변화를 이해할수록 불안감이 늘어난다는 이론들이 있다. 그럴지도 모른다. 확실한 것은 기후변화가 어린이에게 미치는 심리적 영향을 연구하는 사람들이 기후 지식과 아이들의 정신 건강 문제 사이의 직간접적인 영향을 발견했다는 점이다. 호주 멜버른의 한 연구 결과, 어린이들은 높은 수준의 기후 우려를 드러내며 "PTSD, 우울증, 불안 장애, 공포증, 수면 장애, 애착 장애, 그리고 감정 조절, 인지, 학습 행동, 언어 발달, 학업 성취도에 문제를 일으킬 수 있는 약물 남용"의 가능성을 보인다고 했다.[17] 우리 아이들은 쇠락하는 행성과 함께 수많은 정신 건강 문제까지 물려받고 있는 모양이다.

로열멜버른 공과대학교 블란쳇 벌리는 청소년들이 기후변화로 인해 단순히 미래를 걱정하고 우울해하는 것을 넘어 자아 정체성 인식까지 바뀌고 있음을 지적한다(그의 연구는 기후변화에 대해 배우는 대학생들과 이미 걱정하고 관여하는 학생들을 대상으로 했다). 벌리는 이 학생들이 기후변화에 대한 지식과 그것을 무시하고 화석연료 사회에서 개인의 성공을 추구해야 한다는 압력 사이에 갇혀 답답해한다는 점을 발견했다. 그는 이 연구를 기반으로 기후 파업에 나선 학생들에 대해 다음과 같이 서술했다.

> 기후변화는 (……) 자기가 열심히 공부하면 앞날이 밝을 테고 어른들은 아이들의 이익을 최우선으로 하여 행동하리라는 일반적인 믿음과 어긋난다. (……) 기후 파업을 하는 학생들은 (……) 위기에 직면했으나 아닌 척하는 현실이 자신과 다른 이들의 미래에 어떤 영향을 미칠지 몹시 걱정하고 있다. 그들은 손팻말로 선언한다. "죽은 행성에 졸업은 없다." (……) 이는 과장이 아니라 자신들의 삶과 죽음에 미치는 영향에 진심으로 개입하려는 것이다.[18]

따라서 벌리는 젊은이들이 절망의 악영향에 가장 취약하리라고 본다. 그러고 보면 그레타 툰베리가 유엔에서 한 "당신들은 우리 미래를 훔쳤다"는 발언은 딱히 과장이 아니다.

★

절망은 내가 이 책에서 탐구한 모든 감정 가운데 대중 인식과 전문가들 견해를 통틀어 가장 명백히 부정적인 감정으로 여겨진다. 절망은 상황이 심각하게 잘못되었고 절대 나아지지 않으리라고 비관하는 정서다. 절망은 인간의 가장 파괴적인 감정 가운데 하나로, 뿌리 깊은 우울증이나 자살과도 관련이 있다.

절망의 핵심 가운데 하나는 통제력 상실이다. 우리는 실질적으로든 관념적으로든 주체성이나 통제력이 부족할 때 절망한다. 끔찍한 상황에 부닥쳤는데 상황을 개선하기 위한 어떤 행동도 할 수 없을 때 절망하는 것이다. 어린이와 청소년이 성인보다 개인 또는 집단행동에 자유롭지 못하다는 점은 그들을 특히 절망에 취약하게 만든다.

우리는 직면한 문제가 압도적일 때 절망한다. 학대를 받는다거나, 난민촌에 산다거나, 심각한 질병을 앓는다거나, 바이러스 대유행을 겪는다거나, 탈출 전략이 없다거나, 우리 능력 너머에 있는 여러 상황에서 그러하다. 하지만 기후변화는 가장 낙관적인 사람조차 그 규모의 막대함에 고개를 내젓는다.

나는 가벼운 고소 공포증이 있다. 고층 건물에 유리로 된 엘리베이터가 싫다. 높은 관중석에 앉게 되면 엉덩이를 떼지 않고 경기에만 집중한다. 기후변화를 자세히 들여다볼 때 나는 때때로 극심한 감정 현기증을 겪는다. 도저히 한번에 다 받아들일 수 없다. 일부러 시선을 돌려 더 작은 부분에 집중하고, 절망과 공황이 추한 고개를 들기 전에 애써 긍정적인 무언가를 찾는다. 데이비드 윌러스 웰즈가 지적한 대로, 기후변화의 전모에 초점을 맞추고 과학을 정면으로 마주하기란 매우 어렵다.[19]

절망에 빠진 사람이 느끼는 통제력 부족감은 기후변화와 관련해서 1000배는 증폭된다. 우리는 어떻게 우리 생활 방식으로 인해 발생하는 무색무취의 가스를 통제할 수 있을까? 어떻게 인도, 중국, 미국, 사우디아라비아 같은 나라에 사는 사람들 삶에 영향을 줄 수 있을까? 그보다, 어떻게 셀 수 없이 많은 독단적인 정치인과 탐욕스러운 기업 들이 단기적인 이익과 사리사욕이 아니라 '보통 사람들'의 장기적인 이익에 근거한 결정을 내리게 할 수 있을까? 만약 우리가 협박과 폭력을 무기로 부정 선거가 횡행하는 독재 국가에 산다면 무슨 수로 통제력을 느끼겠는가? 심지어 시민의 90퍼센트가 자유롭고 공정하게 투표하는 호주에서도 투표가 중요하고 영향력 있다는 믿음은 지난 10년 동안 급격히 떨어졌다.[20] 안전하고 부유한 민주국가에서조차 우리는 여전히 절망하고 있다.

기후 절망의 또 다른 측면은 일상의 다양한 절망과 구별된다. 말하자면 우리 자신에 대한 믿음이 아니라 인간에 대한 믿음을 잃게 한다. 실제로 수많은 연구 결과, 우리가 인류를 비관적으로 바라볼수록 기후변화 대처법 모색에 소극적인 것으로 드러났다(물론 반대도 마찬가지다).

기후 행동은 지역, 국가, 국제적 차원에서 엄청난 사회적 협력이 필요하다. 코로나19에 대한 전례 없는 전 지구적 대응만 봐도 오만하고 무모하며 일관성 없이 복잡한 인간에게 몹시 벅차 보인다. 따라서 사람들은 절망을 이유로 집단행동과 타인에게서 쉽게 등 돌릴 수 있다.

호주 〈ABC 뉴스〉 저널리스트 제임스 퍼틸James Purtill은 전 세계 기후 '파멸론자' 단체를 취재한 통찰력 있는 기사에서 이러한 단체의 구성원들은 반사회적이고 기후 행동을 외면하는 성향이 있고 '멸종 저항' 같은 적극적인 단체 활동가들과 구별된다고 썼다.

더 나은 세상을 위해 확립된 질서 타도를 목표로 하는

외향적인 '저항'과 달리 '파멸론'은 내향적이다. 파멸론자들은 절망과 분노를 받아들이기까지 내면의 여정을 주로 이야기한다. 그럴 만도 하다. 사회정책이 변화하지 않으니 개인적인 사색만 남은 것이다. (……) 미래에 은퇴할 계획이었던 그들은 대신 현재를 은퇴하기로 했다. (……) 그들 가운데 대다수가 투표와 정치 참여를 그만뒀다.[21]

기후 절망이 불러일으키는 사안의 심각성, 통제력 상실, 타인과의 괴리감으로 인해 어떤 사람들은 기후변화에 대처할 수 없다고 결론짓는다. 그리고 경제, 정치, 외교, 철학, 심리학, 그 어떤 분야의 전문가든 기후변화가 인간의 해결 능력을 가로막는 문제라고 지적한다.

    큰 반향을 일으킨 베스트셀러 《생각에 관한 생각》을 쓴 대니얼 카너먼Daniel Kahneman은 조지 마셜에게 기후변화 문제에 희망이 보이지 않는다고 말했다. 거의 절망에 빠져 있다는 말처럼 들린다. 카너먼은 우리 두뇌(단기적이면서 장기적인 사고 회로와 직관적이면서 복잡한 의사 결정 능력이 얽힌 두뇌)가 상실 위협에 대응하는 방식 때문에 기후변화를 해결할 수 없다는 이론을 제시했다. 그는 마셜에게 이렇게 말했다. "아무리 심리적 각성이 높아져도 생활 수준이 떨어지는 것을 꺼리는 인간의 성향을 극복하지 못할 겁니다."[22]

하지만 마셜은 기후변화가 불가능한 문제라는 이 생각에 철저히 의문을 제기한다.

> 기후변화에 대응할 수 있는 기술과 자금, 교육 수준, 국제 협력을 갖춘 현시점에 기후변화가 일어나고 있다는 것은 행운이다. (……) 게다가 기후변화를 유발하는 국가들 또한 그 영향을 받을 것이다. (그래서) 긍정적으로는 해당 국가들이 행동에 나설 가능성이 커지게 된다.[23]

다시 말해, 만약 부유한 나라 사람들의 사리사욕과 상실에 대한 두려움(카너먼이 꼽은 인간 행동의 두 가지 원동력)을 이용할 수 있다면 우리에게 기회가 있을 것이다.

일단 기후변화를 해결 불가능한 문제로 묘사하는 것부터 문제다. 기후변화가 해결 불가능한 문제라는 생각은 멸망 위기의 공동체가 생존을 위해 협력했던 중요한 선례들을 무시하기도 한다. 잔혹한 식민 지배에도 전통문화를 지켜 온 전 세계 원주민들의 인내심을 보라. 또 코로나19 범유행의 전 지구적 대응은 이 책의 출간을 앞둔 지금도 여전히 전개되고 있다. 기후변화를 해결 불가능한 문제로 여기는 사람들은 단지 '자신들이' 해결하지 못했기에 그렇게 여기는 것 아닐까?

　기후 전시관 관장 미란다 마시는 내게 고통과 절망의 순간들은 이해하지만 포기하는 것은 윤리적으로 용납할 수 없다고 말했다. "이는 미국 특권층인 백인 남성 문인들이 거의 독점적으로 갖는 견해예요." 이는 미국 소설가 조너선 프랜즌Jonathan Franzen이 2019년 9월 〈뉴요커〉에 기고한 논평 〈우리가 가장하기를 그만둔다면?〉을 염두에 두고 한 말이다. 우리에겐 기후 재앙을 피할 기회가 없으며 그저 인정해야 한다고 주장한 글이었다. 프랜즌은 진보적인 환경 운동가들이 기후 문제가 승산 없는 싸움임을 애써 부정한다며, 불가피한 재앙에 대비하려면 패배를 인정해야 한다고 주장한다. "헛된 희망은 두려움보다 위험하다"는 톨킨J. R. R. Tolkien의 명언처럼 말이다. 프랜즌을 파멸론자라고 규정할 수는 없지만 기후학자들은 여전히 그의 논평이 부정확하고 부질없다고 비판한다.

　따지고 보면 기후 부정론자와 파멸론자는 공통점이 있다. 이를테면 확실성과 편리함을 추구하는 점, 집단행동에 가담하거나 역경에 맞서 사회를 변화시키려 노력하는 이들을 멸시하는 점이 그렇다. 이런 식으로 생각하면 부정에서 절망으로 아주 빠르게 도약할 수 있다. 이런 현상이 해를 거듭할수록 심해지지 않으리란 보장이 없다. 저명한 부정론자들도 마지못해 과학을 받아들이면서 "어쨌든 이제 너무 늦었어"라고 말하니까.

이렇게 기후변화 담론에서 드러나는 백인 특권층의 절망적인 논조 말고도 '포기'식 주장은 몇몇 무익한 세계관에 기반을 두고 있다는 문제가 있다. 첫째는 이런 절망과 파멸론이 확실성에 의지한다는 것이다. 한편 이는 기후변화가 현실이 아니고 미래는 현재와 비슷하리라는 기후 부정론의 주장과 유사하다. 물론 기후학을 이해할수록 기후 절망도 커지지만 포기하는 일은 미래의 가능성을 기꺼이 무시하는 일이기도 하다.

미국 철학자 테리 패튼Terry Patten은 기후 절망의 핵심 개념인 불가피한 운명이 자기 충족적 예언으로 자주 이용된다고 주장한다. 그는 시사 인물 잡지 《덤보 페더Dumbo Feather》에 이렇게 썼다. "미래는 이미 도래했다. 우리가 매일 만들어 내고 있으니까."[24] 이런 종류의 절망 역시 미래를 바라보는 좁은 관점에 기반을 두고 있다. 세상은 그대로 유지되거나 모두에게 생지옥이 되거나 둘 중 하나인 셈이다. 하지만 환경 심리학자 레이먼드 드 영Raymond De Young 말대로 우리는 '성장 또는 종말론을 위시하는 현대 민간신앙'에서 벗어나 가능한 '미래들'을 생각할 필요가 있다.[25] 그렇다. 기후변화가 미래들에 해를 끼칠 테지만 그 모든 미래가 파멸론자들이 온라인에서 묘사하는 지옥도는 아니다.

★

이쯤 되면 여러분은 이 책의 모든 장에서 기후변화에 대한 아무리 '부정적인' 감정이라도 작게나마 긍정적인 이점이 있음을 시사하리라 짐작할 것이다. 맞다. 절망도 예외는 아니다. 세상의 종말을 상상하는 것은 중요하다. 그래야 우리가 누리고 있는 세계와 소중한 것들을 지키기 위해 무얼 하고 싶은지 고민할 수 있기 때문이다.

　　데이비드 월러스 웰즈는《2050 거주불능 지구》에서 최악의 상황을 대비하는 것이 바람직하다는 근거로 극단적인 시나리오를 제시한다. 그는 우리가 최악의 시나리오를 무시할 때 현실에 안주하게 된다고 주장한다.[26] 게다가 신학자 해나 맬컴Hannah Malcolm에 따르면 세상의 종말을 묘사하는 일은 수많은 종교적 전통에서 신자들을 위해 두 가지 분명한 기능을 한다. 하나는 너무 늦기 전에 회개할 여지를 만드는 것이고, 다른 하나는 아무리 가망이 없더라도 더 나은 세상을 향한 길을 닦을 기회를 주는 것이다.[27]

　　이런 측면에서 하드코어 파멸론자들이 제시한 것보다 덜 허무주의적이고 잠재적으로 건설적인 절망을 떠올려 볼 가치가 있다. 이를 가리켜 '심층 적응-Deep Adaptation'이라고 한다. 이 개념은 2018년 영국 컴브리아대학교 젬 벤델Jem Bendell 교수가 〈심층 적응: 기후 비극 항해 지도〉라는 논문에서 처음 언급했다.[28] 벤델은 지속 가능성 분야에서 존경받는 학자인데, 이 논문 논조로 보면 자기 분야를 거부하는 듯하다. 그는 지속 가능성 연구가 기술 혁신이 제공하는 완화 전략과 황금 기회의 형태로 둔갑하여 기후변화에 대한 긍정적인 솔루션에 초점을 맞추는 시도를 신랄하게 비판한다. 그는 기후변화 진행 상황 측면에서라면 긍정적 정보 대부분이 부질없다고 주장한다. 그는 냉담하게 말한다. "타이태닉호가 북대서양 얼음 바다에 침몰하는 와중에 선장과 해상 안전 방침 개선을 논의하는 것은 사후 약방문이나 다름없다."

벤델은 애써 타협점을 찾거나 독자의 절망을 촉발할까 봐 에두르지 않고 사실상 세상의 종말이 가깝다는 전제를 하고 주장을 전개한다. 그는 이 논문의 목적이 "기후변화로 인한 불가피한 사회 붕괴"에 직면한 독자에게 자기 삶을 재평가할 기회를 주는 것이라고 단도직입적으로 밝혔다. 벤델은 종말을 피할 수 없다는 판단을 정당화하려고 기후학을 일부 다루지만, 최악의 결과를 상정하고 독자에게 이제 어쩌겠느냐고 묻는다.

미래의 방향을 예측하기는 어렵다. 하지만 예측하지 않기는 더 어렵다. (……) 우리는 미래가 어떻게 될지 몰라도 추세를 볼 수는 있다. 우리는 인간의 독창성에 환경의 궤적을 바꿀 힘이 있는지 모른다. (……) 시간을 더 달라고 기도해야 할지도 모른다. 하지만 우리 앞에 놓인 증거는 우리가 기아, 파괴, 이주, 질병, 전쟁을 유발하는 파괴적이고 통제 불가능한 기후변화에 직면했음을 시사한다. (……) 내가 말하는 기아, 파괴, 이주, 질병, 전쟁은 바로 여러분 자신의 삶을 지칭한다. 시스템이 붕괴하면 곧 수도꼭지에서 물이 안 나올 것이다. 이웃이 음식과 약간의 온기를 조달하겠지만 점점 영양실조에 걸릴 것이다. 머물러야 할지 떠나야 할지 우왕좌왕할 것이다. 굶어 죽기 전에 끔찍하게 살해당할까 봐 두려워하게 될 것이다.[29]

벤델은 일반적 통념과 반대로 절망이 실제로 도움이 될 수 있다는 주장을 설득력 있게 펼친다. "사랑하는 사람을 떠나보내고, 생활 방식을 통째로 바꾸고, 능력을 상실하며, 말기 병 진단을 받는 일은 모두 절망이 삶의 과정에서 불가피한 단계, 즉 자신과 세계를 새롭게 조망하는 계기라고 보고되어 왔고, 개인적으로 경험하기도 했다." 그는 사람들을 초대해 다 함께 붕괴를 상상하는 새롭고 창의적인 환경을 마련해 보니 서로 다른 붕괴 후 세상을 그릴 수 있었다고 말한다.

마지막으로 벤델은 이른바 '심층 적응 안건'을 제시한다. 이는 자기 소변을 마셔 가며 기후 대혼란에서 생존하는 기술이라기보다 앞으로 닥칠 일에 대비하여 자문해야 하는 질문들이다. "인류 사회가 생존을 추구하면서도 지키려고 하는 가치 규범과 행동 양식은 무엇인가? 상황을 악화시키지 않으려면 지금 우리가 무엇을 포기해야 하는가? 다가올 역경과 비극에 대처하기 위해 무엇을 떠올려야 하는가?"[30] 그가 여기서 말하는 전략은 내가 사는 이런 부유한 민주국가에서 상상하기 쉽지 않다. 우리의 생활 방식, 도시 지형, 일하고 놀고 여행하고 먹는 법을 따져 묻는 일이기 때문이다.

화려한 전문 용어가 가득한 벤델의 이 35쪽짜리 학술 논문은 상아탑을 넘어 다운로드 횟수가 수십만에 이르렀다. 나아가 멸종 저항 운동에 일부 수용되었고 세계 곳곳에 '심층 적응' 단체가 생겨났다. 환경 학계에서는 이를 두고 격렬한 토론과 의견 충돌이 일어났다.

나는 아직 "불가피한 근미래 사회 붕괴" 묘사가 과연 내 포커스 그룹, 즉 설득하고 참여시켜야 하는 사람들과 대화하기 좋은 출발점인지 잘 모르겠다. 하지만 내가 말했듯이 가끔이나마 최악의 상황을 상상하면 우리가 어떤 행동을 해야 하는지, 기후 영향을 받는 신세계에서 어떤 삶을 살고 싶은지 그려 볼 수 있다. 실제로 우리는 벤델이 제기한 "너무 늦었다면 이제 어쩌겠는가?"라는 질문과 함께 이 질문 또한 자문해 볼 필요가 있다. "아직 늦지 않았다면, 이제 어쩌겠는가?"

★

나는 조만간 사회 붕괴가 닥쳐오리라고 믿지 않지만 기후 변화와 관련하여 더 크고 복잡한 정신 건강 문제가 전 세계적으로 나타나리라 확신한다. 이미 기후 불안 자조 모임과 기후 비탄 워크숍이 온라인과 오프라인에 속속 등장하고 있다. 형태는 제각각이지만 모두 좌절과 절망에 분투하면서도 주변 사람들과 계속 소통하려는 욕구에 따라 움직인다. 심지어 미국 애리조나주에는 굿 그리프 네트워크에서 운영하는 기후 비탄 알코올 중독자 프로그램도 있다. 이 프로그램의 목표는 절망과 환경 불안에 맞서 개인의 회복을 돕고 지역사회의 유대를 강화하는 것이다.

　공동체를 통한 정서 회복. 그것이 카시아 리드Cassia Read가 기후 자조 모임을 결성한 이유였다. 내가 카시아를 처음 만난 곳은 호주 빅토리아주의 캐슬메인 감옥 뜰이었다. 그곳은 범법자들이 머무는 장소에서 지역 예술제와 행사가 열리는 공간으로 변모한 곳이었다. 카시아는 여동생과 함께 돗자리에 앉아 끈, 페인트, 중고 시트에서 잘라 낸 천 조각 들로 무언가를 만들고 있었다. 카시아는 사람들을 초대해 천 조각에 그림을 그리게 하여 기후변화와 지구에 대한 그들의 희망과 두려움을 시각화했다. 그 천 조각들을 '기후 깃발'로서 도시 곳곳에 걸 계획이었다.

이 프로젝트는 티베트인들이 땅의 평화를 기원하며 사찰과 건물에 거는 다채로운 기도 깃발에서 영감을 받았다. 나는 이미 마을 상점 유리창에 걸린 기후 깃발들을 인상 깊게 보았고, 카시아에게 초대받아 나만의 깃발을 만들어 보았다. 나는 큰 하트를 그려 여러 색으로 칠하고 기후 행동으로 내 아이들을 보호하고 싶다고 적었다. 우리는 깃발에 그림을 그리면서 대화를 나누다가 이 지역에 서로 아는 친구들이 있다는 걸 알게 되었다. 나는 기후 깃발 프로젝트와 기후 절망 집단 치료의 한 방식으로 기후 깃발을 만드는 단체 모두에 관심이 갔다.

카시아는 자연 애호가와 예술가들의 집안에서 자랐다. 대학에서 생태학을 전공하고 멜버른의 왕립식물원에서 일하며 호주의 곰팡이 다양성을 위해 시민 과학 지도 제작 프로젝트인 편자이맵Fungimap을 만들었다. 그 후 고향인 빅토리아주의 외딴 시골 지역, 말리와 윔메라에서 이끼류가 지역 생태계에서 어떤 역할을 하는지를 연구해서 박사 학위를 받았다.

하지만 학업보다 기후변화에 관한 관심이 앞섰다.

10대 때부터였어요. 녹색당 일원이자 환경 운동가였던 아홉 살 터울 오빠가 1987년에 저한테 기후변화를 설명해 줬죠. 저는 미래와 환경에 대한 불안으로 잠 못 이루곤 했는데, 힘들 때마다 자연은 저를 위로해 주는 피난처였어요. 그런데 자연환경이 파멸하기 직전이라는 감각에서 피할 수도 물러설 수도 없기에 더 괴로웠어요.

카시아는 자연의 이치를 잘 알고 기후변화에 접근하는 과학자다. 카시아는 자신이 대립과 먼 사람이며 운동가가 아니라고 말한다. "제 특기는 더 조용하고 사색적인 방법으로 사람들에게 자연에 대해 부드럽게 가르치는 거예요."

그러나 일련의 개인적, 직업적, 정치적 사건들로 인해 환경 불안이 심각해지면서, 카시아는 더 대중적으로 영향력 있는 행동에 나섰다. 카시아는 엄마였다. 호주의 정치 지도자들이 기후변화 정책을 왜곡하고, 뒤집고, 실패하는 것을 보면서 기후변화가 국립공원에 미치는 영향을 연구하여 보고서를 작성했다. 국립공원 생태계가 끔찍하게 훼손되리라고 예측하는 내용이었다.

> 스트레스가 점점 심해졌어요. 미래를 걱정하며 숱한 밤을 보냈어요. 무력감이 정말 컸죠. 무기력에서 벗어나고 싶었지만 방법을 몰랐어요. 그래서 비슷한 고민을 하는 동생과 많은 이야기를 나눴어요. 그리고 수년간 일종의 브레인스토밍을 했죠. 우리가 할 수 있는 게 뭘까? 탄원이라도 할까? 거리로 나갈까? 무엇을 해야 할지 정말 혼란스러웠어요.

기후 깃발 아이디어는 무력감에서 벗어나기 위한 시도였다. 자매는 정치인에게 편지를 보내 봐야 소용없으리라고 생각했고, 그 대신 종이보다 내구성이 강한 천 조각에 소망을 적어 많은 사람이 볼 수 있는 곳에 매달기로 했다. 콘셉트가 잡힌 다음 단계는 사람들을 모아서 깃발을 만들며 기후변화에 대해 어렵지만 꼭 필요한 대화를 나누는 일이었다.

> 저는 단지 제 주변 사람들과 소통할 방법을 찾고 있었던 것 같아요. 충격을 주지 않으면서도 부드럽게 일깨우는 식으로요. (……) 어떻게 하면 내 주변 사람들, 특

히 기후변화에는 신경 쓰고 싶지 않지만 자연을 사랑하
고 자녀가 있는 친구들을 위해 다리를 만들 수 있을까?

카시아는 자기 지역에서 아직 기후 행동에 나서지는 않지
만 '모임과 창조적 활동을 좋아하는' 학부모들과 정기적으
로 만나 대화하기 시작했다. "우리 동네에서는 상당히 효과
가 있었어요. 둘러앉아 뜨개질하면서 기후변화에 대해 고
통스럽고 생생하고 진심 어린 대화를 나누었죠. 다들 자신
의 감정을 이야기하며 무엇을 할 수 있을지 고민하고 서로
아이디어를 공유하기도 했어요."

2019년 초 기후 깃발 프로젝트를 시작한 이후 깃발 수
천 개가 만들어졌고 캐슬메인과 멜버른 일대에서 여러 행
사가 열렸다. 시장이나 축제를 여는 공공장소에서 깃발을
만드는 행위는 어렵고도 감정적인 대화를 불러일으켰다.
"이 일을 하려면 기후 전문 상담가가 필요하다고 느낄 거예
요. 사람들은 슬픔, 불안, 절망을 털어놓고 싶어 해요. 이 전
례 없는 상황에 대처할 심리학이 없는 것 같아요."

나는 카시아에게 사람들이 주로 어떤 깃발을 만드는지
물었다. 미니멀 라이프와 녹색 에너지의 중요성부터 끔찍
한 미래로부터 자손을 보호하고 싶다는 소망까지 아주 다
양한 내용이 있다고 카시아는 답했다.

지구 사랑을 표현하려고 하는 사람이 많은 반면 심각한 우울이나 분노를 표현하는 사람은 별로 없어요. 그들도 자기 지역에서 기후변화가 심해지고 있다는 걸 알기 때문이죠. 그들은 자신의 메시지가 희망적이기를 원해요. 아무도 '우린 망했어'라는 식으로 쓰지 않아요. 10대들만 빼고요. 하지만 그들도 유쾌하게 웃으며 전달하죠.

카시아에게 이 프로젝트에서 가장 의미 있는 순간은 많은 사람이 깃발을 만들려고 모였을 때다. 첫 행사 때 이 지역 주민이 100명 가까이 모였다. "상황의 심각성을 인지한 사람들이 한자리에 모였다는 게 정말 뭉클했어요."

비록 학부모 모임에서 젬 벤델의 논문을 읽고 토론한 적은 없지만 절망이 짧게라도 느낄 필요가 있는 유익한 감정이라고 카시아는 말했다. "절망이라는 감정을 피해 갈 수는 없어요. 슬픔과 불안을 통과하지 않고 행동에 나서기는 어려워요."

카시아는 동생과 함께 기후 깃발 프로젝트를 시작하여 기후 위기에 대한 개인적인 감정을 조절할 수 있었다. "저에게 희소식은 불안 수준이 낮아졌다는 점이에요. 20년 후의 강우량을 걱정하며 잠 못 이루기보다는 '누군가와 이런 이야기를 나눠야겠어' 또는 '깃발을 만들자' 아니면 '우리가 또 뭘 할 수 있을까?' 하고 생각하게 된 거죠. 제가 해결책의 일부가 될 수 있다는 느낌이 들었어요."

★

노스캐롤라이나주에서 학교, 교사, 학생 들을 연구한 결과, 사람들이 기후 문제로 인해 절망할수록 환경친화적 활동에 덜 참여한다는 점이 드러났다. 하지만 연구진은 또한 희망과 절망의 상관관계에서 흥미로운 점을 발견했다. 둘 사이에 연관성이나 상호 작용이 거의 없다는 것이었다. 환경보호에 힘쓰는 학생들은 희망뿐 아니라 깊은 우려와 절망을 표출하기도 했다. "청소년들이 절망을 인정하고 다스리려는 태도는 행동 의지를 자극할 수 있다"고 연구진은 결론지었다.[31]

　　카시아 리드가 지적했듯이 기후로 인한 절망은 그냥 피해 가거나 저항할 수 있는 것이 아니다. 분노나 두려움과 마찬가지로 오래 머물기는 싫지만 가끔 되돌아오게 되는 감정이다. 팀 플래너리 교수는 냉정하게 말했다. "절망은 게으른 자의 선택이다." (그는 저항에 더 끌렸다.) 그리고 파멸론자들의 태도에 비추어 볼 때 절망은 무대응으로 이어지고, 이는 다시 우리가 만들어 갈 수 있는 미래의 범위를 좁힌다.

혹시 매일 절망을 느낀다면…….

나는 정신 건강 전문가가 아니기에 전문적인 조언을 해 줄 수는 없다. 하지만 이 책을 쓰면서 만약 기후로 인한 절망에 휩싸여 자신과 주변 사람들의 삶에 부정적 영향을 줄 때 도움이 될 만한 여러 자료와 단체 들을 알게 되었다.

일부 자료는 이 책의 끝에 실었다. 결론부에서는 기후 문제 연구자로서 나 자신의 정신 건강과 에너지를 관리하려고 고안해 낸 몇 가지 지침을 실었다.

기후변화가 촉발할 수 있는 모든 버겁고 파괴적인 감정을 관리할 때 유용한 한 가지 도구는 '관용의 창windows of tolerance'이다. 미국 정신과 의사 댄 시겔Dan Siegel이 이름 붙인 이 개념은 지나치게 큰 정신적 고통 없이 정보를 효율적으로 처리하는 개인의 경계선 또는 영역을 뜻한다. 이 영역을 잘 설정하면 괴로운 정보를 아예 차단하거나 반대인 극단으로 가지 않도록 하는 동시에 고통스러운 정보가 끝없이 파고드는 것을 막아 절망에 빠지지 않을 수 있다. 흥미롭게도 내가 인터뷰한 기후 운동가 대다수가 이 용어를 몰라도 활동을 지속하기 위해 자신들이 소비하는 불쾌한 정보의 양을 통제하고 있었다. 이를테면 소셜 미디어를 이용하지 않거나 최신 기후학 정보를 일부만 받아들이는 것이다.

다음과 같은 선택지도 고려해 보자.

○ 염려뿐 아니라 희망과 행동을 향한 의지를 나눌 친구들을 찾아보자. 그들과 정기적으로 소통하면 긴 산책을 하듯 활력과 세로토닌이 생길 것이다.
○ 다양한 생태 심리학 및 기후 비탄 네트워크와 관련 있는 전문가에게 정신 건강 상담을 받아 보자.
○ 주변 사람들과 이야기해 보자. 그들이 내 생각에 완전히 동조하지 않더라도 그저 내가 어떻게 느끼는지 말해 보자.

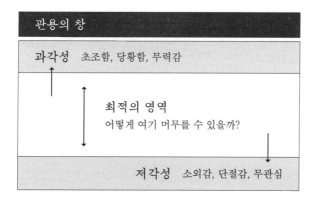

관용의 창

과각성 초조함, 당황함, 무력감

최적의 영역
어떻게 여기 머무를 수 있을까?

저각성 소외감, 단절감, 무관심

관용의 창은 댄 시겔이 처음 이름 지었으며, 우리가 어떻게 정보를 차단하지 않고 과각성 또는 저각성을 피해 '안전지대'에서 머물 수 있는지 보여 주는 개념이다.

절망

9장
희망

아침에 침대에서 일어나는 법

희망을 생각하면 치도 고베라Chido Govera가 떠오른다. 시드니 오페라하우스 공연자 전용 휴게실인 그린 룸에서 치도와 나는 처음 만났다. 우리는 국제단체 MAD가 주최한 행사에 연사로 참석했다. MAD는 요식업자, 농업자, 철학자, 작가, 운동가 들을 초대해 워크숍과 콘퍼런스 같은 행사를 개최한다. 이 단체는 식품 시스템의 변화를 주도해 "요리하는 사람과 먹는 사람 모두에게 더 좋고, 건강하고, 지속 가능하고, 맛있는 세상"을 만드는 것을 목표로 하고 있다.[1]

　　내가 참석한 시드니 콘퍼런스 같은 행사에서는 기후변화와 관련된 식량문제를 정기적으로 논의한다. MAD를 설립한 유명 덴마크 요리사 레네 레제피René Redzepi는 마시모

보투라Massimo Bottura와 데이비드 창David Chang을 비롯해 여러 유명 요리사들을 MAD 사단에 끌어들였다. 실제로 그날 시드니 오페라하우스에서는 닐 페리Neil Perry, 카일리 쾽 Kylie Kwong 같은 호주의 스타 요리사들이 돌아다니고 있었다. 나는 조금 어리벙벙했다. 양식장을 벗어난 한 마리 연어가 된 느낌이었달까. 나는 요리사도, 레스토랑 비평가도, 전문 미식가도 아닌데. 오페라하우스 강연 기획 책임자 초청으로 그곳에 갔을 뿐이었다. 그는 MAD 측에 '평범한' 호주인들이 음식을 어떻게 대하는지를 강연 내용에 넣으면 좋겠다고 제안했다고 한다(그건 내 관심 분야 가운데 하나다).

내가 그 행사에서 가장 만나고 싶었던 연사가 치도였다. 그는 영화 속 주인공처럼 역경을 이겨 내며 살아왔다. 1986년 짐바브웨에서 태어난 치도는 일곱 살에 어머니를 에이즈로 잃고 고아가 되었다. 아버지는 누군지 모른다. 그후 고령의 할머니와 남동생을 보살피며 살았다. 아홉 살에 학교를 중퇴하고 친척의 신체적, 성적 학대를 견디면서도 식구들을 먹여 살리려고 온종일 다른 사람 밭을 일구어야 했다.

치도는 열 살 때 서른 살 연상인 남자에게 시집가라는 사촌 언니(이모 딸)의 제안을 거부했다(짐바브웨 여성의 약 3분의 1은 열여덟 살이 되기 전에 결혼한다). 이듬해 1998년 지역 교회의 어느 여성에게 도움을 얻어 환경 기업가 권터 파울리Gunter Pauli가 설립한 제리 재단(ZERI)에서 지원받아 아프리카 대학교에서 열린 연수에 참여했다. 그곳에서 치도는 폐기된 옥수수 속대를 활용해 느타리버섯을 재배하는 방법을 배웠다. 열두 살에서 열여섯 살까지 그 대학 연구실에서 일하고 난 뒤로 식구를 먹여 살릴 뿐 아니라 다른 고아들에게도 버섯 재배법을 가르칠 수 있었다.

그 후 치도는 '희망의 미래'라는 조직을 만들어 아프리카의 여러 지역과 인도, 중국, 유럽의 일부 지역, 고향인 짐바브웨 사람들에게 버섯 농법을 가르쳐 왔다. 그리고 커피밭에서 버섯을 재배하는 것 같은 새로운 농법을 시도했고, 샌프란시스코 히피족을 훈련시키기도 했다. 치도는 현재 짐바브웨 수도 하라레 북부의 한 농원에 살며 넓은 정원을 가꾸고, 자신이 거둔 고아들을 돌보고, 재단을 운영하며, 시가지에서 팔 버섯을 재배한다.

나는 장내가 잠잠해진 틈을 타 치도에게 다가가 내 소개를 하고 궁금한 걸 물어보았다. "무슨 이야기를 할 거예요?" "모르겠어요. 앞 사람들이 뭐라고 하는지 듣고 결정하려고요." 나는 주변을 둘러보았다. 노련한 방송인들과 스타 요리사들도 객석을 꽉 메운 청중을 만족시킬 걱정으로 초조하게 서성이고 있었다. 얼마 후 은백색 반소매 드레스를 입고 레게머리를 핀으로 깔끔히 고정한 채 무대에 오른 치도는 연설문도 없이 청중의 눈과 귀를 사로잡았다. 치도는 '내일의 밥상'이라는 이날 행사의 주제를 따뜻하고 지혜롭게 풀어냈다.

치도는 '내일의 밥상'이 음식과 자유, 교육받을 권리를 빼앗긴 소녀들을 위한 기회 창출의 통로이자 진정한 협력의 산물, 모든 사람의 잠재력을 여는 열쇠가 되어야 한다고 말했다. "사회 경제적 변화의 원동력이자 우리 모두를 통합하는 평화의 중재자가 되어야 합니다." 행사가 끝난 뒤, 오페라하우스 고급 레스토랑에서 다시 모였을 때 나는 치도에게 다가가 연설이 무척 감명 깊었다고 말했다. "제가 뭔가 도울 수 있을까요?" 내가 묻자 치도가 대답했다. "저와 함께 일하는 여성들을 데리고 다시 호주에 오고 싶어요." MAD에서 지원받은 덕분에 1년 후 치도의 호주 투어가 실현됐고, 치도와 나는 친구가 되었다.

2019년 크리스마스 직후에 치도와 영상통화를 했다. 나는 내 서재에서 더위에 땀 흘리며, 치도는 눈 내리는 벨기에 친구 집 거실에서 꽁꽁 싸맨 채 이야기를 나눴다. 치도는 일과 가족을 건사하느라 정신없이 바쁜 1년을 보내고 잠시 쉬고 있다고 했다. 우리는 치도의 나라에서 늘어나는 온난화와 기후의 영향에 관해 이야기했다. 짐바브웨는 가뭄으로 전국의 물 공급과 식량 안보에 차질이 생기면서 기후변화가 긴급 우려 사항으로 떠올랐고, 사이클론과 홍수 피해가 점점 심해져 부동산과 기반 시설이 훼손되고 있다고 했다. 짐바브웨가 직면한 다른 문제들 때문에 상황은 더 악화되었다. 광물과 천연자원이 풍부하지만 부패한 정부, 사회 불안, 치솟는 인플레이션, 에이즈와 결핵 같은 주요 공중 보건 문제로 광범위한 빈곤 문제와 결핍을 앓고 있다. 심각한 기후 재난을 겪은 지역공동체들은 호주와 달리 좀처럼 회복하기 힘들다.

나는 치도에게 농업인으로서 기후변화의 징후를 알아차렸는지 물었다. "물론이죠. 가뭄 빈도와 강수량에 많은 변화가 있었어요. 작물이 어떻게 자라는지만 봐도 알죠. 나는 어렸을 때부터 변화를 눈치챘지만 다들 알게 된 건 7년 전쯤부터예요." 치도는 다른 아프리카 지역공동체를 방문했을 때도 악화의 징후를 확인했다. "그들에게 과학을 이야기할 필요는 없어요. 몸으로 변화를 겪고 있으니 우리가 할 일은 그들이 적응하는 데 도움이 되는 기술을 가르치는 거예요. 주로 다른 작물을 재배해서 먹는 일이죠."

치도는 적응이 가능하다고 믿는다. 자신이 일하는 가난한 지역에서도 마찬가지다. 짐바브웨의 주식은 삿자sadza

라는 옥수수 가루 죽인데, 운이 좋으면 가끔 채소와 고기를 곁들여 먹는다. 삿자는 보통 옥수수로 만들지만(그래서 버려지는 옥수수 속대로 버섯을 재배한다), 옥수수가 귀했던 옛날에는 척박한 환경에서도 잘 자라는 곡물로 만들었다고 한다. 이처럼 치도는 버섯을 재배해 식단에 필수 영양분을 더하는 것 말고도 지역사회가 전통 음식을 다시 만들어 먹도록 힘쓰고 있다. "이 일의 가치를 설명해 주면 사람들은 상황이 달라졌다는 걸 이해하고 실제로 변할 거예요. 우리가 할 일은 더 열악해질 게 뻔한 미래를 위해 그들을 대비시키는 거예요."

치도와 그가 훈련하는 여성들은 캐서린 윌킨슨이 TED 강연에서 예로 든 전 세계 5억 명이 넘는 소작농이다(3장 참고). 그들은 활동을 통해 탄소 배출을 줄일 잠재력을 지니고 있다. 소녀들을 교육하고 농사를 가르치며 치도 자신도 성장한다고 했다. 우리는 성교육의 중요성에 관해서도 이야기했다.

치도는 세계 곳곳에서 인터뷰하며 이런 질문을 자주 받는다. "희망이 당신에게 어떤 의미인가요?" 치도가 어린 나이에 맞닥뜨리고 극복한 엄청난 역경을 고려하면 나 역시 묻지 않을 수 없었다. 한때 미래가 막막한 소녀였던 치도는 어떻게 희망을 잃지 않았을까?

엄마가 돌아가셔서 슬프다기보다 화가 났어요. 미친 소리처럼 들리겠지만 정말 그랬어요. 그래서 남동생을 위해 결심했어요. 내가 겪은 일을 내 동생이 겪지 않도록 잘 먹이고 가르쳐야겠다고요.

강하고 담대한 치도는 결혼한다고 해서 자신과 가족의 삶이 더 나아지리라고 보지 않았다. 제리 재단에서 지원받아 버섯 재배법을 배웠을 때 치도는 자신과 같은 고아들에게 기술을 전파하는 것을 목표로 삼았다. 짐바브웨에서 살아가는 것부터 농사, 조직 운영, 고아들을 거두어 돌보는 일까지 여러 고난을 겪으면서도 치도는 지역사회를 도울 수단만 있다면 무얼 성취해 낼 수 있는지를 탐색하면서 꾸준히 희망을 끌어내고 있다.

희망은 과거나 현재보다 미래가 더 나으리라 믿고 그 믿음을 실천해 나가는 거예요. 오늘날 맞닥뜨릴 수 있는 역경을 인지하고 더 밝은 미래를 향해 노력을 기울이면 충분히 바뀔 수 있다고 믿어요. 사람들에게 어떤 미래에 살고 싶은지 묻고, 그 미래를 만들기 위한 기술과 도구를 손에 쥐여 주는 것, 그게 바로 희망을 부여하는 일이에요.

내가 몇 년간 지켜본 바로 치도는 영감을 주는 인용문을 무척 좋아한다. 페이스북에도 자주 올라온다. "자신을 있는 그대로 사랑하며 계속 나아가라." "용서는 긍휼의 자비로운 은총이다." 치도가 아니었다면 나는 이 진부한 명언들이 보이지 않도록 진작 차단했을 것이다. 그런데 이것 말고도 치도의 페이스북 페이지에는 자신이 거둔 소녀들과 전 세계 비백인 여성들의 행보, 뉴스에 나오지 않는 짐바브웨 소식 들이 올라온다. 만약 내가 온라인에 인용구 밈을 올린다면 너새니얼 리치의 책《잃어버린 지구》의 한 구절일 것이다. "헛된 희망은 절망보다 해롭다."[2] 만약 미래에도 지금 방식대로 생활하면서 섭씨 2도 이내로 기온이 오를 거라 믿는 기적의 발명에 희망을 건다면, 우리는 헛된 꿈을 꾸는 것이다.

희망의 종류는 삿자 재료로 쓸 곡식만큼이나 다양하다. 어떤 곡식은 다른 곡식보다 기후 시대에 적합하다. 희망은 늘 두려움과 절망의 해독제로 여겨진다. 희망은 기대, 갈망, 욕망, 꿈, 심지어 공상과 상통한다. 희망이 현실에 기반을 두는가는 또 다른 문제다. 희망은 결코 100퍼센트 긍정적인 감정이 될 수 없다. 희망하는 행위에 긍정적 이점이 있다 해도 그 본질은 부정적 결과의 가능성을 희박하게나마

인식해야 성립한다. 다시 말해 희망은 '최악을 두려워하면서 더 나은 상황을 갈망하는 것'이다.[3]

심리학자들은 인간이 '낙관주의 편향'에 따라 희망하게 되어 있다고 주장한다. 즉 우리가 불행을 겪을 가능성이 적고 현실이 암시하는 것보다 성공할 가능성이 크다고 본능적으로 믿는다는 것이다. 이 개념은 1980년 뉴저지 럿거스대학교 사회과학자 닐 와인스타인Neil Weinstein이 처음 기술했다. 그는 대학생 대부분 스스로 미래에 알코올 중독자가 되거나 이혼할 가능성이 또래보다 낮다고 믿는다는 점을 발견했다. 또 자신이 집을 소유하고 오래 사는 등 긍정적인 가능성이 또래보다 훨씬 더 높을 것이라고 믿었다.[4]

데이터가 무엇을 예측하든, 우리는 미래를 상상할 때 좋은 것을 과대평가하고 나쁜 것을 과소평가한다. 예를 들어 자신은 아무리 전염성이 높아도 치명적 바이러스에 걸리지 않으리라 생각한다. 물론 이런 편향이 없다면 누구도 결혼하거나 아이를 갖거나 사업을 벌이지 않을 것이다. 나쁜 하루를 보낼 확률을 따지다 가는 아침에 침대에서 일어나기도 힘들 것이다. 그러나 알다시피 이러한 낙관주의 편향은 기후 위기를 상상할 때는 그다지 도움 되지 않는다.

예를 들어 사람들은 기후변화가 현실이고 인간이 초래한 일이며 해수면 상승과 기후 재난으로 이어지리라는 것에 동의하지만, 개인적으로 기후변화에 영향을 받을 거라고는 생각하지 않는다. 토니 레이세로위츠의 연구를 비롯해 여러 연구 결과에 따르면 일반적으로 사람들은 기후변화가 자신보다 타인에게 더 심각하고 위험하리라 생각한다. 한마디로 기후변화는 남의 문제인 것이다.[5]

추가 연구 결과, IPCC 보고서처럼 결과의 확률과 불확실성을 포함한 정보를 읽을 때 개인은 의도된 메시지를 지나치게 낙관적으로 해석하는 경우가 많다.[6] 즉 조금이라도 불확실하다면 사람들은 상황이 '최상의 시나리오'대로 흘러가리라 상상한다. 따라서 결론이 모호할수록 사람들이 빛나고 행복한 결과를 추론할 여지가 더 늘어난다(아무리 불합리하더라도 말이다). 이러한 낙관주의로 인해 사람들이 상황의 심각성을 과소평가하기 때문에 행동 의지를 떨어뜨릴 수 있다. 하지만 과학 출판물을 펴낼 때 결과에 불확실성을 표시하는 것은 사실상 의무다.

낙관주의 편향을 '불멸의 환상'이라고 하는 것은 당연하다. 이는 우리가 기후변화를 심각한 위협이라 여기면서도 우리 삶은 아무것도 바꾸지 않는 이유다. 우리는 대개 기후변화를 섭씨 1도 상승이나 해수면 45센티미터 상승처럼 언뜻 사소해 보이는 변화로 서술한다. 이런 서술은 일반인들에게 쉽게 적응하고 견딜 수 있는 변화처럼 비친다. 하지만 그런 작은 변화들이 크고 누적된 효과로 이어질 수 있다는 점은 전달되지 않는다.

기후변화에 대한 희망적 전망을 키우려는 낙관주의 편향의 힘은 엄청나다. 가장 교활하고 매혹적인 희망 사항은 기술 혁신이 문제를 해결하리라 보는 것이다. 이를테면 기업가 일론 머스크Elon Musk와 리처드 브랜슨Richard Branson이 모든 자동차와 비행기, 집과 건물에 설치할 수 있는 이산화탄소를 빨아들이는 기계를 합작 개발할 테고, 그러면 온난화 걱정 없이 우리가 지난 50년간 누린 모든 것을 그대로 누리며 살 수 있으리라는 희망 같은 것이다.

사실 기후변화를 하루빨리 완화하고 그 영향에 적응해야 할 이 시점에 유익하고 유망한 발명품이 몇 개 있긴 하다. 산호초를 식히는 펌프부터 탄소 포집 콘크리트에 이르기까지 지구 공학계 아이디어는 흥미진진하다. 하지만 기후변화를 숙고하는 사람 가운데 이러한 발명품, 또는 가까운 미래에 나올 발명품이 기후변화를 '해결'해 주리라 믿는 사람은 극소수다.

'기술이 우리를 구하리라'는 사고방식의 또 다른 문제는 변화의 길이 순탄하리라 착각하게 만든다는 것이다. 즉 우리가 화석연료를 빠르게 대체하고 특히 부유한 나라에서 인간 행동이 광범위하게 바뀌리라고 낙관하는 것이다. 조지 마셜은 이렇게 썼다. "기술적 해결을 향한 낙관의 목소리가 높아지면 위협의 목소리는 낮아진다. 낙관의 목소리를 조금 더 키우면 전면 부정의 늪에 빠지게 된다."[7]

　마셜의 진술은 심리학적 연구 결과로 뒷받침된다. 미시간대학교 빅토리아 캠벨 아바이Victoria Campbell-Arvai 연구진은 미국 성인 약 1000명을 대상으로 이산화탄소 제거 기술에 대한 태도를 설문 조사했다.[8] 그 결과 이런 기술에 대해 배울수록 기후변화의 위협 인지도가 줄어들고 완화 정책 지지율도 간접적으로 떨어진다는 점이 드러났다. 이는 보수 성향일수록 특히 더 그렇다. 실제로 보수주의자들이 다른 집단에 비해 정부 정책이나 행동 변화보다는 기술이 기후변화의 해결책이라고 믿는 경향이 크다고 나타났다. 연구진은 우리가 기후변화의 해결책으로 기술을 홍보할 때 신중히 접근해야 한다고 결론지었다. 특히 무관심한 다수가 기후변화 조치를 덜 지지하게 할 수 있기 때문이다.

　그나마 다행이라면 우리가 일반적으로 기술에 집착하면서도 이를 기후 문제의 묘책으로 보지 않는다는 것이다. 2015년 퓨리서치센터 조사 결과, 전 세계 중앙값인 67퍼센트가 기후변화를 완화하려면 삶에 큰 변화를 주어야 한다고 보았다. 큰 행동 변화 없이 기후 문제를 기술적으로 해결할 수 있다고 보는 사람은 22퍼센트에 지나지 않았다.[9]

종합하자면 희망에는 단점이 있다. 우리가 지나치게 낙관하면 행동할 가능성이 줄어든다는 것이다.

그렇다면 심리학자들은 희망이 기후변화를 확신하고 행동하는 것에 어떤 영향을 미친다고 말할까? 놀랄 것도 없이 결과는 다시 갈렸다. 미국 학자 솔 하트Sol Hart와 로런 펠드먼Lauren Feldman은 기후변화 뉴스 이미지와 텍스트가 대중의 에너지 절약과 정치적 행동 의지에 미치는 영향을 연구했다. 그들은 희망이 어떤 효과적인 메시지의 핵심이며 희망이 계속해서 정치 참여 의지를 강화한다는 점을 발견했다.[10] 그러나 같은 해 발표된 비교 연구 보고서에서 코넬대 교수 루항은 사람들이 기후변화에 대해 스스로 알아보고 친환경 정책들을 지지하게 하려면 희망보다 슬픔이 효과적이라고 했다.[11]

이처럼 희망의 능력에 관한 연구 결과를 가르는 변수는 다양하다. 루항은 북미 태평양 지역에서 번지는 불가사리 소모 병*과 관련해 연구 참가자들에게 희망 또는 슬픔을 느끼도록 유도했고 솔 하트와 로런 펠드먼은 참가자들에게

---

* 멀쩡하던 불가사리들이 며칠 내 끈적끈적한 덩어리처럼 변하며 집단 폐사하는 현상으로, 정확한 원인은 규명되지 않았지만 많은 전문가가 수온 상승으로 인한 해양생태계의 변화를 원인으로 꼽는다.

태양 전지판 이미지를 보여 주고 친환경 에너지에 관한 생각을 물어보았다. 그 결과 희망이나 슬픔, 그 외 감정에 대응하여 제시한 선택지(투표, 청원 서명, 정보 검색, 가정 내 행동 변화 들)도 달랐다. 여기에 희망의 약점이 있다. 딱히 어떤 행동을 취하지 않는 경향이다. 희망으로 '긍정적 결과를 갈망'할 수 있지만 그 이상은 무리다.[12]

내가 존경하는 철학자, 연구가, 저술가 들은 어찌 보면 부정적이라 할 만한 방식으로 희망을 정의하는 경향이 있다. 저항적 희망. 불굴의 희망. 스토크네스는 이를 '능동적 회의' 또는 '현실적 희망'이라고 말하며 그 함의를 살리기 위해 "우리 상황은 절망적인 동시에 희망적이다"라고 덧붙였다.[13] 미국 작가 리베카 솔닛Rebecca Solnit은 이를 낙관보다는 투지, 결단력, 결의에 가까운 '어둠 속의 희망'이라고 한다.[14] 그런가 하면 미국의 과학 소통 전문가 수전 모서 Susanne Moser는 《덤보 페더》와의 인터뷰에서 희망을 '실용적인 부정'의 형태로 본다고 말했다.

희망은 각양각색이다. 그 가운데 한 갈래는 현실적이고 능동적이며 진정한 희망이다. 이런 희망은 노력 끝에 긍정적인 결과가 있음을 전혀 확신하지 못해도 (……) 전력을 다하지 않으면 떳떳하게 살 수 없음을 아는 자세다. 또 한 갈래는 결과가 긍정적일지 부정적일지 전혀 모르는 급진적인 희망이다. (……) 기후변화 문제에 필요한 희망은 현실적 희망과 급진적 희망 사이에 있다.[15]

기후변화 시대에 최선의 희망은 기후변화가 지구에 이제껏 어떤 영향을 미쳤고 앞으로 어떤 영향을 미칠지 냉엄하게 받아들이는 것이다. 불확실한 결과에 연연하지 않고 앞으로 나아가려면 단호한 투지가 필요하다. 무엇보다도 목표를 이루려면 집단의 힘과 협력의 힘을 믿어야 한다.

희망에 관한 연구 결과들을 보면 모서와 스토크네스 같은 학자들이 주창하는 현실적 희망이나 회의적 행동주의를 키우는 데 집단행동이 매우 중요하다는 점을 알 수 있다. 요헨 클레레스와 오사 베테르그렌에 따르면 스웨덴과 덴마크의 젊은 기후 운동가들은 서로 협력하면서 적극적인 희망을 만들어 낸다. "집단행동을 향한 '자신의' 신뢰가 운동가들이 말하는 희망의 본질인 듯하다." 운동가들은 이와는 대조적으로 기후변화에 대처하는 데 가장 큰 장벽으로 타인이 문제를 해결하리라는 희망을 꼽았다.[16]

희망의 매개체로써 집단의 영향력은 운동권을 넘어선다. 우리는 사회적 동물로 수천 년간 진화해 왔다. 협동하는 집단은 살아남고 번창했다. 개인의 자율성과 권리를 중시하는 부유한 서구 국가는 집단의 막강한 영향력을 잊고 있거나 사회적 압력이라 치부하기 쉽다. 하지만 조지 마셜이 쓴 대로, 사회적 동조는 어떤 선호나 선택의 문제가 아니다.

> 이는 인간 심리에 깊이 내재한 강력한 행동 본능이다. (……) 이는 진화 과정에서 생존이 전적으로 자신이 속한 집단의 보호와 안위에 달린 시절에 방어기제로 생겨났다. (……) 따라서 자신이 속한 사회집단과 견해를 달리하는 경우 실질적이고 심각한 위험이 발생한다.[17]

이 밖에도 기후변화 대응에 불리한 인간의 여러 진화적 동력(이를테면 단기적 이익 추구와 선명한 위험)을 고려하면 연구자들이 기후 위협에 대한 확신과 행동을 북돋기 위한 사회 동조의 힘을 시험하는 데 열심일 만도 하다. 그리고 몇 가지 유망한 결과가 나오기도 했다. 예일대 연구진은 사회적 합의가 기후변화에 대한 이념적 편견을 줄일 수 있다고 보고했다. 그들은 전미 표본 조사 9건(응답자 1만 6000명 이상)을 검토한 결과 가족이나 친구가 기후변화에 관심을 가질 때 기후변화에 대한 확신, 태도, 정책 선호의 이념 차이가 더 적다는 것을 발견했다. 말하자면 가까운 사람들의 기후변화를 우려하는 태도가 우리와 정치 성향이 같은 사

람들의 태도보다 우리 관점에 더 큰 영향을 미친다.[18]

내집단이 실제로 하는 일은 우리의 관점뿐 아니라 행동에도 영향을 미칠 수 있다. 2001년에 일어난 미국 캘리포니아 정전 사태 당시 정부는 경제적 실리를 따지는 것뿐만 아니라 시민의 자긍심에도 호소하여 효과적으로 전력 소비량을 줄였다. '당신의 힘을 발휘하세요Flex your power' 캠페인은 '우리는 함께 이 난관을 타개할 수 있습니다'라거나 '우리가 전력 위기를 이겨 낼 수 있게 도와주세요'처럼 '나와 같은' 사람들의 행동을 협동의 강력한 효과와 연결하는 메시지를 만들었다.[19]

노르웨이의 한 유명한 연구 결과 호텔 투숙객들이 환경을 위해 수건을 재사용할 가능성은 다른 투숙객들의 높은 참여율을 제시했을 때 가장 컸다. 다시 말해 직접적인 요구(수건을 재사용하세요)나 설명적 접근 방식(수건을 재사용하면 환경에 도움이 됩니다) 또는 표준 메시지(환경을 위해 수건을 재사용해 주세요)보다 '합동 규범' 호소(투숙객 대부분이 수건을 재사용합니다)가 훨씬 효과적이었다는 뜻이다.[20]

최근에는 코로나19 범유행이 전 지구적으로 전례 없는 행동 변화를 불러일으켰다. 수많은 사람이 일상생활을 중단하고, 기업이 경영 시스템을 재고하고, 전 세계 과학계가 기존의 경쟁과 비공개 관례를 버리고 정보와 자료를 공유하고 있다. 하버드 의대 교수인 라이언 캐럴Ryan Carroll은 "우리가 당장 개인의 발전을 제쳐 두고 협력하는 까닭은 이것이 생존의 문제이기 때문이다"라고 말했다.[21]

타인의 생각과 행동 모두에 영향을 미칠 수 있는 인간의 설득력에 희망이 있다. 뜻이 같은 사람들이 모여 있는 집단, 단체, 지역사회에서 우리는 희망과 낙관을 만들어 내고 충전하고 재생할 힘을 찾을 수 있다. 바로 이것이 자신뿐만 아니라 다른 사람들이 기후변화를 어떻게 생각하느냐가 중요한 이유다. 그리고 다 함께 환경에 유익한 행동을 할 때 우리 행동이 더 큰 그림의 밑바탕처럼 느껴져야 한다. 안 그러면 변화를 만들려고 하는 모든 행동이 헛된 일처럼 보일 수 있다.

★

아이러니하게도 나는 희망을 다룬 이 장을 쓰면서 기후변화에 더 희망을 품게 되지는 못했다. 다만 어떤 종류의 희망이 도움이 되는지, 어떤 종류의 희망이 실은 희망의 탈을 쓴 부정인지 더 잘 이해할 수 있었다. 예를 들어 기후변화가 일어나지 않거나 심지어 이로우리라는 터무니없는 희망을 품는 사람이 있다(잉글랜드 남부에서 샴페인 포도를 재배할 수도 있네! 스코틀랜드에서 상쾌한 여름휴가를 즐길 수 있어!). 그런가 하면 우리가 지붕에 태양 전지판을 더 설치할 필요 없이 새로운 전력 공급 장치가 개발되리라는 잘못된 희망을 품는 이도 있다(다행히 퓨리서치센터의 조사 결과에 따르면 이를 믿는 국가는 사우디아라비아와 일본뿐이다[22]). 나는 이런 희망의 종류를 구분해 낼 힘을 얻었다.

그리고 희망에 관해 쓰면서 가까운 미래를 직시하는 데 필요한 단호한 마음가짐, 즉 회의적 행동주의라는 희망에 초점을 맞출 수 있게 되었다. 희망은 개인적 희생이나 행동이 없어도 되는 막연한 꿈이어서는 안 된다. 신중한 선택이어야 한다. 내가 이 책을 위해 인터뷰한 사람들은 모두 희망에 관해 표현만 다를 뿐 같은 말을 했다. 비록 절망적인 증거를 맞닥뜨리더라도 희망을 선택하는 것. 그것이 도덕적으로나 실질적으로나 옳은 일이기 때문이다. 애나 로즈는 나에게 이렇게 말했다. "저는 운동가가 되자마자 희망이 전략적인 결정임을 깨달았어요. 희망 없는 운동에 동참하는 사람은 없을 테니까요." 희망은 윤리적으로 긴요한 감정이다. 행동은 희망을 낳는다. 그리고 희망은 타인을 대의로 이끈다. 어쩌면 희망은 우리에게, 그리고 지구에 유리하게 판도를 바꿀 것이다.

10장
상실

삼림 지대에 묻어다오

2019년 9월에 발발하여 호주 전역을 휩쓴 산불은 2020년 으로 넘어가며 절정에 달했고, 손해 규모를 추산하는 데만 해도 오랜 시간이 걸렸다. 언론은 수억 달러에 이르는 재산 피해를 보도했다. 화재를 입은 지역에서 사업을 하려던 사 람들도 수입과 생계를 잃었다. 손상된 인프라를 복구하는 데 막대한 세금이 쓰였다.

　죽거나 다친 동물 수는 정확히 파악할 수는 없지만 아 마 10억 마리 이상일 것이다. 코알라나 오리너구리 같은 호 주를 상징하는 동물들은 현재 멸종 위기에 처하거나 심각 한 위협을 받고 있다. 더군다나 33명이나 되는 인명 피해는 숫자로 계산할 수 없는 일이다. 하지만 이 재앙의 심각성과 거대함은 또 다른 무언가의 상실을 시사했다. 바로 호주인들이 타고난 권리로 소중히 여겨 온, 평화로운 여름의 상실이었다. 호주의 여름은 국경일*을 포함해 크리스마스와 새해를 축하하고 긴 방학과 휴가를 보내는 시기다. 많은 사람이 집에서 차로 몇 시간 거리에 있는 해변과 별장으로 떠나며, 스마트폰을 내려놓고 가족과 친구들과 바다에서 수영을 즐긴다. 정치적인 문제나 과중한 업무에서 잠시나마 벗어나는 귀한 시간이다.

물론 호주인들은 그전에도 여러 차례 여름 산불을 겪었고 이재민을 돕기 위해 지갑을 열었지만 그런 '일반적인' 규모의 여름 화재 때문에 크리켓 경기를 보며 맥주 마시기를 포기한 적은 없었다. 그렇지만 나는 지난 몇 년 사이 포커스 그룹에서 호주인들이 여름을 이야기할 때 불안과 걱정이 스며 있음을 감지했다. 호주는 공식 기록으로도 가장 더운 여름을 매년 경신하고 있다. 이제 대중도 자각한다. 나는 2019년에 펴낸 책《호주 현안: 국민의 소리에 귀 기울이기》에 이렇게 썼다.

호주인들은 서서히 알아차리고 있다. 삶의 방식이 변

---

* 호주의 날(Australia Day)은 1월 26일이다.

하고 있다는 것을. 이건 아이들이 스프링클러의 물줄기 사이를 더는 뛰어다니지 못한다거나 밤에 운전할 때 차량 앞 유리에 벌레가 덜 붙는 일만을 의미하는 것은 아니다. 전통적으로 소설책과 맥주, 가족과 친구와 함께하던 호주의 여름이 긴장과 걱정의 시기로 바뀌고 있다. 주택, 상권, 노인, 아기, 반려동물을 위협하는 전례 없는 기상이변과 가계를 압박할 만큼 치솟는 전기요금 때문에 불안에 떨기 시작했다.[1]

이때 나는 2019년 종반에 일어날 대규모 재난을 예측하지 못했지만 더 주의를 기울였다면 재앙의 전조를 감지했을 것이다. 명망 있는 경제학자 로스 가닛Ross Garnaut은 2008년 정부 의뢰로 발표한 기후변화 보고서에 적절한 조치가 없다면 2020년쯤에 전국적으로 심각한 화재 사태가 더 자주 일어나리라 경고한 바 있다.[2]

✫

기후변화 관련 문헌에서 상실의 개념이 계속해서 나오고 있다. 감정적 측면에서 상실은 슬픔을 넘어 비탄, 고뇌, 고통으로 나아가는 단계다. 하지만 더 기본적으로는 무언가를 (억지로) 포기해야 하는 심리를 의미하기도 하는데, 한

때 심리학자들이 이 상태를 특히 관심 있게 다뤘다.

아마 심리학에서 상실과 관련해 가장 중요한 개념은
'전망 이론prospect theory'일 것이다. 대니얼 카너먼과 아모
스 트버스키Amos Tversky가 창안한 이 이론은 인간이 이익
보다 손실에 더 민감하다는 손실 회피 성향과 관련 있다. 두
학자가 1979년에 발표한 이 이론에 따르면 사람들은 확실
히 얻을 수 있는 결과보다 불확실한 결과에 낮은 가치를 부
여하며 의사를 결정할 때 위험을 회피하는 경향을 보인다.[3]
간단히 말해, 우리는 미래의 덜 확실한 손실보다 현재의 확
실한 손실에 훨씬 민감하며 기대되는 이익이 다소 적더라도
더 확실한 선택지를 선호한다. 즉 확실하게 얻을 수만 있다
면 상대적으로 적은 이익이라도 그럭저럭 만족한다는 뜻이
다.

전망 이론을 떠올리면 (이와 무관하지만) 1970년대 초
스탠퍼드대학교에서 행한 유명한 마시멜로 실험이 연상된
다. 아이들은 당장 마시멜로 1개를 먹거나 15분을 기다리면
2개를 먹을 수 있었는데, 당장 하나를 먹고 싶은 유혹은 압
도적이었다.[4]

인간이 기후변화에 어떻게 반응하는지 주목하는 심리
학자들에게 전망 이론은 매우 유용한 개념이다. 특히 기후
변화를 확신하면서도 행동하지 않는 심리를 더 잘 이해할

수 있다. 우리는 기후변화가 미래의 안위와 삶의 방식을 위협한다는 데 동의하고, 그러한 위협을 완화하는 주된 방법이 우리가 삶의 방식을 바꾸고 다양한 '희생'에 참여하는 것이라는 데에도 동의한다. 그런데도 우리 행동은 지지부진하다.

전망 이론에 근거하여 조지 마셜이 지적한 대로 "사람들은 단기적이나마 생활 수준이 떨어지는 것을 꺼리고, 불확실하지만 장기적으로 훨씬 더 높은 비용을 초래할 수 있는 일은 운에 맡기려는 경향이 강하다."⁵ 앞 장에서 살펴보았듯이 낙관주의 편향은 우리가 최선의 미래를 그리도록 부추긴다. 비록 기후변화가 미래에 더 심각해지리라고 보지만 그것이 타인에게만큼 나에게 나쁜 영향을 미치지는 않으리라 믿기 때문에 우리는 당장 태세를 바꾸거나 큰 대가를 치르고 싶지 않아 한다. 우리 두뇌가 이 위험한 도박을 승산 있는 내기처럼 보이게 만드는 것이다.

이 손실 회피 성향은 개인적 차원을 넘어서 대기업을 포함한 경제 전반에도 늘 존재한다. 화석연료에서 탈피하여 대체 연료로 이행하면 새로운 경제적 기회와 일자리를 만들어 내겠지만, 이로 인해 어쩔 수 없이 많은 산업과 기업이 해로운 영향을 받는 '창조 혼란'이 벌어질 것이다. 기존 산업과 기업의 수장들은 기후학과 해당 주제에 관한 책임

부서에서 내놓은 보고서를 공개 또는 비공개로 인정할 수 있지만, 비즈니스 관행을 단기간에 극적으로 바꾸기는 꺼리기 마련이다.

기업 소유주와 임원과 주주들은 분기별 손익이나 재무제표 관점으로 미래를 생각하는 경향이 있다. 그렇다고 해서 기후변화에 대처하는 기업이나 전 세계 경제 지도자들이 이제껏 모두 침묵하고 있었다는 뜻은 아니다. 그러나 미래 기후 영향에 비추어 경영 시스템을 재고할 때 기업계 대다수가 일상적으로 당면하는 안건은 여전히 단기적 이익 추구와 보수적 접근 방식으로 대응한다.

게다가 변화에 대한 저항은 자본 쪽에만 있지 않다. 호주를 예로 들면, 두 주요 정당 가운데 하나인 중도 좌파 노동당에서 상당한 힘을 가진 노동조합 운동권 입장에서 기후변화에 따른 구조 조정으로 생기는 실업은 해악에 가깝다. 특히 광업을 대표하는 노조의 저항은 상당히 크다. 노조 운동권에 있는 지인이 나에게 말했다. "노조는 조합원들이 광업계와 노조를 떠나 다른 분야에서 정년을 보장받기보다 향후 10년간 광업에 종사하고 노조에 남아 힘쓰기를 더 원해요."

우리는 기후 영향이 장기적으로 큰 손해고 어느 정도는 피할 수 있음을 객관적으로 알면서도 현상을 유지하고 싶어 한다. 이러한 손실 회피 성향과 위험 민감도를 고려하면 기후변화 대응 지연의 여파를 초기부터 강조한 몇 안 되는 분야 가운데 하나가 보험이라는 점은 당연하다. 전반적인 보험 사업 시스템은 미래에 일어날 가능성이 있는 상황과 인간 수명에 대한 예측과 데이터를 기반으로 위험을 측정한다. 전 세계 보험 회사는 정부와 금융 기관, 투자자들에게 탄소 배출량을 줄이지 않으면 '위험 부담이 너무 커서 보험도 들 수 없는' 세상이 올 수 있다고 꾸준히 경고하고 있다.[6]

손실을 기후 행동의 장벽으로 보면, 앞서 다룬 정치적 양극화, 적극적이고 전문적인 부정론자의 사고방식과 같은 문제들과 연결된다. 한마디로 기후변화 메시지는 보수적인 가치를 향한 공격으로 받아들여질 수 있다. 보수주의자가 기후변화가 현실이고 인간이 초래한 일이라는 사실을 받아들이는 일은 자신의 정치적 정체성을 포기하거나 재고하는 일이나 다름없다. 공식적인 기후변화 부정론자로서 견해를 바꾼다면 체면만 잃는 게 아니다. 지연, 지위, 저녁 식사 자리에서 가족과 논쟁할 기회, 심지어 (〈폭스 뉴스〉 기자처럼 전문적 부정론자라면) 직업까지 잃을 수도 있다.

호주 기후 운동가 애나 로즈는 극렬한 기후변화 부정론자에게 기후학을 이해시키려고 노력한 경험을 통해 "기업 규제에 반대하는 자유 시장 신봉자들에게 기후학을 받아들이는 것이 얼마나 큰 손실인지 이해하는 게 매우 중요"하다는 점을 깨달았다.[7]

물론 유명한 기후 회의론자들이 자신의 마음을 바꾸고 실수를 진심으로 인정한 사례도 있다. 환경론자로 전환한 고위 정치인, 과학자, 언론인이 점점 늘어나고 있다(그러나 정치인들은 대부분 권좌를 떠난 후에야 견지를 바꾼다).[8]

만약 미 공화당 참모 프랭크 런츠Frank Luntz가 공개적으로 견지를 바꾼다면 다른 부정론자들도 용기를 낼 수 있을 것이다(런츠는 상관이었던 조지 W. 부시에게 유권자에게 더 유하게 다가가게끔 '지구온난화' 대신 '기후변화'라는 용어를 쓰라고 조언한 바 있다). 하지만 전망 이론에 따르면, 미래에 지구를 잃는 쪽보다 당장 체면을 잃는 쪽이 더 괴로울 것이다.

마지막으로 손실이나 상실에 관한 표현은 기후변화 공익 메시지에 빠지지 않는다. 많은 기후 소통 전문가들은 이러한 부정적 용어 자체가 대중의 참여를 가로막는다고 주장한다. 스토크네스는 기후변화 메시지를 거의 손실의 형태로 표현하는 현상을 비판한다.

우리는 아름다운 숲, 새와 나비, 개울, 산호초, 북극곰, 눈과 얼음, 심지어 인간의 터전을 잃게 될 것이라고 들어 왔다. 설상가상으로 기후 해결책 또한 손실의 형태로 전달된다. 우리가 원하는 곳으로 여행하고, 고기를 먹고, 자유롭게 물건을 살 기회를 잃게 되리라고. 환경 경제학자들 역시 대가나 비용이라는 표현을 여러모로 많이 쓴다. 반환경 기업과 국가는 진정한 대가를 치르게 될 것이라거나, 탄소 배출량에 누진세를 매겨 소비자 비용을 높여야 한다고 말한다.[9]

이득을 빼고 손실만 이야기하는 것은 '기초 경제학의 좋은 논리'를 상당 부분 까먹는 일이다.[10] 그러면 우리는 기후 행동을 함으로써 잃는 것보다 얻는 게 크다는 점을 알아채지 못한다.

토니 레이세로위츠는 2019년에서 2020년에 일어난 호주 산불 같은 사건(현시점에서는 코로나19 범유행)을 '가르침의 적기'라고 일컫는다. 재난 비용을 계산하는 일에는 한 가지 이점이 있다. 기후변화와 기상이변 사이의 연관성을 인정하는 사람들이 무대응 자체가 얼마나 큰 손해를 부르는지 깨닫게 된다는 점이다. 나아가 기후변화 완화와 적응에 상당한 세금이 들더라도 더 너그럽게 생각할 것이다. 공공 안전과 경제 안보를 위해 필요한 지출이라고 정책 입안자들이 더 자신감 있게 주장할 수 있다.

앞서 살펴보았듯이 인간은 손실을 기피하고, 장기적 불확실성보다 단기적 확실성을 선호하며, 미래에 더 큰 손실을 피하려고 희생하기보다 어떤 특정 손실을 피하기에 급급하다. 기후변화에 대한 관점을 바꾸면 정체성을 잃을 수도 있다. 나는 기후변화를 이야기할 때 손실만큼 이득을 강조해야 한다는 스토크네스 의견에 동의한다. 하지만 두려움과 절망도 그렇듯이, 손실을 아예 무시하면 효과가 없다.

기후변화를 이해하면 상당한 손실이 불가피하다는 점도 이해하게 된다. 손실은 이미 발생하고 있다. 호주만 봐도 그레이트 배리어 리프와 토레스 해협 상당 부분이 훼손되었고, 알래스카, 몰디브, 알프스, 나파 밸리, 베네치아와 리우데자네이루 같은 상징적인 도시들에서 전 지구적으로 중요한 변화가 관찰되고 있다. 호주 수지 왕Susie Wang 연구진이 말했듯 "기후변화를 향한 관심은 기후변화 자체가 아니라 그것이 우리에게 끼칠 해악과 우리에게서 빼앗아 갈 것들을 향한 관심이다."[11] 실제로 내가 기후변화에 관심 있는 사람들을 대상으로 한 모든 연구에서 그들은 앞으로 무엇을 잃게 될지 인식하고 숙고하는 모습을 보였다.

기후변화는 내게서 미래의 많은 계획을 앗아 갔다. 산불은 내가 휴일에 아이들을 데리고 갈 많은 장소를 불태웠다. 내 아이들을 둘러싼 공동체의 번영과 행복에 영향을 미치며 아이들의 안전하고 탄탄한 미래를 심각하게 위협한다. 나는 이러한 상실감 때문에 때때로 깊이 슬퍼하고 비탄에 잠기지만 홀로 삭이거나 이에 공감하는 몇몇 친구에게만 털어놓는다. 실제로 학술 연구에서든 임상 실무에서든 환경 불안과 기후 우울증을 겪는 사람들을 관찰하고 연구하는 심리학자들은 지금까지 상실한 것뿐 아니라 미래에 상실할 것을 애도하는 일이 중요하다고 강조한다.

물론 재산, 생계, 사랑하는 사람, 자신들의 정체성과 문화의 뿌리인 '고향'을 상실한 세계 곳곳에 있는 사람들에 비하면 내 슬픔은 아무것도 아니다. 호주 머독대학교 글렌 알브레히트Glenn Albrecht 교수는 이를 '솔라스탤지어solastalgia'라고 표현했다.[12] 주변 환경 가운데 중요한 요소를 잃었을 때 겪는 생태 비탄의 한 형태다. 라베타날라기 세루의 시와 토레스 해협 주민들의 연설에서도 솔라스탤지어를 느낄 수 있다. 기후변화로 삶의 터전이 파괴된 사람들의 반응을 연구하는 사례가 늘고 있다. 어떻게 보면 우리는 상실에 대한 그들의 반응을 이해함으로써 앞으로 우리 내면에서 어떤 일이 일어날지 예상할 수 있다.

앞 장에서 언급했듯이 희망을 '실용적인 부정'의 형태로 보는 수전 모서가 이를 자세히 연구했다. 그는 해수면이 상승하는 미국 연안 지역 주민들을 인터뷰했다. 그 지역은 '가진 것을 유지하기'에 현실적이라거나 장기적으로나 알맞은 터전이 아니다. 모서는 그들과의 인터뷰를 통해 공공의 이익에 초점을 맞춰야 그나마 견딜 만한 미래를 만들 수 있다는 걸 깨달았다. 이 공동체가 나아갈 수 있는 유일한 길은 삶의 터전을 향한 애착을 일깨우고, 이웃과 주변 환경과의 연대감을 되새기고, 시민으로서 문제 해결에 동참하는 것이다.[13] 이를 이루려면 그들이 환경 변화와 명소 상실로 인한 슬픔과 절망 같은 어려운 감정을 받아들이고 통과해야만 한다.

모든 종교는 슬픔과 상실을 다루는 의례를 고도로 발달시켰다. 호주에서는 비종교인이 점점 더 늘고 있기에 이런 감정들에 대처하려면 교회보다는 심리 상담 센터를 찾을 가능성이 크다. 효과가 있을 수도, 없을 수도 있다. 심리 상담은 상실을 이겨 내기 위한 매우 내향적인 접근이다. 그와 달리 종교는 슬픔에 잠긴 사람에게 종교 의례뿐 아니라 애도자 모임을 마련해 주기도 한다. 슬픔을 공유하는 종교의 집단적 속성은 때때로 심리 상담이 줄 수 없는 위안을 준다.

나는 한동안 기후변화에서 종교의 역할을 눈여겨보았다. 놀랍게도 전 세계 많은 종교가 기후변화 조치의 긴급성을 강력하고 분명하게 설파하고 있었다. 이슬람, 힌두교, 시크교, 바하이교, 전 세계 유대인 단체와 랍비들이 기후변화 대응을 지지한다고 성명했다. 세계 불교 기후변화 단체도 있다.

달라이 라마는 기후변화를 인간이 만들어 냈으며 반드시 해결해야 하는 문제라고 말하며, 그런데 우리는 "신이나 부처님께 기도로만 의지하고 있다. 나는 그것이 가끔 비합리적으로 느껴진다"고 덧붙였다.[14] 2015년 교황은 생태에 관한 회칙을 발표해, 기후변화 과학은 확실하며 가톨릭교회는 기후변화를 지구와 지구에 사는 생명을 보호하기 위해 해결해야 할 도덕적 문제로 간주한다고 밝혔다.[15] 심지어 미국 일부 복음주의 교회들도 강력히 성명했다. 지구온난화에 대한 복음주의 선언을 했고 복음주의 환경 네트워크들도 활발히 활동하고 있다.[16] 이처럼 다양한 신앙을 하나로 묶는 것은 본질적으로 애나 오포사가 기도 풍선에 대해 공개적 견해를 밝혀 달라고 필리핀 가톨릭교회를 설득할 때 펼친 주장과 같다(6장 참고). 우리가 신의 창조물로서 지구의 관리인이라는 것이다.

여러 신흥 연구 결과에 따르면 종교인들은 주로 영적 신념을 바탕으로 기후 문제에 관여한다. 일례로 예일대 연구진이 두 차례 대규모 설문 조사를 한 결과, 미국 기독교 신자들은 지구온난화 완화를 원하는 가장 큰 이유로 "신의 창조물을 보호하는 것"을 꼽았다.[17] 그들은 환경보호를 도덕적이고 종교적인 문제로 보았다. 게다가 다른 기독교인들이 환경보호에 적극적이라고 인식하면 기후변화에 대한 확신과 친환경적 행동이 증가했다.

나는 한편으로 이 결과를 보고 일부 좌파가 기후변화에 대한 기독교 우파의 분명한 우려를 무시하거나 기후변화 거부론자의 종교적 신념을 공격할까 걱정된다. 그런 태도는 기후변화 운동에 해로울 수 있다. 실제로 핀란드 학자 파누 피흐칼라Panu Pihkala는 기후변화로 촉발된 실존적 질문을 맞닥뜨린 사람들이 감정을 원활히 조절하는 데 신앙 공동체가 중요한 역할을 한다는 점을 강조한다.[18] 조지 마셜은 이에 동의하며 종교는 "내세를 구현하여 신자들에게 책임을 받아들이고 각자의 세속 생애를 초월하는 유산을 남기려고 애쓰길 장려한다"고 지적한다.[19]

하지만 내가 호주에서 신앙 공동체가 기후 운동에 중요한 역할을 할 수 있다고 하면 일부 좌파는 "그들이 문제 아닌가요?"라고 반문한다. 호주의 현 총리 스콧 모리슨Scott Morrison은 성령의 초자연적인 능력과 은사를 믿는 오순절 교회 신자다. 그의 종교적 신념은 종종 기후 시위 손팻말에 등장하는 조롱의 대상이다. 확실히 일부 종파가 다른 종파보다 기후학에 더 회의적이고 심지어 노골적으로 경멸하기

까지 하지만 그 경향이 기존의 종교적 합의를 무시하도록
이끌어서는 안 된다.

그 대신 우리는 종교 지도자들이 '기후 중재자'로서
(그들의 정체성과 사회적 위치로) 다른 공동체와 기후변화
담론을 나누거나 아직 경각심이 부족한 공동체에 호소할
능력이 있다는 점에 주목해야 한다. 앤드루 호프먼 교수는
환경문제에 있어서 종교 지도자들이 비종교 지도자들보다
더 효과적인 대변인이 될 수 있다고 말했다. "교회, 절, 유대
교 회당, 이슬람 사원 들에서 기후변화 대처 필요성을 접한
사람들은 이 문제를 도덕적 가치와 연결 지을 것이다."[20]

게다가 신앙을 지닌 기후변화 전달자들은 나 같은 비
신자들에게도 영감을 줄 수 있다. 복음주의 기독교인이자
기후학자인 캐서린 헤이호Katharine Hayhoe는 내가 무척 좋
아하는 기후변화 전달자다. 선교사 부부의 딸이자 목사와
결혼한 헤이호는 기독교인이자 과학자로 사는 삶을 '커밍
아웃'한 것 같다고 표현한다.[21] 일부 기독교 우파들의 공격
처럼 그를 공산주의자나 배덕한 좌파로 보기는 어렵다. 헤
이호는 자신이 기후 옹호 활동을 하는 데 신앙이 중추적인
역할을 한다고 말하는 신앙인이다. 게다가 대기 과학으로
박사 학위를 받았으니 과학적 기반이 부족하다고 따질 수
도 없다. 헤이호는 '기후학자'나 '목사의 아내'라는 전형적인

이미지에서 벗어나 있기에 더 효과적으로 기후변화 메시지를 전달한다.

나는 종교 및 신앙 공동체와 기후 문제가 결합된 사례를 조사하다가 짐 안탈Jim Antal 목사를 만나게 되었다. 그와 대화하면서 깨달은 바는 나 같은 비신자도 지구의 운명에 얽힌 상실과 슬픔을 통과할 때 신앙 공동체에서 도움을 얻을 수 있다는 점이었다. 안탈 목사는 미국그리스도연합교회(UCC)의 담임 목사이자 기후 운동가, 공공 신학자다. UCC는 1620년 유럽의 종교 박해를 피해 이주한 개신교도들이 매사추세츠주에 설립했으며 최초로 여성, 비백인, 동성애자 남녀를 서품한 미국에서 가장 진보적인 교회 가운데 하나다.

안탈 목사는 1970년 제1회 지구의 날부터 환경 운동가로 활동하며 오랫동안 온갖 환경문제에 아끼지 않고 목소리를 내왔다. 그는 백악관 밖에서 여러 차례 시위를 벌였고 한 번은 울타리와 자기 손목에 쇠고랑을 채우기도 했다. 다른 활동가들과 함께 천연가스 파이프라인 건설을 막으려다 보스턴에서 체포된 적도 있다. 2013년에는 미국 최초로 화석연료 기업 주식을 매각하자는 UCC 결의안을 만들어 투쟁했다. 그리고 교단의 대표로서 목회자 수백 명에게 기후변화 메시지를 전파하도록 독려했다.

안탈 목사는 책《기후 교회 왜? 어떻게?》에서 기후변화 문제 해결을 위해 교회의 역할과 능력을 재고해야 한다고 주장한다. 또 신자들에게 공동의 구원을 무시하고 개인의 구원만 추구할 수는 없다고 설득한다. "우리가 계속해서 인간 중심적 관점으로 창조주를 인류에게만 특권을 주고 보호하는 존재로 축소한다면 종교적 실천은 계속 줄어 피조물 구원에 아무런 보탬이 되지 않을 것이다."[22]

나는 예일대학교를 방문했을 때 안탈 목사에게 웹사이트를 통해 연락했고, 기쁘게도 곧바로 인터뷰를 승낙받았다. 그는 매사추세츠주의 자택에서 전화로 나에게 긴 시간을 내주었다. 과학자 집안에서 자란 그는 핵무기 반대 시위로 첫 사회운동에 나섰다. 그러다 〈뉴욕 타임스〉를 보고 온실효과를 처음 알게 되었고, 1988년 제임스 핸슨의 증언이 터진 뒤 빌 매키벤Bill McKibben의 《자연의 종말》을 비롯해 처음으로 지구온난화의 영향을 다룬 책들이 출간될 무렵 기후변화에 대해 처음 설교했다. 안탈 목사는 그 첫 설교에서 신도들이 대부분 당황했다고 회상한다.

물 부족이나 대기오염 같은 환경문제는 다들 알고 있었지만 창조주의 피조물 전체가 위험에 처해 있다는 인식은 거의 없었던 것 같아요. 상당히 진보적인 교구라 그런지 신도들이 그 이야기를 듣고 반발하지는 않았어요. 그저 경악했을 따름이죠.

1950년대부터 수십 년간 교단에서 환경보호를 부르짖었는데도 안탈 목사가 보기에 신앙 공동체가 기후변화 문제에 보수적이라는 고정관념은 쉽게 변하지 않는다. 예를 들어 그가 책을 펴낼 출판사를 물색하면 대체로 종교인들은 기후변화에 무관심하다는 반응이 돌아왔다. "과연 과학을 부정하는 극우 기독교인들이 그 책을 읽겠냐고 묻더군요."

2015년 6월, 트럼프 대통령이 파리 기후변화협약에서 미국은 탈퇴하겠다고 했을 때 안탈 목사는 이에 반대하여 새로운 도덕 시대를 선포하는 결의안을 작성했다. 이 결의안은 UCC 총회에서 97퍼센트라는 압도적 지지를 받으며 통과되었고, 전국적으로 대서특필되었다. 기독교인들이 기후변화에 관심이 있다는 증거가 나타나자 출판업계가 목사실 문을 두드렸다.

제가 목사이자 기후변화 활동가라고 소개하면 아직도 "정말요?" 하고 놀라는 사람들이 있어요. 그때 저는 이렇게 덧붙이죠. "시편 24편 1절입니다. '땅과 거기에 충만한 것과 세계와 그 가운데 사는 자들은 다 여호와의 것이로다.'" 그러면 사람들은 고개를 끄덕여요. "아, 지구는 신의 창조물인데 우리가 파괴하고 있으니…… 역시 종교적인 문제군요. 이제 알겠어요."

나는 안탈 목사가 상실과 슬픔에 대해 고찰한 바를 듣고 신앙 공동체가 기후 문제에 관여하는 일이 엄청난 가치를 지녔음을 깨달았다.

제 생각에는 종교인들이 더 공개적으로 슬픔을 나누는 것 같아요. 장례식을 주재하는 목회자들도 기꺼이 슬픔에 관해 이야기하죠. 매주 사람들이 예배당에 모여 기도할 때 어떤 묵직한 슬픔이 감돌아요. 신앙 공동체는 슬픔을 정기적으로 나누는 공동체예요. 물론 비종교인들도 똑같이 슬픔을 느끼지만, 비종교인이 슬퍼할 때는 사회와 자신을 격리하는 경향이 있어요. 혼자서 감내하거나 반려자에게만 털어놓죠. 반면 신앙 공동체는 서로서로 슬픔을 통과하는 과정을 도와요. 그것이 공동체의 존재 이유이기도 하니까요.

안탈 목사는 휘하의 목회자들에게 기후변화를 설교 주제로 다루는 법을 가르치기도 한다(UCC 신도 수가 약 100만 명에 달한다는 점을 고려하면 무척 뜻깊은 일이다). 2006년에는 목사 900명을 이끄는 교단의 수장으로서 각자가 맡은 사역에서 점점 더 많이 기후변화를 이야기하라고 장려했다.

저는 목사님들을 한방에 모아서 지난해에 네 번 이상 기후변화와 관련하여 설교했다면 오른쪽에, 한 번이라도 설교했다면 중간에, 한 번도 설교한 적 없다면 왼쪽에 서 달라고 요청했습니다. 2006년에는 모두 '한 번도 없다' 쪽으로 갔습니다. 그때 저는 이렇게 말했죠. "모두 명심하시기 바랍니다. 적어도 한 달에 한 번 이상 성도들에게 기후변화를 이야기하지 않는다면 지금부터 10년 후, 또는 15년 후 모든 예배는 비통 속에 이루어질 테고, 지구를 애도하는 것이 사람들이 교회를 찾는 유일한 이유가 될 겁니다."

그는 교회가 앞으로 의미 있고 유용한 역할을 하려면 "수십 년간 교회가 지속해 온 피상적인 관례"를 넘어서야 한다고 믿는다. "모든 게 변했기 때문에 교회의 소명에 관한 근본적인 이해도 변해야 합니다. 우리는 신앙인들을 동원하여 교리를 행동으로 실천해야 합니다."

안탈 목사는 종교계와 환경 운동권이 불의에 맞선다는 점에서 상통하기에 기후 운동에서도 단단한 동맹 관계가 될 수 있다고 믿는다. "우리 교회는 매주 수요일 저녁마다 노숙자와 가난한 자들을 먹이고 토요일 밤마다 잠자리를 내어줍니다. 기후변화로 인해 지구상 기아가 10억 명이 아니라 50억 명이 되고, 시리아 난민 300만 명이 아니라 남반구 전체에 난민이 30억 명이 된다면 어떻게 될지 한번 생각해 봅시다."

마지막으로 나는 그에게 희망을 어떻게 생각하는지 물었다. 물론 천재든 인재든 비극이 발생하면 신앙인들은 희망과 기도에 의지하기 마련이다. 알고 보니 안탈 목사는 내가 이 책에서 언급한 사람들과 마찬가지로 희망을 일종의 '참여 행동주의'로 정의하고 있었다.

솔직히 말해서 희망은 낙관론과는 아무 상관이 없습니다. 우리는 최악의 시나리오를 직시해야 해요. 하지만 동시에 하나님이 빚은 창조물의 아름다움과 경이로움에 매일 흠뻑 젖을 필요도 있습니다. 저는 그것이 기후변화라는 힘들고 우울한 문제와 씨름하는 보상이라고 생각합니다. 창문에 머리를 박다가 고개를 들면 아침 해가 뜨는 것을 볼 수 있죠. 그럼 이런 생각이 들어요.

상실

'맙소사. 우리가 이런 행성에서 살아갈 수 있다니? 어서
뭐라도 하자.'

조지 마셜은 《기후변화의 심리학》에서 환경 운동가들이 지
역사회에 기후변화에 대응하자고 감정적, 도덕적으로 호소
할 때 기독교인들에게서 많은 것을 배울 수 있다고 주장한
다. 감정(특히 슬픔, 두려움, 의심 같은 부정적인 감정)을 공
동체와 나누는 일의 중요성, 미래 세대를 위한 유산을 만들
고 장기적으로 사고하며 금전적, 피상적 가치 이상을 추구
하는 일의 중요성, 너그러움과 친절함, 관용과 동정심을 보
여 주는 태도 같은 것 말이다.[23] 기후 운동가들은 성공적인
신앙 공동체가 어떻게 기능하는지 관찰하고 배워야 한다.
마셜 말대로, "사람들이 자기 잘못을 인정하고 용서받고 더
큰 목표를 그릴 수 있게 되면 기후변화를 외면하거나 부정
하도록 이끄는 원망과 죄책감에 대처할 수 있을 것이다."[24]
　　물론 신앙 공동체만이 이러한 목표를 달성할 수 있는
것은 아니다. 하지만 많은 종교 단체가 수백 년 동안 이를
달성해 온 것은 사실이다. 비종교인들은 이들에게서 여러
가지를 배울 수 있다. 호주와 같은 나라에서는 온갖 (그럴
만한) 이유로 종교에 대한 신뢰가 무너지고 있다. 하지만
굳이 신을 믿지 않아도 안탈 목사와 같은 신앙인에게서 무

언가를 배울 수는 있다.

★

나는 종교인은 아니지만 종교 생활의 가치와 매력을 이해
한다. 그리고 안탈 목사처럼 기후변화라는 현대적 도전에
맞서 교회의 사명을 발전시키고 기후변화 메시지 전파에
지도적 역할을 하는 신앙인들을 마음 깊이 존경한다. 또한
우리 삶에서 중요한 순간을 기리고 자기 감정을 여러 사람
과 공유할 수 있는 의례가 영적이든 세속적이든 필요하다
고 생각한다.

나는 본업 말고도 공인 주례자 자격증이 있어서 비종
교적 결혼식은 물론 장례식처럼 비법률적 의례도 주재할
수 있다. 이 자격증을 따기 위해 연수받을 때 최근 점점 인
기가 많아지고 있는 자연 매장에 대해 알게 되었다. 이는 시
신을 환경친화적인 재료로 염하거나 화장하고, 무덤이나
관습적인 장소에 매장하는 대신 정해진 자연 공간에 매장
하는 것이다. 일례로 캘리포니아주 멘도시노 카운티에 있
는 베터플레이스 포레스트는 삼나무, 전나무, 떡갈나무로
이루어진 약 8만 제곱미터의 숲으로, 묘비와 이산화탄소 흡
수계 기능을 모두 담당한다.[25] 화장하여 살균된 고인의 유
골은 흙과 섞여 나무뿌리에 '살포식'으로 매장된다. 묫자리

대신 나무를 구매하면 풍경을 보전하는 데 이바지할 수 있다. 게다가 '영향 식림impact trees' 프로그램을 활성화하여 사람들이 나무를 구매한 돈으로 캘리포니아 산불 피해 지역에 나무 25~400그루를 심을 수 있다. 수잰 켈리Suzanne Kelly는 책 《죽음의 녹지화》에서 이러한 자연 매장이 기후 불안에 대처하는 새로운 방법이 될 수 있다고 주장한다.[26]

나도 재로 변해 비옥한 땅에 뿌려져 이산화탄소 흡수계에 묻히고 싶다. 일생 환경에 피해를 주었으니(나름대로 노력했으나 여지없이 이 땅에 짙은 탄소 발자국을 남겼다) 내가 할 수 있는 최소한은 죽은 뒤에 전통적인 장례를 치르느라 생기는 쓸데없는 낭비나 독성 화학물질 없이 이산화탄소를 산소로 바꾸는 나무에 내 뼛가루를 자양분으로 제공해 뿌리를 튼튼하게 하는 것이다.

아마 내 죽음으로 내 아이들이 느낄 상실감은 숲을 거닐며 유칼립투스와 소나무 향기를 들이마실 때마다 서서히 누그러질 것이다. 기후가 변하는 행성에서 나무들이 자라 굳건히 서 있을 수 있도록 내가 죽는 날까지 최선을 다해야 할 또 한 가지 이유다.

11장
사랑

새들을 위하여

사랑이 기후변화에 대한 사람들의 확신과 행동에 미치는 영향을 다룬 연구는 드물다. 그러나 이 책에 언급된 많은 연구 배경에는 사랑이 맴돌고 있다. 우리가 상실을 겁낸다면, 그것은 우리가 사랑하고 아끼는 무언가를 잃는 일일 것이다. 또한 우리는 사랑하거나 존경하는 사람을 실망시킬 때 죄책감과 수치심을 느끼고, 아끼는 사람이나 사물이 위협당하면 분노하고 두려워한다. 우리의 투쟁 또는 도피 반응은 우리 자신뿐 아니라 집과 아이들을 보호하기 위한 방어 기제이기도 하다.

내가 이 책에서 인터뷰한 모든 사람은 기후변화가 그들이 사랑하는 무언가를 파괴할 수 있기에 기후 행동에 나서게 되었다. 나도 사랑하는 내 아이들이 행복하고 안전한 미래를 누릴 수 있도록 기후변화에 맞서 뭐라도 하는 것을 필생의 과업으로 삼았다. 나는 기후변화가 그 미래를 위협한다고 믿는다. 기후변화와 내가 사랑하는 것들을 연관 지어 생각하는 것이다. 하지만 모든 기후 소통 문제와 마찬가지로 이런 연관성을 만들기는 쉽지 않다. 사람들에게 무엇을 사랑하는지 묻고 기후변화가 그것을 위협한다고 말하는 것만으로 설득하기에는 부족하다. 10대 환경 운동가 데이지 제프리가 말했듯이, 석탄 채굴자도 자기 아이들을 사랑한다. 아마 미디어 거물 루퍼트 머독도 마찬가지일 것이다.

사랑은 우리가 느낄 수 있는 지극히 긍정적인 감정이다. 여기서 사랑이란 연애 감정이 아니라 사람, 장소, 사물을 향한 깊고 지속적인 애정과 애착, 흔들리지 않는 헌신을 의미한다. 효과적인 기후 소통을 연구하는 사람들은 우리의 확신과 행동에 영향을 미치는 인지 편향과 심리적 장벽을 극복하기 위해 긍정적 프레임의 중요성을 강조한다. 페르 에스펜 스토크네스는 "두려움, 죄책감, 자기방어를 통한 부정의 필요성"을 막는 긍정적인 전략의 힘을 광범위하게 서술했다.[1] 그에 따르면 사람들이 기후변화 문제에 적극적으로 참여하도록 호소하려면 그에 관한 대화가 매력적이고 고무적이며 더 강하게 사회적으로 결속하도록 만들어야 한다. 아름다움과 즐거움, 사랑 같은 긍정적인 감정을 활용해야 한다. 대응책도 이와 비슷하게 긍정적인 내용을 제시해야 한다. "대책은 사람들이 의무, 죄책감, 규범, 처벌에 대한 두려움으로 실천할 때보다 그것이 마음에 들고 흔쾌히 내킬 때 훨씬 더 효과적으로 작동한다."[2] 이처럼 우리가 사랑하는 대상을 보호하는 행동과 기후 행동의 연관성을 강조하면 우리가 잃을 만큼 얻을 것도 있다는 점을 보여 줄 수 있다.

노벨상 수상 작가인 엘리 위젤Elie Wiesel은 사랑의 반대는 미움이 아니라 무관심이라고 말했다. 사랑이란 진정, 진심으로 관심을 기울이는 것이다. 관심은 작지만 강력하며 본질적으로 능동적인 개념이다. 소중한 누군가의 건강과 행복 또는 무언가를 유지하고 보호하기 위해 필요한 일을 하는 것을 의미한다. 애호가가 되기는 쉽지만 보호자가되는 것은 어렵고 힘든 일이다.

나는 전 서호주 총리 카먼 로런스Carmen Lawrence(현 심리학 교수) 주도로 수행된 '관심 대상objects of care'과 기후 관련 연구를 무척 좋아한다. 연구진의 목적은 참가자들이 저마다 관심을 기울이는 대상이 위협당할 때 촉발되는 강한 감정이 기후변화 문제에 적극성을 띠도록 유도하는지 알아보고, 그것이 향후 기후 정책 지지로 이어지는지 예측하는 것이었다.

우리가 기후변화를 신경 쓴다고 말하는 것은 적확한 표현이 아니다. 우리는 우리가 관심을 두는 것들에 기후변화가 어떤 영향을 미칠지를 신경 쓴다. 서호주 연구진은 관심 대상이라는 유용한 용어로 사람들이 중시하는 거의 모든 것을 지칭했다. 관심 대상은 사람이나 사물뿐만 아니라 추상적인 무언가일 수도 있다.[3] 연구진은 이것이 '연결 고리'가 될 수 있다고 주장한다. 말하자면 기후변화를 개인적으로 관련 있는 문제처럼 보이게끔 하고, 기후변화의 시점과 지점이 더 가깝게 느껴지도록 하는 매개다.

연구진은 "기후변화를 어떻게 생각하나요?"라는 물음에 기후학자들의 감정적 반응과 대학생이나 일반인들의 반응을 비교하는 독특한 접근법을 썼다. 나도 절망에 관한 장에서 기후학자들이 느끼는 우울증과 심적 고통에 가장 먼저 주목했다. 서호주 연구진도 비슷한 발견을 했다.

응답한 기후학자 44명은 기후와 미래 세대의 행복, 인간계와 자연계를 강하게 연결 지었다. 그들은 지구와의 관계를 뿌리 깊은 우정처럼 보았고, 심각하게 아픈 '친구'를 보고 느꼈던 고통을 회상했다. 한 응답자는 이렇게 썼다. "의사가 환자이자 평생 함께해 온 친구에게 끔찍한 난치병을 진단해야 하는 마음을 상상해 보세요. 기후학자는 지구

250

한테 그런 끈끈한 감정을 느껴요."[4]

응답자들은 다양한 관점(과학자, 시민, 인간, 부모, 조부모, 기후 전달자)에서 인간 감정의 모든 스펙트럼을 보여주었다. 과학자라 해도 데이터와 사실로만 응답하지 않고 기후변화에 대한 복잡한 감정을 자유롭게 서술했다. 이 모든 감정의 중심에는 지구와 인간을 향한 사랑이 있었다. 그들에게 효과적인 기후 정책이 시급하다는 점은 굳이 설득할 필요가 없었다.

대학생과 일반 시민들의 관심 대상은 '미래 세대'가 가장 흔했지만 '그레이트 배리어 리프' 같은 특정 장소도 있었다. 흥미롭게도 그들의 감정 반응은 기후학자들의 감정 반응보다 더 절제되었다. 그들보다 분노, 수치심, 두려움 같은 격한 감정을 표한 사람들이 기후변화 정책을 지지할 가능성이 훨씬 더 컸다. 이들은 또한 관심 대상을 가장 자주 언급했다. 그들에게 기후변화는 감정적이고 개인적이며 긴급한 사안이었다. 기후변화가 자신들이 아끼는 장소와 사람에게 영향을 미치리란 걸 잘 알기 때문이었다.

연구진은 다음과 같이 결론 내렸다.

인간과 기후변화의 연결 고리인 '관심 대상'은 왜 어떤 사람이 다른 사람보다 이 문제에 더 강한 감정을 느끼는지 이해하는 데 결정적인 요소다. '관심 대상'은 자신과 기후변화 사이의 심리적 거리를 메워 기후변화를 자신과 밀접한 문제처럼 보이게 하고, 더 강한 감정을 느끼도록 자극하고 행동을 촉구한다.[5]

나는 내 연구 대상인 포커스 그룹에게 현안을 중요도 순으로 나열하도록 자주 요청한다. 그들이 기후변화와 자신에게 중요한 다른 문제 사이의 직접적인 연관성을 발견하면 기후변화는 3위 안에 들었다. 가령 그들이 건강을 가장 신경 쓰고 기후변화가 건강 문제를 악화시킨다는 확고한 결론에 도달하면 건강과 기후변화를 모두 상위권에 둔다. 건강에 대한 높은 관심은 자녀가 천식을 앓는 일처럼 대체로 개인적인 상황에 따라 좌우된다. 이와 대조적으로 기후변화가 국가 경제나 안보 또는 교통처럼 자신에게 중요한 문제들과 무관하면 하위권에 둔다. 그들은 이렇게 자주 말한다. "물론 저도 환경을 염려하지만, 사람이 우선이죠."

이 연구 결과를 보면 효과적 기후변화 논의의 출발점이 기후변화 자체가 아니라 우리에게 중요한 것, 우리가 사랑하는 것에 있다는 점을 알 수 있다. 그 대상은 사람마다 다르지만, 누구나 누군가를 또는 무언가를 사랑한다. 기후변화는 우리가 사랑하는 모든 걸 바꿀 수 있기에 두려운 대상이다. 하지만 그 덕분에 우리는 기후변화를 '누구에게나 중요한 것'과 연결 지을 방법을 찾을 수 있다.

일부 기후 운동가는 이렇게 개인의 관심 대상을 기후변화 논의의 출발점으로 삼는 것을 편협하고 자기애적인 접근이라고 본다. 기후변화가 내 자녀, 내 집, 내 생업에 영향을 미칠 때만 중요하냐고 비판하는 것이다. 하지만 관심 대상은 단지 출발점일 뿐이다. 기후변화가 자신에게 어떤 의미인지 잘 모르는 사람들에게 개인적 연관성을 부여하는 촉매가 될 수 있다. 진정한 사랑은 이기적인 감정이 아니다. 사랑의 많은 동의어 가운데 하나는 이타심이다.

이 맥락에서 사랑과 관심은 우리의 집단, 공동체, 종족에 대한 애착을 가리킨다. 조지 마셜은 우리가 문화, 사회적 차이를 뛰어넘어 같은 인간으로서 공유하는 특성들이 있고 그 가운데 가장 강력한 특성이 "가족과 내집단을 지키려는 강한 본능"이라고 했다.[6] 여러 연구 결과에 따르면 단순한 이기심보다는 내집단을 향한 사랑과 관심이 더 설득력 있고 동기를 더 많이 부여한다.

미국에서 실시한 한 연구는 기후변화가 사회에 미치는 영향력이 개인에게 미치는 영향력보다 클 수 있다는 흥미로운 결과를 보여 준다. 콜로라도 덴버대학교와 듀크대학교 연구진은 사람들이 2013년 콜로라도 홍수를 겪으면서 기후변화를 더 확신하게 되었지만, 이를 더 확신하게 되는 데 개인의 피해 정도는 통계적으로 유의미한 영향을 미치지 않는다고 밝혔다. 다시 말해, 내 집이 더 큰 손해를 입었다고 해서 기후변화를 더 확신하는 것은 아니었다. 자신에게 일어난 일보다 중요한 것은 공동체가 공유한 경험, 친구와 이웃들에게 일어난 일이었다.[7]

이러한 시민 의식 또는 공동체 정신으로 우리는 위기 상황에서 함께 뭉치고, 잘 모르는 사람들에게 돈을 기부하고, 정부와 기업에 대응책을 요구한다. 사랑은 우리 자녀, 가족, 친구의 범위를 넘어 공동체, 사회, 도시, 변화 운동으로 확장될 수 있다. 이러한 사랑의 개념을 잘 북돋고 유지하면 기후 행동에 더 큰 추진력이 생긴다. 이는 우리가 앞으로 닥칠 일에 대처하는 데 큰 도움이 될 것이다.

★

앞서 말했듯이 관심 대상은 사람, 사물, 장소, 관습, 직업, 취미, 집착, 그 밖에도 무엇이든 될 수 있다. 오하이오와 켄터키를 포함해 미국 7개 주의 상징 새인 홍관조 역시 관심 대상이 될 수 있다. 이 새를 사랑하는 사람들을 기후변화를 향한 관심으로 이끌 수 있다. 이는 린시 스미스슨 스탠리Lynsy Smithson-Stanley가 나에게 가르쳐 준 교훈 가운데 하나다.

예일대학교에서 린시를 만난 적 있다. 매스컴과 저널리즘을 전공한 린시는 기후변화 소통 프로그램의 미디어 및 교육 전략팀에서 일하고 있었는데, 그보다 내 흥미를 끈 것은 린시의 조류 연계 프로젝트였다.

당시 기후변화 소통 프로그램 웹사이트에는 린시가 "기후 위협과 관련하여 조류 애호가들을 활성화"하는 프로젝트를 수행했으며 여기에는 "보수주의자를 참여시키기 위한 연구 프로그램 개발"이 포함돼 있다고 소개되어 있었다.[8] 조류? 보수주의자? 이는 학계에서도 상당히 독특한 주제로 보였다. 나는 한 손에 쌍안경을 들고 다른 손에는 메가폰을 든 채 "온난한 행성에 검은목솔새는 없다!"고 외치는 들새 관찰자 한 무리가 떠올랐다. (농담이다. 하지만 실제로 북미 지역 새 3분의 2가 기온 상승으로 멸종 위기에 처했다는 연구 결과가 있다.)

비록 빅데이터, 정치, 여론을 조사하는 다른 프로젝트들과 결이 달랐지만, 나는 린시의 프로젝트가 사람들에게 기후변화를 가시화하는 유용한 방법을 시사하리라는 것을 직감했다. 실제로 린시에게서 나는 기후 소통과 관련해 아주 귀한 여러 교훈을 얻었다.

린시는 2010년 미 상원에서 탄소 배출 감소를 위한 배출권 거래제 법안이 부결되었을 때부터 기후변화에 관여해 왔다. "단순히 정치가 실패한 게 아니에요. 소통하는 데 실패한 거죠." 린시는 이 엄청난 실패를 보고 언론과 소통 전문가로서 기후변화를 이야기하는 더 나은 방법을 모색하기 시작했다. 이에 주류 환경 단체보다 풀뿌리 기후 운동 단체와 일하는 것이 흥미로운 도전이 되리라 보고, 조류 보호에 전념하는 비영리 단체인 국립오듀본협회의 기후 소통 및 전략 책임자가 되었다.

국립오듀본협회는 설립된 지 100년이 훌쩍 넘은, 미국에서 가장 오래된 비영리 단체 가운데 하나다. 1885년 유명 조류 일러스트레이터인 존 제임스 오듀본의 이름을 따서 협회의 본거지를 만든 이들은 성난 패션 애호가들이었다. 보스턴의 사교계 인사 해리엇 헤멘웨이Harriet Hemenway와 민나 홀Minna B. Hall은 모자와 의복에 사용되는 깃털 거래로 지역 조류 개체 수가 줄어들자 분노했다. 그들은 다른 부유한 여성들과 사교 행사를 조직해 백로 같은 새들을 보호하기 위해 깃털 의복 보이콧 운동을 벌였다. 운동은 효과가 있었고, 미국 전역에 지부가 만들어지며 퍼져 나갔다.

오듀본협회에 합류했을 당시 린시는 회원들에게 기후변화 문제에 참여하자고 유도하기 쉽지 않았다. 협회 회원들은 진보, 보수, 중도, 무관심까지 정치적 스펙트럼이 다양했다. "가끔 제가 회원들에게 기후변화를 언급하면 그들은 당파 싸움을 피해 새나 구경하련다고 대꾸하곤 했어요. 관심이 없었죠." 그리고 협회 지도부를 설득하기 위해서도 노력해야 했다.

이사회는 기후변화 공론화를 우려했어요. 미국 비영리 환경 단체는 보통 진보적인데 오듀본협회는 더 초당적이었거든요. 회원들이 모두 기후변화를 확신하거나 장차 기후 운동에 참여하리라는 보장이 없어요.

린시는 회원들을 독려하려고 연구 프로그램과 캠페인을 생각해 냈다. 특히 보수당원들에 효과적인 방법을 알아보고 싶었다. 첫 단계는 과학자들에게 조류에 특화된 기후변화 연구를 의뢰하는 것이었다. 기후변화를 둘러싼 정치적 양극화와 과학자들이 받는 공격을 고려하면 린시는 회원들이 협회 자체에서 의뢰하는 조류 과학을 더 신뢰하리라고 보았다.

그 결과 2014년에 북미 조류 588종에 기후변화가 미치는 영향을 상세히 기술한 획기적인 연구가 발표됐고,[9] 그와 함께 전국 각지의 조류 위기종을 보여 주는 지도가 탄생했다. 협회 회원들은 연구의 범위와 세부 사항을 통해 자신이 사랑하는 새들과 그들의 서식지, 특히 자신들에게 가장 의

사랑

미 있는 지역 새에 크게 관심을 보였다.

두 번째 단계는 보수 성향 회원들이 기후변화가 조류에 미치는 영향을 어떻게 바라보는지 조사 기관에 의뢰하는 것이었다. 연구진은 보수 성향 회원들, 특히 기후변화 문제에 무관심한 회원들에게 다가갈 때는 협회의 권위와 높은 신뢰도가 이점을 준다는 점을 깨달았다. 또 기후변화를 확신하지 않는 회원들도 새들의 안위를 위해 책임감 있게 행동해야 한다는 점에는 동의했다. 연구진은 이렇게 결론지었다. "오듀본 회원들에게 새는 행동의 촉매다. 그들은 조류와 탐조를 향한 열정으로 당파적 갈등을 뛰어넘어 환경정책을 바라볼 수 있다."[10]

결국 이 연구 결과를 보면 오듀본 회원들에게 기후변화를 이야기하는 가장 효과적인 방법은 조류를 향한 긍정적이고 희망적인 메시지와 함께 지역민으로서(그냥 미국인이 아니라 버지니아주 사람으로서)의 정체성에 호소하는 것임을 알 수 있다. 절묘한 종교적 메시지도 효과적이었다. 새들이 곤경에 처했으며 우리가 신의 피조물을 지키는 관리인으로서 행동해야 할 도덕적 의무가 있다고 말해 회원들 마음을 움직인 것이다. 비극적인 전망이 보수 성향 회원들의 심기를 불편하게 한다는 점도 확인했다.

무엇보다 새에 초점을 맞추면 회원들이 발전소의 공해

제한과 탄소세 책정과 같은 다양한 기후변화 완화 정책을 지지하도록 유도할 수 있다는 점도 알아냈다. 보수 성향 회원들이 전반적으로 이런 정책에 반대하는 공화당에 투표한 다는 점을 고려하면 이는 매우 획기적인 일이다.

보수 성향 회원들이 긍정적인 반응을 보이자 협회 지도부는 조류와 기후를 연계한 폭넓은 훈련과 홍보를 추진하도록 장려했다. 린시는 회원들을 훈련에 초대하여 모든 연구 결과를 공유하고, 새를 위한 정책을 지지하도록 다른 사람들을 설득하는 방법에 대한 지침을 마련했다. 린시는 이 훈련에서 새와 기후변화를 연결하는 것이 회원들에게 상당히 강한 감정을 끌어낸다는 사실을 확인했다.

우리는 협회에서 의뢰한 조류 연구 결과를 회원들과 공유했어요. 그들이 사랑하는 새와 기후변화를 연결 짓기 위해서였죠. 그들은 즉각적으로 반응했어요. 예를 들어 이런 식이었죠. "매년 여름 오하이오에서 풍금새 를 봤는데 이 지도를 보니 조만간 볼 수 없겠군요." 회 원들은 깊은 슬픔을 느꼈어요. 우는 사람까지 있었죠.

훈련은 매우 성공적이었다. 회원들은 소셜 미디어 게시물 을 공유하는 것부터 정치인들과 직접 접촉하는 것까지 각자 자리에서 적극적으로 움직였다. 오듀본협회는 회원들이 다른 조류 애호가들과 기후변화를 이야기할 수 있는 빠른 지침을 개발했다. 첫 단계는 새를 화두로 삼는 것이다.

> 기후변화는 극도로 복잡하고 추상적인 문제처럼 보여요. 하지만 정밀한 기온 그래프나 대기 데이터로만 기후변화를 이야기할 필요는 없어요. 기후가 변하면서 대머리독수리, 개똥지빠귀, 벌새를 위협한다고 말하면서 새를 사랑하는 사람들 마음을 두드리세요.[11]

이 지침은 또한 되도록 국지적, 개인적, 희망적인 언어를 쓰고 극단적인 표현을 지양하라고 조언한다. 또 한 가지 주의할 점은 기후변화의 과학적 사실이나 정확한 원인에 대한 논쟁에 빠지지 않는 것이다. 핵심은 그들이 사랑하는 새가 위협받고 있으니 행동해야 한다는 메시지다.

보수적인 조류 애호가들과 함께한 린시의 작업은 기후변화 대화법을 모색하는 나에게 귀중한 교훈을 주었다. 과학에 매몰되어 나의 가치와 신념을 억지로 나누려 하면 사람들을 행동으로 이끌기 어렵다. 중대한 첫걸음은 그들이 중요하게 여기는 대상을 발견해 그 대상을 기후변화와 유의미하게 연결 짓는 것이다. 나와 같은 열정과 헌신을 지닌 사람들을 행동으로 이끌면 효과는 배가 된다.

되도록 그들이 꺼리는 기후 논쟁의 측면들(암울한 미래와 비극적인 예측)을 피하면 대화를 무난히 이어 갈 수 있다. 관건은 항상, 모든 이야기의 중심에 관심 대상을 두는 것이다. 린시는 나에게 말했다. "사람들은 기후변화가 인간의 잘못이라는 점에는 반박하더라도 조류 보호와 연결 지으면 해결책에는 동의할 수 있어요. 새들은 기후변화에 대한 그들의 관심을 끌어올리는 마중물이에요."

나는 공인 주례자로서 기독교식이든 아니든 결혼식 주례사에 가장 흔히 쓰이는 고린도전서 13장 4~7절에 누구보다 익숙하다.

> 사랑은 오래 참고 사랑은 온유하며
> 시기하지 않고 자랑하지 않고 교만하지 아니하며
> 무례히 굴지 않고 이기적으로 굴지 아니하며
> 쉽게 화내지 않고 실수를 용서하며
> 불의를 염려하고 진리를 기뻐하며
> 항상 보호하고 신뢰하고 희망하고 견디느니라.

사랑

내가 열렬히 좋아하는 구절은 아니지만, 기후변화를 생각하는 맥락에서 다시 읽어 보니 기후 시대에 우리가 발전시켜야 할 사랑의 종류가 분명히 보인다. 그래서 이 구절은 나에게 새롭게 다가온다. 사랑은 나만큼이나 다른 무언가를 소중히 여기는 것, 보호하고 인내하는 것, 쉽게 화내지 않고 원망을 담아 두지 않는 것, 시련과 환난 속에서도 희망을 잃지 않는 것, 진리를 기뻐하는 것이다.

사랑은 기후변화의 출발점이자 종착지다.

맺음말
이제 기후변화를 이야기할 때

바로 지금이다

기후변화는 섹스, 마약, 종교를 넘어 죽음, 우울증과 거의 동급으로 까다로운 화제다. 2년 동안 기후변화 소통을 고민해 온 나도 사랑하는 사람들과 이 주제를 이야기하기 쉽지 않다. 물론 내 다섯 살짜리 쌍둥이 딸들에게는 이야기하지 않는다. 기껏해야 애니메이션 〈로렉스〉를 함께 보며 재활용의 필요성과 숲의 아름다움을 이야기할 뿐이다. 열한 살인 큰딸과는 가끔 대화를 나눈다. "나도 알아, 엄마." 내가 처음 기후변화를 언급했을 때 아이는 약간 분한 듯 대꾸했다. 학교에서 어느 정도 배웠고 친구들과 토론하기도 했다는 것이었다. 그나마 세계 곳곳의 아이들이 겪는 환경 불안의 기미는 보이지 않아서 다행이었다.

나는 식구가 많을수록 기후변화를 이야기하기 어렵다고 생각한다. 이 화제는 그들의 생활 방식에 잣대를 들이대고 이미 복잡한 관계에 긴장감을 불어넣을 수도 있다. 가끔 나는 친구들과 저녁을 먹다가 혹시 내가 분위기를 흐리는 건 아닌지 걱정한다. 한때는 함께 모여 먹고 마시며 일과 지인에 대한 험담을 나누곤 했는데 이제 나는 알래스카의 영구 동토층이 녹고 있다는 소식에 열을 올리니 말이다.

기후변화를 시시때때로 떠올리면서도 일상에서 이야기하기 어렵다고 느끼는 사람은 나뿐만이 아니다(전문 영역에서는 끊임없이 말할 자신이 있지만). 조지 마셜은 예일대 기후 소통 프로그램의 설문 조사 결과를 근거로 우리 대다수가 기후변화를 거의 또는 전혀 이야기하지 않으며, 이는 심지어 가까운 친구와 가족이라 해도 마찬가지라고 했다.

여성이 남성보다 훨씬 적게 이야기하고, 집단별로는 젊은 여성이 가장 적게 이야기하며 (……) 특히 자녀가 있는 여성의 경우가 가장 저조하다. 한 조사 결과에 따르면 응답자의 4분의 1이 단 한 번도 누군가와 기후변화를 이야기해 본 적 없다고 답했다. 실생활에서 가장 영향력 있는 기후 담론은 아마도 집단 침묵이라는 무無 담론일 것이다.[1]

나는 내 포커스 그룹에게 기후변화를 이야기한 적 있는지, 있다면 그 이유가 뭔지 물어본다. 응답은 대체로 '아니오'나 '드물게'다. 그나마도 봄철답지 않게 무더운 날처럼 날씨가 급변할 때만이다. 그리고 우리 대다수는 기후변화를 우려하느냐는 설문에 '예'라고 응답하면서도 정식 대화에서 그 화제를 적극적으로 입에 올리지는 않는다.

그럴 만도 하다. 기후변화는 이야기하기 몹시 난감한 주제다. 정치적이고 감정적이며 심각하고 버겁다. 이 문제를 이야기하려면 기후 패턴부터 물리, 경제, 역사까지 전방위 지식이 필요해 보인다. 가까운 동료나 친구들과 이야기하기는 훨씬 더 어려울 수 있다. 가령 이웃이나 동료 학부모, 직장 회계 부서 사람과 편한 사이였는데 어느 날 기후변화를 입에 담으면 갑자기 대화에 날이 서거나 상대방이 당황할 수 있다. 논쟁에 빠지면 최악이다. 어느새 편안했던 기류는 사라지고 서로 눈을 피하는 사이가 될지도 모른다.

그럼 헬스장이나 바비큐 파티 같은 곳에서 기후변화 문제를 굳이 안 꺼내면 되지 않은가? 하지만 기후 침묵을 깨야 이 책에서 살펴본 인지 편향과 심리적 장벽을 넘어설 수 있다. 예를 들어 공포에 관한 장에서 다뤘듯이, 우리는 거론되지 않는 위험이 객관적으로 더 신빙성 있더라도 그보다는 사람들 입에 자주 오르내리는 위험에 더 초점을 맞추는 경향이 있다.

그래서 일상생활에서 기후변화에 대해 침묵하면 그것이 현실적이고 임박한 위협이라는 인식이 줄어들고 이는 다시 우리의 표심과 구매 선택과 행동 양식에 이르기까지 골고루 영향을 미친다. 이는 일상생활에서의 침묵뿐 아니라 공동체와 기업, 매스컴 안에서 폭넓은 대화와 지속적인 관심이 부족한 경우도 해당한다.

게다가 부정에 관한 장을 되돌아보자. 스토크네스가 지적했듯이 소극적 부정론자들에게 기후변화는 차마 입에 담기 어려운 문제로, "부정은 불편함에서 편리하게 벗어나는 수단이다."[2] 침묵은 이런 소극적 부정의 일환이며 현실에 맞서지 않고 악화 일로를 걷게 한다. 반면 가족과 친구끼리 대화를 나누면 정치적 당파주의를 넘어서 기후 문제의 중요성을 일깨우는 데 아주 크게 도움이 된다. 한 연구 결과에서 드러났듯이, 가까운 사람들이 기후변화를 우려하는 것만으로도 기후변화에 관심을 가질 가능성이 더 커진다.[3]

바로 그래서 기후변화 관련 심리학 연구자들이 이 문제를 타인과 이야기하는 일의 중요성을 강조하는 것이다. 기후학자 캐서린 헤이호는 TED 강연에서 바로 이 주제를 나누었다. 이름하여 '기후변화에 대항하는 가장 중요한 일: 공론화'. 기후학자이자 복음주의 기독교인, 그리고 어머니인 헤이호는 우리가 기후변화를 이야기할 때 꼭 기후학에 빠삭하지 않아도 된다고 말한다. "이제 과학은 그만 이야기해도 됩니다. 우리는 이미 150년 넘게 기후학을 논해 왔어요."[4] 그 대신, 우리의 공유 가치를 화두로 대화를 시작하고, '관심 대상'을 활용하라고 권한다. 나라와 지역, 경제와 일자리, 지역 녹지와 동물(앞 장의 새를 떠올리자)처럼 우리에게 중요한 것들을 앞세워 이야기하는 것이다.

헤이호의 화두는 주로 신앙이지만 가끔은 아이들을 향한 사랑, 어머니의 역할에 관해 말하기도 한다. 만약 기후변화를 이야기하고 싶은데 상대방에게 뭐가 중요한지 모른다면 어떻게 할까? 헤이호는 상대에게 그냥 가볍게 물어보라고 조언한다. 먼저 삶의 동력에 관해 담소를 나누면서 '상대방의 화두와 왜 기후변화에 관심을 가져야 하는지' 사이의 연결 고리를 찾는 것이다.

나는 이 책 초반부에서 여러분이 이 책을 통해 기후변화에 대한 주변의 반응과 자신의 종잡을 수 없는 감정을 더 잘 이해하게 되리라고 약속했다. 이렇게 여러분이 자신의 반응과 타인의 반응을 함께 이해하면 일상의 기후 침묵을 깨는 데 필요한 통찰력과 기술을 갖추게 될 것이다. 쉽지는 않지만 꼭 필요한 과정이다.

효과적인 기후 대화법에 관해 조언하는 자료는 온라인

에 풍부하다. 스토크네스와 마셜은 모두 책 끝에 이런 읽을 거리 목록을 붙여 두었다. 종합적인 공통 사항은 내가 이 책에서 다룬 다음 몇 가지 원칙이다.

o 지역 문제에 초점을 맞춰라.
o 개인적으로 관련 있게 만들어라.
o 공감대와 유대감을 형성하라.
o 행동함으로써 잃을 것보다 얻을 것을 강조하라.
o 책임을 전가하는 데 애쓰지 말고 '우리 대 그들'로 나누지 말라.
o 협력과 단결, 변화를 일으키려고 애쓰는 사람들을 강조하라.
o 미래보다 현재에 집중하라.
o 위협의 규모를 축소하지 않되 극단적이고 비극적인 표현은 되도록 피하라.
o 분노, 슬픔, 불안, 죄책감 같은 상대방의 부정적인 감정을 인정하라.
o 당신이 누구든, 무엇을 믿든 이 대화가 쉽지 않다는 점을 명심하라.
o 과학적 예측이 아무리 절망스러워도 행동하는 희망을 장려하라.

조지 마셜은 책 끝에서 효과적인 기후변화 소통법에 대한 여러 아이디어를 제시하지만, 특히 한 가지 칙령이 나에게 중요하게 다가왔다. "당신에게 효과적이었던 방법이 타인에게도 효과적일 거라고 절대 가정하지 말라."[5] 기후변화가 현실이고 긴급하며 적절한 대응이 필요하다는 사실을 이해할 방법은 셀 수 없이 많다. 아무리 공통점이 많은 상대라도 나에게 통했던 방법이 똑같이 통하리란 법은 없다. 기후변화는 복잡하고 모든 것을 아우르며 빠르게 움직이는 현상이다. 데이비드 월러스 웰즈가 지적했듯이 "한 가지 서사, 한 가지 관점, 한 가지 은유, 한 가지 분위기로 이어질 수 있는 주제가 아니다."[6] 이 책 초반부에 실은 토니 레이세로위츠 말마따나 모두가 나와 같은 길을 걷지는 않는다.

나는 이 책을 쓰면서 기후 시대에 타인과 대화하는 법과 개인이 살아가는 법을 함께 생각하며 다음과 같은 지침을 만들어 낼 수 있었다. 여러분에게도 유익하길 바란다.

1. 경청하고 이해하라

이 책에서 이야기한 대로, 사람들이 기후변화를 대하는 태도는 그들의 기후학 이해 수준이 아니라 그들의 세계관, 가치관, 정체성을 드러낸다. 그래서 누군가와 기후변화를 이야기할 때 상대방 견해를 묻기 전에 그 사람이 어떤 사람인지부터 이해해야 한다. 변화는 대화와 토론을 통해 일어날 수 있지만 그러려면 먼저 마음을 열고, 공감하고, 공통점을 찾아야 한다. 그렇지 않으면 그저 엉뚱한 방향으로 소리치는 것에 그친다.

2. 이야기하라

앞서 말했듯이 기후변화는 난감한 화제지만, 꺼낼수록 쉬워진다. 의외로 상대방이 유연하게 받아들이고 나와 같은 감정을 느낀다는 걸 알게 될 수 있다. 신뢰와 이해로 돈독한 무리나 모임을 찾아 대화를 시작할 수 있는지 타진해 보자. 예를 들어 독서 모임에서 기후를 주제로 한 소설을 읽거나 사친회에서 다큐멘터리 〈2040〉을 상영하자고 제안하는 것이다. 아니면 기상이변으로 야외 스포츠 클럽 일정이 중단되면 정치인을 만나는 자리에서 문제를 제기할 수 있다. 일례로 호주 오픈*은 기후변화 대응 촉구에 분명하게 목소리를 내고 있다.[7] 그런가 하면 직업 네트워크와 협회에서 각자 대화를 시작할 수도 있다. 전 세계에 기술자, 건축가, 농업인, 변호사, 회계사, 교사, 수의사, 의료 전문가 들이 기후

---

* 매년 1월에 호주 멜버른에서 개최되는 세계 4대 그랜드슬램 테니스 대회 가운데 하나다.

행동을 중심으로 뭉친 수많은 단체가 있다. 우리는 이 책에서 린시 스미스슨 스탠리가 어떻게 조류 애호가들을 기후운동가로 이끌었는지 확인했고, 카시아 리드가 어떻게 지역 학부모들과 기후에 관해 이야기했는지도 살펴보았다.

조지 마셜은 다른 사람과 기후변화를 이야기할 때 늘 열린 마음을 유지하고, 자신의 편견을 경계하고, 상대방에게서 배울 준비를 해야 한다고 주장한다.[8] 어쩌면 대화하기 전에 긴 시간이 필요할지도 모르고, 성공하리라는 어떤 보장도 없다(실은 성공을 기대하며 대화를 시작하지 않는 편이 낫다). 하지만 이 책에 등장한 운동가들을 떠올려 보자. 데이지 제프리는 한 아버지를 설득하지 못했지만 두 아들을 기후 파업에 동참시켰다. 애나 로즈는 닉 민친의 마음을 바꿀 수 없을 게 뻔했으나 본인의 열정과 확신으로 보수 정치인보다 더 열린 마음을 가진 시청자들에게 다가갔다.

3. 사랑으로 출발하라

꼭 기후변화로 대화를 시작할 필요는 없다. 과학적 증거를 줄줄 읊을 필요는 더더욱 없다. 이미 알고 있거나 앞으로 대화하면서 알게 될 상대방의 가치관이나 관심사, 즉 '관심 대상'을 이해하는 것부터 시작하자. 마셜은 이를 조금 다른 말로 "기후변화의 해결책을 행복의 근원, 그리고 우리가 친구와 이웃, 동료들에게 느끼는 연대감과 결부하는 것이 중요하다"고 표현했다.[9] 이는 우리가 기후 행동을 함으로써 잃는 것보다 얻는 것이 많다는 인식을 강화한다. 우리에게 더 소중한 사람, 장소, 관습을 보호하는 행동이라는 것이다. 이렇게 사랑과 관심에 초점을 맞추면 정치적 논쟁에 담긴 해로운 갈등과 미디어가 제공하는 지나치게 비관적인 전망에 휩쓸리지 않고 균형을 잡을 수 있다.

'사랑으로 출발하기'는 우리 자신의 기후 행동으로 확장될 수 있다. 사람들이 나에게 "기후변화가 우려스러운데 재생에너지를 활용하고 자전거로 출근하는 일 말고 집 밖에서 뭘 할 수 있을까요?"라고 물으면 나는 이렇게 반문한다. "지금 정기적으로 참여하는 활동이 있나요? 애정을 쏟아 돌보는 장소가 있나요? 그 지점부터 시작하세요." 기후 운동가가 되기 위해 꼭 환경 단체에 가입할 필요는 없다. 우리는 일상생활에서 얼마든지 기후를 향한 관심을 표현할 수 있다. 거리, 동네, 직장, 동호회, 교회, 사교 모임, 지역 단체를 둘러보자.

짐 안탈 목사는 교회 성도들이 화석연료 기업에 투자하는 것을 철회하도록 이끌었다. 우리 지역 학교의 한 헌신적인 학부모는 정부 지원금을 받아 학교에 태양 전지판을 설치했다. 무언가를 하기로 마음먹었다면 지역구 정치인에게 알리자. 기후 문제에 신경 쓰는 것이 그린피스 같은 단체만이 아니라는 점을 보여 주자는 것이다.

4. 포기할 수 있는 것을 찾아라

나는 내 아이들이 정규 교육을 마치기 전에 사회가 붕괴하리라 보지는 않지만, 일부러 비극을 예상해 볼 필요가 있다는 젬 벤델의 '심층 적응 안건'이 매우 유용하다고 생각한다(8장 참조). "상황을 악화시키지 않으려면 우리가 무엇을 포기해야 하는가? 다가올 역경과 비극에 대처하기 위해 무엇을 떠올려야 하는가?"[10]

이런 질문들을 곰곰이 생각해 보면 인생의 우선순위를 정리할 수 있다. 예를 들어 나에게는 휴가 때 미국이나 유럽, 발리를 여행하는 것보다 호주 산불 피해 지역에서 돈을 쓰고, 탄소 배출량을 적게 유지하고, 아이들에게 호주의 자연환경을 사랑하고 존중하는 마음을 키워 주는 것이 우선이다. 나도 이것이 매우 특권을 지닌 희생의 형태라는 걸 안다. 하지만 이는 내 시간과 돈을 어떻게 쓸지 결정하는 수많은 선택 가운데 하나다. 그리고 미래의 일부라고 당연시했던 것을 포기하는 연습은 좋은 습관이 될 것이다. 불가피하게 적응해야 할 때를 대비하는 데 말이다. 이는 최선을 희망하면서 최악의 상황에 대비하는 일이다.

5. 타인은 희망이다

실존주의자 장 폴 사르트르는 한 희곡에서 "타인은 지옥이다"라는 유명한 말을 남겼다. 하지만 사르트르야말로 파티에서 동석하고 싶지 않은 우울한 논객이었다. 나는 이 냉소적인 문구를 "타인은 희망이다"라고 고쳐 보았다. 크든 작든 변화를 불러오는 집단의 힘은 분명하다. 나는 치도 고베라와 카시아 리드와의 인터뷰, 여러 심리학 연구를 통해 기후 운동가들과 평범한 사람들이 서로 협력하면서 희망을 발전시키고 있음을 확인했다. 스토크네스에 따르면 기후시대에 우리가 키울 수 있는 최고의 희망은 회의적 행동주의다. 이는 뜻이 같은 사람들과 함께 추구할 때 가장 효과적이다. 어떤 형태로든 사회 연결망의 힘을 사용하면 기후 행동에 대한 사회적 합의를 조성하고 널리 알릴 수 있다.

6. 네 이웃을 알라

수전 모서는 《덤보 페더》와의 인터뷰에서 공동체의 중요성을 묻는 말에 다음과 같이 대답했다.

분명 우리가 현재 만들어 내는 열악한 환경이 우리를 미지의 방식으로 서로 의지하게 할 것입니다. 우리는 '이 환경에서 나를 보호할 수 있을까? 어디로 가야 할까?'에 너무 집중합니다. 마치 이 행성에서 숨을 곳이라도 있는 것처럼 말입니다. 하지만 우리가 한 종으로서 살아남을 기회라도 얻으려면 자원을 공유해야 합니다. (……) 그리고 우리는 전에 없던 상호 의존 경험에서 교훈을 얻게 될 것입니다.[11]

이 인터뷰 기사가 나온 뒤 실제로 우리는 코로나19 범유행으로 많은 교훈을 얻었지만 단지 깨달음에 그치지 않고 이 사태를 총연습으로 생각해야 한다.

모서의 말을 통해 나는 내 가족과 공동체의 생존에 이바지하는 주변 단체에 거듭 투자하는 일이 얼마나 중요한지, 그리고 희망과 이동성에 더 심오한 무언가가 있는지를 깨달았다. 원주민이 아닌 모든 호주인과 마찬가지로 내 조상도 더 나은 삶을 향한 열망으로 대륙을 이동했다. 초기 이민자들은 맨손으로 삶을 건설했고 각 세대가 이전 세대보다 재정적으로 더 안전해졌고 더 나은 교육을 받게 되었다. 야심가들이 명성과 부를 좇아 호주를 떠나 미국, 유럽, 아시아의 대도시로 가는 일도 흔하다.

기후는 이 과정을 역행하겠다고 위협한다. 이미 기후변화로 전쟁과 내전이 악화되어 난민들이 대거 이동하고 해수면 상승과 극심한 기상이변으로 기후 난민이 증가하고 있다. 하지만 내 가족을 보호하기 위해 기후변화에서 '벗어날' 수 있다는 생각은 순진하다. 물론 어떤 지역은 어느 시점까지 다른 지역보다 살 만하겠지만, 결코 '안전한' 장소는 없다. 세계는 깊이 연결되어 있고 기후변화는 모든 것을 아우른다.

7. 나 자신을 돌보라

기후변화를 직접 겪는 것은 물론이거니와 그 주제를 떠올리고, 이야기하고, 관련 정보를 읽으면 끝없는 감정의 롤러코스터를 타게 된다. 나를 먼저 돌보고, 필요하면 도움을 구하자. 온라인에서 환경 불안 전문가들을 찾을 수 있다. 이책 끝에 실은 자료 목록을 참고해도 좋다. 나만의 '관용의창'을 만들어 보자(8장 끝 참고).

8. 투표하라

투표권은 전 세계 누구나 누릴 수 있는 권리가 아니다. 미국과 같은 민주주의 국가에서도 범죄자와 전과자들은 투표할수 없다. 선거제도가 있어도 투표하기 어려운 경우도 많다. 심지어 위험한 부패 국가에서 투표권은 없느니만 못하다. 기후변화는 세계 모든 이에게 영향을 미치는 전 지구적 문제이므로 개방적인 민주주의 국가 유권자들은 투표를 통해 정부에게 즉각적이고 효과적인 대응을 촉구하는 메시지를 전달할 의무가 있다.

친환경 제품을 구입하고 일회용품 사용을 줄이는 환경 중시 소비자 운동도 물론 중요하지만, 정치인들이 기후변화를 무시한 대가로 권력을 잃을까 봐 두려워하지 않는 한 우리는 이대로 지지부진하고 위태로운 길을 걸을 것이다. 평소에 어떤 정당을 선호하든, 시민이자 유권자로서 우리는 기후변화 대응 정책을 내는 당에 투표함으로써 정치인들에게 크고 분명하게 기후변화가 중요한 사안이라는 메시지를 보낼 수 있다. 물론 시위를 하거나 환경 운동에 참여하는 방법도 있다. 다만 내가 여러 번 제안했듯이 그런 활동을 지역구 정치인에게 알리는 일이 중요하다. 메시지는 개인적이고 구체적이어야 한다(일반적인 편지나 이메일은 무시당하는 경우가 많다). 투표는 그저 설문 조사에서 '매우 우려함'에 체크하는 것과 다르다. '이런 우려에 어떻게 대처하는지 지켜보겠어'라고 더 직접적으로 표현하는 일이다.

9. 나만의 기후 이야기를 찾아라

나는 이 책의 첫머리에서 다른 사람들을 설득하려 할 때 다양한 신념과 인내의 이야기가 중요하다고 썼다. 이를 뒷받침하려고 농업인, 학자, 예술가, 운동가, 전시관 관장, 종교

지도자, 과학자들과 인터뷰하며 그들이 기후 관련 작업에서 어떻게 감정을 활용하고 자신의 감정을 관리하는지 살펴보았다.

기후변화를 이야기하는 한 가지 방법은 나만의 이야기를 찾는 것이다. 내가 이 문제를 어떻게 느끼는지, 시간이 흐르면서 그 감정이 어떻게 변했는지, 어떤 사람, 장소, 관습 때문에 이 문제에 관여하게 되었는지처럼 기후에 얽힌 개인적 이야기를 나누는 것은 고도로 정치화되고 '꽉 막힌' 대화를 뒤흔드는 한 방법이다. 바라건대, 대화 상대가 그에 공감하고 이해하며 나아가 자기 이야기와 감정을 들려줄 것이다.

하지만 '나의 이야기'에 그치지 않고 나의 지역사회와 기후변화 영향을 받는 다른 사람들 이야기로 확장해야 한다. 내가 이 책에서 강조하고 싶은 것도 라베타날라기 세루와 치도 고베라 이야기, 내가 수년간 만나 온 농업인들 이야기, 토레스 해협 주민들 이야기다. 나만의 기후 이야기꾼을 찾고 그들에게서 무엇을 배울 수 있는지 알아보자. 리베카 솔닛은 이렇게 말했다. "우리는 영웅 뒤에서 일하는 수많은 사람의 이야기에 서툴다."[12] 하지만 사회 변화는 한 개인이 아니라 다수가 한뜻으로 뭉쳐 행동할 때 일어난다. 우리는 다양한 사람들과 집단행동 이야기를 더 잘 전해야 한다.

★

이 책을 마무리할 때는 어느 토요일 아침에 텔레비전에서 아이들이 기후 시위를 벌이는 장면을 본 지 1년이 조금 넘었을 무렵이었다. 그동안 내 세상의 축이 바뀌었다. 기후변화에 관해 읽고, 쓰고, 성찰하는 1년은 필연적으로 감정의 폭풍을 다스리느라 애쓴 기간이기도 했다. 기본적으로 나는 과거보다 미래가 더 밝으리란 기대, 내 아이들이 나보다 나은 기회를 경험하리라는 확신을 잃었다.

사람들은 보통 상실을 겪을 때 엘리자베스 퀴블러 로스Elisabeth Kübler-Ross가 제시한 '애도의 5단계' 즉 부정, 분노, 타협, 우울, 수용을 하나씩 차례로 밟는다고 한다(물론 로스도 이 단계들을 꼭 선형적으로 경험하는 것은 아니라고 인정했지만 말이다). 사실 나는 스스로 기후변화를 부정하는 단계는 지났다고 생각한다. 다시 말해 기후변화를 '중요하긴 하나 내 삶을 희생하거나 반성하기에는 먼 문제'라고 보지 않는다. 하지만 이제 분노, 우울, 절망, 죄책감, 두려움을 자주, 복합적으로, 예상치 못한 방식으로 경험한다. 당분간은 끝이 보이지 않을 것 같다.

한편 그전보다 나아진 것은 다시금 희망하는 태도다. 회의적 행동주의는 일단 우리가 문제를 해결하기로 결단하면 집단의 힘을 보여 주리라는 확고한 믿음에 기반하고 있다. 그레타 툰베리가 코로나19가 범유행하는 와중에 말했듯이 "이 전염병은 끔찍하지만 우리에게 한 가지 교훈을 준다. 일단 위기에 빠지면 우리는 신속히 행동하고 습관을 바꾸며 위기를 위기처럼 대할 수 있다는 것이다."[13]

나는 미국 작가 매튜 윌번 킹Matthew Wilburn King의 말을 자주 되새긴다. "수많은 진화를 거쳐 이렇게 광범위한 문제를 일으킨 종은 없다. 하지만 이 문제를 해결할 비범한 능력을 지닌 다른 종도 없다."[14]

그리고 나는 계속해서, 거듭하여, 여지없이 사랑으로 돌아간다.

언제나 사랑이다.

감사의 말

기후변화 소통 분야에 큰 영향력을 미친 연구로 이 책을 쓰는 길을 이끌어 준 페르 에스펜 스토크네스와 조지 마셜에게 깊은 감사를 전한다.

나를 전 세계 훌륭한 기후 소통 전문가들에게 연결해 준 린 도에게 특별한 감사를, 귀한 시간을 내어 나와 이야기하고 아이디어를 나눠 준 그랜트 맥다월, 아쿠푸나 무윤다, 켄 베를린, 스테이시 팩스턴 코보스, 댄 카니넨, 그리고 쓰는 과정에서 친구이자 동료로서 지지해 준 펠리시티 웨이드, 린던 슈나이더, 데이미언 오그던, 제임스 브래들리, 오언 웨어햄, 켈리 더스트, 서실리아 앤서니, 루이즈 와그너, 목샤 와츠, 린다 스콧, 딘 헤드, 에이미 스톡웰, 사라 맥도널드, 카먼 로런스, 엘로이즈 스피처에게 감사 인사를 전한다. 내 직장 동료들(특히 피노, 조시, 리아)의 이해와 인내에 미안함과 고마움을 전한다. 세계자연기금 호주 지부의 멋진 분들, 호주와 미국의 기후현실 팀, 예일대 기후 소통 프로그램의 리사 페르난데스, 토니 레이세로위츠, 패리시 버그퀴스트,

세스 로즌솔, 맷 골드버그, 애들레이드대학교 캐럴 존슨 교수와 마사 아우구스티노스 교수에게 감사드린다.

뛰어난 연구 조력자인 이저벨라 보들러, 언제나처럼 이 프로젝트에도 출판 대리인 이상으로 신경을 써 준 캐머런 매니지먼트의 진 릭만스, 열정과 헌신으로 똘똘 뭉친 머독북스 루 존슨, 줄리 머주어 트라이브, 캐럴 워릭, 니컬라 영, 그리고 특히 제인 모로에게 감사의 뜻을 표한다.

마지막으로 내가 글을 쓰는 동안 아이들의 주의를 끌어 준 내 남편 대니얼 애로와 시댁 식구들, 그리고 가끔 친정에서 글을 쓰도록 허락해 준 엄마와 그레이엄에게 감사와 사랑을 전한다.

추천 자료와 더 읽을거리

다음은 내가 이 책을 위해 인터뷰한 사람들의 정보와 내가 유용하다고 생각하는 자료, 저자와 철학자 들의 목록이다.

인물

짐 안탈Jim Antal
  트위터 @JimAntal
  웹사이트 jimantal.com
데이비드 피니건David Finnigan
  웹사이트 davidfinig.com
치도 고베라Chido Govera
  트위터 @chygovera
  웹사이트 thefutureofhope.org
탄야 하Tanya Ha
  트위터 @Ha_Tanya
메리 아나이스 헤글러Mary Annaïse Heglar
  트위터 @MaryHeglar
데이지 제프리Daisy Jeffrey
  트위터 @DaisyJeffrey2
  관련 웹사이트 schoolstrike4climate.com
토니 레이세로위츠Anthony Leiserowitz
  트위터 @ecotone2
  예일대 기후 소통 프로그램 climatecommunication.yale.edu

팟캐스트 yaleclimateconnections.org > Climate Connections pod
cast

조지 마셜George Marshall

트위터 @climategeorge

웹사이트 climateconviction.org

책 《기후변화의 심리학Don't Even Think about It: Why Our Brains Are
Wired to Ignore Climate Change》

미란다 마시Miranda Massie

트위터 @MirandaKSMassie

기후 전시관 climatemuseum.org

애나 오포사Anna Oposa

트위터 @annaoposa

웹사이트 annaoposa.ph

카시아 리드Cassia Read

트위터 @cassiaread

기후 깃발 프로젝트 climateflags.org

애나 로즈Anna Rose

웹사이트 annarose.net.au

라베타날라기 세루Lavetanalagi Seru

트위터 @lagiseru

페이스북 facebook.com/Alliance4FutureGenerations

제임스 마셜 셰퍼드J. Marshall Shepherd

트위터 @DrShepherd2013

페르 에스펜 스토크네스Per Espen Stoknes

트위터 @estoknes

웹사이트 stoknes.no

책 《우리가 지구온난화를 생각하고 싶지 않을 때 생각하는 것What We
Think about When We Try Not to Think about Global Warming: Toward

a New Psychology of Climate Action》

캐서린 윌킨슨Katharine Wilkinson

　　트위터 @DrKWilkinson

　　웹사이트 kkwilkinson.com

책

《기후Climate: A new story》 찰스 아이젠스타인

《기후변화 플레이북The Climate Change Playbook: 22 systems thinking
　　games for more effective communication about climate change》 데니
　　스 메도스, 린다 부스 스위니, 질리언 마틴 마허스

《기후 혁명 부모 가이드The Parents' Guide to Climate Revolution: 100 ways
　　to build a fossil-free future, raise empowered kids, and still get a good
　　night's sleep》 메리 디모커

《바른 마음The Righteous Mind: Why good people are divided by politics and
　　religion》 조너선 하이트

《생각에 관한 생각Thinking, Fast and Slow》 대니얼 카너먼

《생태문학Ecoliterate: How educators are cultivating emotional, social, and
　　ecological intelligence》 대니얼 골먼, 리사 베넷, 제노비아 발로우

《액티브 호프Active Hope: How to face the mess we're in without going cra-
　　zy》 조애나 메이시, 크리스 존스턴

웹사이트

굿 그리프 네트워크 goodgriefnetwork.org

기후현실 프로젝트 climaterealityproject.org

심층 적응 포럼 deepadaptation.info

MAD madfeed.co

기후변화 관련 정신 건강에 대한 유용한 지침

미국심리학회American Psychological Association
apa.org/news/press/releases/2017/03/mental-health-climate.
pdf
영국심리학회British Psychological Society
bps.org.uk/topics/nature-and-environment
호주심리학회Australia Psychological Society
psychology.org.au/for-the-public/Psychology-Topics/Climate-c
hange-psychology

팟캐스트

Climate Conversations
주로 기후 해법에 관한 연구와 행동주의에 초점을 맞추며 게스트들과 기
후변화 소통을 논의하는 MIT 주간 팟캐스트.

Hello Climate Change
자칭 기후변화에 눈뜬 평범한 백인 중산층 미국인 에이미 칼리셔가 가족
과 친구들과 함께 기후 활동을 통해 시민의 힘을 되찾으려고 노력하는 이
야기.

Hot Take
메리 아나이스 헤글러와 에이미 웨스터벨트는 미디어와 운동권에서 기
후변화가 논의되는 방식을 살피고 비백인들의 관점과 행동주의를 강조
하며 긴요한 교차 접근법을 취한다.

Mothers of Invention
전 아일랜드 대통령 메리 로빈슨과 코미디언 매브 히긴스가 기후 정의를
위해 일하는 전 세계 여성들을 소개한다.

My Climate Journey
어느 소프트웨어 기업가가 기후변화에 도움이 되는 일을 중심으로 자신의

경력을 재설정하기 위해 탐색하는 이야기.

영화

〈2040〉

　　우리가 최상의 기후변화 해결책을 수용한다면 어떤 미래가 펼쳐질지 데이먼 가뮤 감독이 생생하고 유쾌하게 그린다.

〈가장 크고도 자그만 농장The Biggest Little Farm〉

　　다큐멘터리 제작자와 요리사가 로스앤젤레스 외곽에 0.8제곱킬로미터 규모의 농장을 차린다. 척박해져 가는 자연 생태계에 맞춰 농사를 지으려는 그들의 시도에 가슴이 뭉클해진다.

〈만물의 크기The Magnitude of All Things〉

　　제니퍼 애보트가 기후 위기의 감정적, 심리적 측면을 살펴보고 세계를 여행하며 슬픔과 희망 사이의 관계를 탐구한다.

〈섬 대통령The Island President〉

　　세계 최저 지대 나라 몰디브의 모하메드 나시드 대통령이 국가가 밀물에 휩쓸리는 것을 막으려고 애쓰는 모습을 그린 영화.

〈인류학자The Anthropologist〉

　　환경 인류학자 수전 크레이트와 사춘기 딸 케이티가 기후변화에 위협받는 전 세계 원주민 공동체를 찾아가는 모험을 그린 영화.

〈탄소 국가Carbon Nation〉

　　기후변화에 대처 가능한 해결책을 찾는 낙관적인 영화. 기후변화 대처가 경제를 활성화하고 건강과 국가 안보를 강화할 수 있다는 주장을 친절하고 초당파적으로 전개한다.

추천 자료와 더 읽을거리　　　　　287

주

머리말: 심경의 변화

1   Rob Law, 'I have felt hopelessness over climate change. Here is how we move past the immense grief', *The Guardian*, 9 May 2019, *theguardian.com/commentisfree/2019/may/09/i-have-felt-hopelessness -over-climate-change-here-is-how-we-move-past-the-immense-grief*.

2   Greta Thunberg, 'The disarming case to act right now on climate change', TED×Stockholm, November 2018, *ted.com/talks/greta _thunberg_the_disarming_case_to_act_right_now_on_climate_change*.

3   Per Espen Stoknes, *What We Think About When We Try Not to Think About Global Warming: Toward a new psychology of climate action*, White River Junction, Vermont: Chelsea Green Publishing, 2015, p. 132.

4   같은 책, p. 133.

5   같은 책, p. 133.

6   Thunberg, 'The disarming case to act'.

1장 논리의 문제점

1   Edward O. Wilson, *Half-Earth: Our planet's fight for life*, New York: W. W. Norton & Co., 2016, p. 1. 에드워드 윌슨, 《지구의 절반》, 이한음 옮김, 2017.

2   Stoknes, *What We Think About*, pp. 38-39.

3   같은 책, p. 81.

4   같은 책, p. 81.

5   Nathaniel Rich, *Losing Earth: The decade we could have stopped climate change*, New York: Picador, 2019, p. 180, p. 200. 너새니얼 리치,《잃어버린 지구》, 김학영 옮김, 윤신영 해제, 시공사, 2021.

6   같은 책, p. 5.

7   George Marshall, *Don't Even Think About It: Why our brains are wired to ignore climate change*, London: Bloomsbury, 2014, p. 121. 조지 마셜,《기후변화의 심리학》, 이은경 옮김, 갈마나무, 2018.

2장 감정으로 가는 첫걸음

1   'Episode 42: Anthony Leiserowitz', CleanCapital *cleancapital.com/2019/03/episode-42-anthony-leiserowitz* 참고.

2   더 많은 정보를 얻고 싶다면 다음 자료를 참고하라. 'Global warming's Six Americas', Yale Program on Climate Change Communication, *climatecommunication.yale.edu/about/projects/global-warmings-six-americas*.

3   Rich, *Losing Earth*, p. 5.

4   같은 책, p. 42.

5   같은 책, pp. 41-42.

6   같은 책, p. 45.

7   Mike Hulme, *Why We Disagree About Climate Change: Understanding controversy, inaction and opportunity*, Cambridge: Cambridge University Press, 2009, p. 364.

8   Anthony A. Leiserowitz, 'American risk perceptions: is climate change dangerous?', *Risk Analysis*, 2005, vol. 25, no. 6, pp. 1433-1442.

9   Lorraine Whitmarsh, 'Scepticism and uncertainty about climate change: dimensions, determinants and change over time', *Global Environmental Change*, 2011, vol. 21, no. 2, pp. 690-700.

10 Bruce Tranter, 'It's only natural: conservatives and climate change in Australia', *Environmental Sociology*, 2017, vol. 3, no. 3, pp. 274-285.

11 Isobel Gladston & Trevelyan Wing, 'Social media and public polarization over climate change in the United States', Climate Institute (US), 27 August 2019, *climate.org/social-media-and-public-polarization-over-climate-change-in-the-united-states*.

12 Bruce Stokes, Richard Wike & Jill Carle, 'Global concern about climate change, broad support for limiting emissions', Pew Research Center, 5 November 2015, *pewresearch.org/global/2015/11/05/global-concern-about-climate-change-broad-support-for-limiting-emissions*.

13 J. Marshall Shepherd, '3 kinds of bias that shape your worldview', TED×UGA, March 2018, *ted.com/talks/j_marshall_shepherd_3_kinds_of_bias_that_shape_your_worldview* 참고.

3장 소녀 환경 운동가들

1   Danielle F. Lawson 외, 'Children can foster climate change concern among their parents', *Nature Climate Change*, 2019, vol. 9, pp. 458-462 참고.

2   같은 책, p. 459.

3   같은 책, p. 460.

4   같은 책, p. 460.

5   Sifan Hu & Jin Chen, 'Place-based inter-generational communi-

cation on local climate improves adolescents' perceptions and willingness to mitigate climate change', *Climatic Change*, 2016, vol. 138, pp. 425-438 참고.

6   같은 책, p. 428.

7   같은 책, p. 425.

8   같은 책, p. 436.

9   Marshall, *Don't Even Think About It*, p. 187.

10 같은 책, p. 191.

11 이 연구에 관한 논쟁은 다음 자료를 참고하라. 2019 Melbourne Sustainable Society Institute Oration, 'Renewing democracy in a time of environmental crisis', *sustainable.unimelb.edu.au/past-eve nts/mssi-oration-with-rebecca-huntley*.

12 Marshall, *Don't Even Think About It*, p. 189.

13 같은 책, p. 190.

14 'Transcript: Greta Thunberg's speech at the U.N. Climate Action Summit', NPR, 23 September 2019, *npr.org/2019/09/23/763452863 /transcript-greta-thunbergs-speech-at-the-u-n-climate-action-summit*.

15 Katharine Wilkinson, 'How empowering women and girls can help stop global warming', TEDWomen 2018, November 2018, *ted.com/talks/katharine_wilkinson_how_empowering_women_and_ girls_can_help_stop_global_warming*.

16 같은 강연.

17 같은 강연.

18 Daniel A. Chapman, Brian Lickel & Ezra M. Markowitz, 'Reassessing emotion in climate change communication', *Nature Climate Change*, 2017, vol. 7, pp. 850-852.

주

1   Daniel Szyncer, quoted in Eve Glicksman, 'Your brain on guilt and shame', 12 September 2019, *brainfacts.org/thinking-sensing -and-behaving/emotions-stress-and-anxiety/2019/your-brain-on-guilt -and-shame-091219*.

2   Glicksman, 'Your brain on guilt and shame'. 이 기사를 쓴 저자는 루트비히막시밀리안대학교 연구자들을 언급하고 있다.

3   Stoknes, *What We Think About*, p. 60.

4   같은 책, p. 5.

5   Stokes 외, 'Global concern about climate change' 참고.

6   Marshall, *Don't Even Think About It*, p. 193.

7   Jonas H. Rees, Sabine Klug & Sebastian Bamberg, 'Guilty conscience: motivating pro-environmental behaviour by inducing negative moral emotions', *Climatic Change*, 2015, vol. 130, pp. 439-452.

8   Claudia R. Schneider 외, 'The influence of anticipated pride and guilt on pro-environmental decision making', 2017, *PLoS ONE*, vol. 12, no. 11, article no. e0188781, *doi.org/10.1371/journal.pone.01 88781*.

9   Hang Lu & Jonathon P. Schuldt, 'Compassion for climate change victims and support for mitigation policy', *Journal of Environmental Psychology*, 2016, vol. 45, pp. 192-200.

10 Schneider 외, 'The influence of anticipated pride and guilt'.

11 Ben Doherty & Michael Slezak, '"The island is being eaten": how climate change is threatening the Torres Strait', *The Guardian*, 13 July 2017, *theguardian.com/environment/2017/jul/13/the-island-is- being-eaten-how-climate-change-is-threatening-the-torres-strait*.

12 Annah Piggott-McKellar, Karen Elizabeth McNamara & Patrick D. Nunn, 'Climate change forced these Fijian communities to move—and with 80 more at risk, here's what they learned', The Conversation, 30 April 2019, *theconversation.com/climate-change-forced-these-fijian-communities-to-move-and-with-80-more-at-risk-heres-what-they-learned-116178*.

13 Lu & Schuldt, 'Compassion for climate change victims', p. 194.

14 같은 문헌, p. 192.

15 같은 문헌, p. 197.

5장 공포

1 David Wallace-Wells, *The Uninhabitable Earth: A story of the future*, New York: Penguin Press, 2019, p. 3. 《2050 거주불능 지구》, 김재경 옮김, 추수밭, 2020.

2 Per Espen Stoknes, 'How to transform apocalypse fatigue into action on global warming', TEDGlobal>NYC, September 2017, *ted.com/talks/per_espen_stoknes_how_to_transform_apocalypse_fatigue_into_action_on_global_warming?language=en*.

3 Stoknes, *What We Think About*, p. 31.

4 Hulme, *Why We Disagree About Climate Change*, p. 14.

5 같은 책, p. 13.

6 같은 책, p. 2.

7 Stoknes, *What We Think About*, pp. 45-46.

8 같은 책, p. 40.

9 Rich, *Losing Earth*, p. 40.

10 같은 책, p. 112.

11 Stoknes, *What We Think About*, p. 27.

12   같은 책, p. 44.

13   Allan Mazur, *True Warnings and False Alarms: Evaluating fears about the health risks of technology*, London: Routledge, 2004 참고.

14   Stoknes, *What We Think About*, p. 45.

15   같은 책, p. 44.

16   Brigitte Nerlich & Rusi Jaspal, 'Images of extreme weather: symbolising human responses to climate change', *Science as Culture*, 2014, vol. 23, no. 2, pp. 253-276.

17   Lisa Zaval 외, 'How warm days increase belief in global warming', *Nature Climate Change*, 2014, vol. 4, pp. 143-147.

18   Allan Mazur, 'Global warming in the fickle news', *Social Science and Public Policy*, 2019, vol. 56, pp. 613-619 참고.

19   Parrish Bergquist & Christopher Warshaw, 'Does global warming increase public concern about climate change?', 23 July 2018, *chriswarshaw.com/papers/ClimateOpinion_180322_public.pdf*.

20   같은 문헌, p. 2.

21   같은 문헌, p. 2.

22   Rich, *Losing Earth*, p. 208.

23   Saffron O'Neill & Sophie Nicholson-Cole, '"Fear won't do it": promoting positive engagement with climate change through visual and iconic representations', *Science Communication*, 2009, vol. 30, no. 3, pp. 355-379.

24   Jochen Kleres & Åsa Wettergren, 'Fear, hope, anger, and guilt in climate activism', *Social Movement Studies*, 2017, vol. 16, no. 5, pp. 507-519, p. 507.

25   Sarah Wolfe & Amit Tubi, 'Terror management theory and mortality awareness: a missing link in climate response studies?', *Climate Change*, 2019, vol. 10, article no. e566, p. 5.

26　Christofer Skurka 외, 'Pathways of influence in emotional appeals: benefits and trade-offs of using fear or humor to promote climate change-related intentions and risk perceptions', *Journal of Communication*, 2018, vol. 68, no. 1, pp. 169-193.

27　Maxwell Boykoff & Beth Osnes, 'A laughing matter? Confronting climate change through humor', *Political Geography*, 2019, vol. 68, pp. 154-163.

28　N. Biddle 외, 'Exposure and the impact on attitudes of the 2019–20 Australian bushfires', ANU Centre for Social Research and Methods, 2020, *csrm.cass.anu.edu.au/research/publications/exposure-and-impact-attitudes-2019-20-australian-bushfires-0* 참고.

29　Ben Doherty, 'Climate summit calls for urgent action after Australia's fire-hit summer', *The Guardian*, 15 February 2020, *theguardian.com/environment/2020/feb/15/climate-summit-calls-for-urgent-action-after-australias-fire-hit-summer*.

6장 분노

1　Ted Brader & Nicholas A. Valentino, 'Identities, interests, and emotions: symbolic versus material wellsprings for fear, anger, and enthusiasm', W. Russell Neuman 외 편저, *The Affect Effect: Dynamics of emotion in political thinking and behavior*, Chicago: University of Chicago Press, 2007, pp. 180-201, 183.

2　Leonie Huddy, Stanley Feldman & Erin Cassese, 'On the distinct political effects of anxiety and anger', Neuman 외 편저, *The Affect Effect*, pp. 202-230, 206.

3　Chapman 외, 'Reassessing emotion in climate change communication', p. 851.

4   Will Coldwell, 'Anger is an energy: how to turn fury into a force for good', *The Guardian*, 13 May 2019, © Guardian Media Ltd 2020, *theguardian.com/lifeandstyle/2019/may/13/anger-interviews*.

5   Kleres & Wettergren, 'Fear, hope, anger, and guilt in climate activism', p. 514.

6   Marshall, *Don't Even Think About It*, p. 34.

7   같은 책, p. 41.

8   E.M. Cody 외, 'Climate change sentiment on Twitter: an unsolicited public opinion poll', *PLoS ONE*, 2015, vol. 10, no. 8, article no. e0136092, *doi.org/10.1371/journal.pone.0136092*.

9   Ashley A. Anderson, 'Effects of social media use on climate change opinion, knowledge, and behavior', *Oxford Research Encyclopedia of Climate Science*, March 2017, *10.1093/acrefore/97801902 28620.013.369*.

10 Hang Lu & Jonathon P. Schuldt, 'Exploring the role of incidental emotions in support for climate change policy', *Climatic Change*, 2015, vol. 131, pp. 719-726, 724.

11 Huddy 외, 'On the distinct political effects', p. 228.

12 Stoknes, *What We Think About*, p. 179.

13 Marshall, *Don't Even Think About It*, p. 42.

14 Margaret V. du Bray 외, 'Emotion, coping, and climate change in island nations: implications for environmental justice', Environmental Justice, 2017, vol. 10, no. 4, pp. 102-107, 106.

15 Stoknes, *What We Think About*, p. 179.

16 Blanche Verlie, 'Bearing worlds: learning to live-with climate change', *Environmental Education Research*, 2019, vol. 25, no. 5, pp. 751-766.

17 Jonathan Haidt, *The Righteous Mind: Why good people are divided*

by politics and religion, New York: Penguin, 2012, p. 127.

18   같은 책, p. 127.

19   Marshall, *Don't Even Think About It*, chapter 9 참고.

7장 부정

1   Stoknes, *What We Think About*, p. 16.

2   같은 책, p. 17.

3   같은 책, p. 10.

4   Andrew J. Hoffman, 'Talking past each other? Cultural framing of skeptical and convinced logics in the climate change debate', Ross School of Business Working Paper no. 1154, February 2011, *hdl.handle.net/2027.42/83161*, p. 6.

5   Stoknes, *What We Think About*, p. 82.

6   같은 책, p. 17.

7   같은 책, p. 74.

8   Stephan Lewandowsky, John Cook & Elisabeth Lloyd, 'The "Alice in Wonderland" mechanics of the rejection of (climate) science: simulating coherence by conspiracism', *Synthese*, 2018, vol. 195, pp. 175-196.

9   Aaron M. McCright & Riley E. Dunlap, 'Cool dudes: the denial of climate change among conservative white males in the United States', *Global Environmental Change*, 2011, vol. 21, no. 4, pp. 1163-1172.

10   Jonas Anshelm & Martin Hultman, 'A green fatwa? Climate change as a threat to the masculinity of industrial modernity', *International Journal of Masculinity Studies*, 2015, vol. 9, no. 2, pp. 84-96.

11   Gordon Gauchat, 'Politicization of science in the public sphere: a study of public trust in the United States, 1974 to 2010', *American Sociological Review*, 2012, vol. 77, no. 2, pp. 167-187.

12   Matthew Smith, 'International poll: most expect to feel impact of climate change, many think it will make us extinct', YouGov, 15 September 2019, *yougov.co.uk/topics/science/articles-reports/2019 /09/15/international-poll-most-expect-feel-impact-climate*.

13   Bruce Tranter, 'Climate scepticism in Australia and in international perspective', in S. Wilson & M. Hadler 편저, *Australian Social Attitudes IV*, Sydney: Sydney University Press, 2018, pp. 81-98.

14   'Annual surveys of Australian attitudes to climate change', CSIRO, 20 June 2019, *csiro.au/en/Research/LWF/Areas/Pathways/Climate -change/Climate-attitudes-survey*.

15   Pam Wright, '87 per cent of Americans unaware there's scientific consensus on climate change', Weather Channel, 11 July 2017, *weather.com/science/environment/news/americans-climate-change -scientific-consensus*.

16   Hulme, *Why We Disagree About Climate Change*, p. 83.

17   Stoknes, *What We Think About*, p. 14.

18   Marshall, *Don't Even Think About It*, p. 36.

19   Anna Rose, *Madlands: A journey to change the mind of a climate sceptic*, Melbourne: Melbourne University Press, 2012, p. 5.

20   Rose, *Madlands*, p. 185.

21   같은 책, p. 183.

22   같은 책, p. 267.

23   Mark Hoofnagle, 'About—What is denialism?', Denialism (blog), 30 April 2007, *denialism.com/about* 참고.

24   Rose, *Madlands*, p. 127.

25   같은 책, p. 143.

26   Marshall, *Don't Even Think About It*, p. 4.

8장 절망

1   'The psychological effects of global warming', US National Wild-
     life Federation, 12 March 2012, *nwf.org/en/Educational-Resources/
     Reports/2012/03-12-2012-Psychological-Effects-Global-Warming*.

2   Madeleine Thomas, 'Climate depression is for real. Just ask a sci-
     entist', Grist, 28 October 2014, *grist.org/climate-energy/climate-de
     pression-is-for-real-just-ask-a-scientist*.

3   Wallace-Wells, *The Uninhabitable Earth*, p. 207.

4   Bruno Latour, *Down to Earth: Politics in the new climatic regime*,
     Cambridge: Polity Press, 2017, p. 6.

5   Diana Younan 외, 'Long-term ambient temperature and external-
     izing behaviors in adolescents', *American Journal of Epidemiology*,
     2018, vol. 187, no. 9, pp. 1931-1941.

6   Nick Obradovich의 학술 연구 모음(구글 학술 검색 결과) 참고, *scholar.
     google.com/citations?user=sAxggesAAAAJ&hl=en*.

7   American Psychological Association Task Force on the Interface
     Between Psychology and Global Climate Change, 'Psychology
     and global climate change: addressing a multi-faceted phenome-
     non and set of challenges', American Psychological Association,
     2009, *apa.org/science/about/publications/climate-change*. 미국정신
     의학학회에서도 이와 비슷한 보고서를 발표한 바 있다. 'How extreme
     weather events affect mental health', American Psychiatric Asso-
     ciation, *psychiatry.org/patients-families/climate-change-and-mental*

-health-connections/affects-on-mental-health 참고.

8   Latour, *Down to Earth*, p. 6.

9   Thomas J. Doherty & Susan Clayton, 'The psychological impacts of global climate change', *American Psychologist*, 2011, vol. 66, no. 4, pp. 265-276.

10   같은 문헌, p. 269.

11   'David Buckel, prominent New York LGBT lawyer, dies after setting himself on fire', *The Guardian*, 15 April 2018, *theguardian.com /us-news/2018/apr/15/david-buckel-prominent-new-york-lgbt-lawyer -dies-after-setting-himself-on-fire*.

12   Caitlin Fitzsimmons, '"It doesn't feel justifiable": the couples not having children because of climate change', *Sydney Morning Herald*, 22 September 2019, *smh.com.au/lifestyle/life-and-relationships /it-doesn-t-feel-justifiable-the-couples-not-having-children-because-of -climate-change-20190913-p52qxu.html?btis*.

13   이와 관련해서는 David Wallace-Wells, *The Uninhabitable Earth*, 'Ethics at the end of the world'를 참고하라.

14   H.E. Erskine 외, 'The global coverage of prevalence data for mental disorders in children and adolescents', *Epidemiology and Psychiatric Sciences*, 2017, vol. 26, no. 4, pp. 395-402.

15   호주의 경우 Mission Australia's Annual Youth Survey, *missionaustralia.com.au/what-we-do/research-impact-policy-advocacy/youth -survey* 참고. 영국의 경우 the UK arm of the YMCA, 'A different world: the challenges facing young people', 2019, *ymca.org.uk/wp -content/uploads/2019/02/Challenges-facing-young-people.pdf* 참고. 미국의 경우 2019 Pew study by Juliana Menasce Horowitz & Nikki Graf, 'Most U.S. teens see anxiety and depression as a major problem among their peers', Pew Center, 20 February 2019, *pewsocial-*

trends.org/2019/02/20/most-u-s-teens-see-anxiety-and-depression
-as-a-major-problem-among-their-peers 참고.

16 Erskine 외, 'The global coverage of prevalence data'.

17 Susie E.L. Burke, Ann V. Sanson & Judith Van Hoorn, 'The psychological effects of climate change on children', *Current Psychiatry Reports*, 2018, vol. 20, article no. 35, p. 35.

18 Blanche Verlie, 'The terror of climate change is transforming young people's identity', The Conversation, 15 March 2019, *the conversation.com/the-terror-of-climate-change-is-transforming-young -peoples-identity-113355*.

19 Wallace-Wells, *The Uninhabitable Earth*, p. 11.

20 Rebecca Huntley, *Australia Fair, Listening to the Nation*, 2019, Melbourne: Black Inc., p. 4.

21 James Purtill, 'Breaking up over climate change: my deep dark journey into doomer Facebook', ABC Triple J Hack, 7 November 2019, *abc.net.au/triplej/programs/hack/breaking-up-over-climate- change-my-journey-into-doomer-facebook/11678736*.

22 Daniel Kahneman; Marshall, *Don't Even Think About It*, p. 56에서 재인용.

23 같은 책, p. 93.

24 Terry Patten, 'Radical adaptation', *Dumbo Feather*, 2019, no. 61, p. 12.

25 Raymond De Young, 'Transitioning to a new normal: how ecopsychology can help society prepare for the harder times ahead', *Ecopsychology*, 2013, vol. 5, no. 4, pp. 237-239.

26 Wallace-Wells, *The Uninhabitable Earth*, p. 8.

27 Hannah Malcolm, 'Apocalypse soon: rejecting despair and denial about climate change', Theos, 9 October 2018, *theosthinktank.*

co.uk/comment/2018/10/09/apocalype-soon-rejecting-despair-and
-denial-about-climate-change.

28   Jem Bendell, 'Deep Adaptation: a map for navigating climate
      tragedy', IFLAS Occasional Paper 2, *lifeworth.com/deepadaptation.*
      pdf.

29   같은 문헌.

30   같은 문헌.

31   Kathryn Stevenson & Nils Peterson, 'Motivating action through
      fostering climate change hope and concern and avoiding despair
      among adolescents', *Sustainability*, 2016, vol. 8, no. 1, article no. 6.

9장 희망

1   'A global cooking community with an appetite for change', MAD,
      madfeed.co/video/help-shape-the-future-of-mad-2.

2   Rich, *Losing Earth*, p. 77.

3   Barbara L. Frederickson, 'Why choose hope?', *Psychology Today*,
      23 March 2009, *psychologytoday.com/blog/positivity/200903/why*
      -choose-hope.

4   Neil D. Weinstein, 'Unrealistic optimism about future life events',
      Journal of Personality and Social Psychology, 1980, vol. 39, no. 5, pp.
      806-820.

5   예일대 기후 소통 프로그램은 '미국인의 여섯 가지 태도 연구Six Amer-
      icas' 프로젝트를 통해 미국인 대다수가 평생 기후변화의 영향을 받지 않
      으리라고 생각한다는 점을 발견했다. 하지만 적어도 호주에서는 이런 경
      향이 점점 바뀌는 추세다. 〈ABC〉 방송이 최근 실시한 설문 조사에서는 응
      답자 70퍼센트가 기후변화를 개인에 영향을 미치는 가장 긴급한 이슈로
      꼽았다. (Annabel Crabb, 'Australia Talks National Survey reveals

what Australians are most worried about', ABC News, 8 October 2019, *abc.net.au/news/2019-10-08/annabel-crabb-australia-talks-what-australians-worry-about/11579644* 참고.) 이와 관련한 설문 조사 데이터는 혼재하지만, 일부 인구가 기후변화를 자신과 관련 없는 먼 이슈로 보는 경향은 여전히 강하다.

6   Ezra M. Markowitz & Azim F. Shariff, 'Climate change and moral judgement', *Nature Climate Change*, 2012, vol. 2, pp. 243-247, p. 244.

7   Marshall, *Don't Even Think About It*, pp. 148-149.

8   Victoria Campbell-Arvai 외, 'The influence of learning about carbon dioxide removal (CDR) on support for mitigation policies', *Climatic Change*, 2017, vol. 143, pp. 321-336.

9   Stokes 외, 'Global concern about climate change' 참고.

10 P. Sol Hart & Lauren Feldman, 'The impact of climate change-related imagery and text on public opinion and behavior change', *Science Communication*, 2016, vol. 38, no. 4, pp. 415-441.

11 Hang Lu, 'The effects of emotional appeals and gain versus loss framing in communicating sea star wasting disease', *Science Communication*, 2016, vol. 38, no. 2, pp. 143-169.

12 Richard S. Lazarus, *Emotion and Adaptation*, New York: Oxford University Press, 1991, p. 285.

13 Stoknes, *What We Think About*, p. 222.

14 Rebecca Solnit의 웹사이트, 'Hope in the dark: untold histories, wild possibilities', *rebeccasolnit.net/book/hope-in-the-dark-untold-histories-wild-possibilities* 참고.

15 Laurie Mazur, 'Susanne Moser holds hope lightly', *Dumbo Feather*, 2019, no. 61, p. 85.

16 Kleres & Wettergren, 'Fear, hope, anger, and guilt in climate ac-

tivism', p. 513.

17   Marshall, *Don't Even Think About It*, p. 27.

18   Matthew H. Goldberg 외, 'Perceived social consensus can reduce ideological biases on climate change', *Environment and Behavior*, 2019, *doi.org/10.1177/0013916519853302*.

19   이 사례 연구를 알려준 카먼 로런스에게 감사 인사를 전한다. 'Flex your power', Environmental Policy Center, *epolicycenter.org/flex-your -power* 참고.

20   Veronika Budovska, Antonio Torres Delgado & Torvald Øgaard, 'Pro-environmental behaviour of hotel guests: application of the theory of planned behaviour and social norms to towel reuse', *Tourism and Hospitality Research*, 2020, vol. 20, no. 1, pp. 105-116.

21   Matt Apuzzo & David D. Kirkpatrick, 'Covid-19 changed how the world does science, together', *New York Times*, 1 April 2020, *ny times.com/2020/04/01/world/europe/coronavirus-science-research-co operation.html?referringSource=articleShare*.

22   Stokes 외, 'Global concern about climate change' 참고.

10장 상실

1   Huntley, *Australia Fair*, p. 19.

2   Nick Baker, 'How a climate change study from 12 years ago warned of this horror bushfire season', SBS News, 6 January 2020, *sbs.com.au/news/how-a-climate-change-study-from-12-years-ago-warned-of-this-horror-bushfire-season* 참고.

3   Daniel Kahneman & Amos Tversky, 'Prospect theory: an analysis of decision under risk', *Econometrica*, 1979, vol. 47, no. 2, pp. 263-292.

4 테스트(와 이것의 결점)에 관한 더 많은 정보는 'The Stanford marsh-mallow experiment: how self-control affects your success in life', Effectiviology, *effectiviology.com/stanford-marshmallow-experiment-self-control-willpower* 참고.

5 Marshall, *Don't Even Think About It*, p. 66.

6 James Fernyhough, 'Climate change on track to make world "uninsurable": IAG', *Australian Financial Review*, 15 November 2018, *afr.com/companies/financial-services/climate-change-on-track-to-make-world-uninsurable-iag-20181115-h17xu5* 참고.

7 Rose, *Madlands*, p. 296.

8 '6 global warming skeptics who changed their minds', The Week, 1 September 2010, *theweek.com/articles/491378/6-global-warming-skeptics-who-changed-minds* 참고. Ross Pomeroy, 'Trump's NASA chief changed his mind on climate change. He is a scientific hero', Space.com, 12 June 2018, *space.com/40857-trumps-nasa-chief-changed-his-mind-on-climate-change-he-is-a-scientific-hero.html* 참고.

9 Stoknes, *What We Think About*, p. 111.

10 같은 책, p. 111.

11 Susie Wang 외, 'Emotions predict policy support: why it matters how people feel about climate change', *Global Environmental Change*, 2018, vol. 50, pp. 25-40.

12 Glenn Albrecht, 'The age of solastalgia', The Conversation, 7 August 2012, *theconversation.com/the-age-of-solastalgia-8337*.

13 Susanne C. Moser, 'Navigating the political and emotional terrain of adaptation: community engagement when climate change comes home', S.C. Moser & M.T. Boykoff 편저, *Successful Adaptation to Climate Change: Linking science and policy in a rapidly changing world*, London: Routledge, 2013, pp. 289-305.

14   'Dalai Lama says strong action on climate change is a human responsibility', *The Guardian*, 20 October 2015, *theguardian.com/environment/2015/oct/20/dalai-lama-says-strong-action-on-climate-change-is-a-human-responsibility*.

15   'Pope Francis encyclical and climate change', Catholic Climate Covenant, *catholicclimatecovenant.org/encyclical*.

16   The Evangelical Environmental Network의 웹사이트, *creationcare.org*.

17   Matthew H. Goldberg 외, 'A social identity approach to engaging Christians in the issue of climate change', *Science Communication*, 2019, vol. 41, no. 4, pp. 442-463.

18   Panu Pihkala, 'Eco-anxiety, tragedy and hope: psychological and spiritual dimensions of climate change', *Zygon*, 2018, vol. 53, no. 2, pp. 545-569.

19   Marshall, *Don't Even Think About It*, p. 216.

20   Andrew J. Hoffman, 'Climate science as culture war', Ross School of Business Working Paper no. 1361, June 2012, *hdl.handle.net/2027.42/136210*, p. 11.

21   'Katharine Hayhoe', Nova, 3 April 2011, *pbs.org/wgbh/nova/article/katharine-hayhoe* 참고.

22   Jim Antal, *Climate Church, Climate World: How people of faith must work for change*, Lanham, Maryland: Rowman & Littlefield Publishers, 2018., Tom Montgomery Fate, 'Do you believe in God? Then you have a moral duty to fight climate change, writes Jim Antal', *Chicago Tribune*, 18 April 2018, *chicagotribune.com/entertainment/books/ct-books-climate-jim-antal-0422-story.html*.

23   Marshall, *Don't Even Think About It*, p. 225.

24   같은 책, p. 225.

25   Austyn Gaffney, 'Ashes to ashes and into trees', *Sierra*, 5 January 2020, *sierraclub.org/sierra/ashes-ashes-and-trees* 참고.

26   Suzanne Kelly, *Greening Death: Reclaiming burial practices and restoring our tie to the earth*, Lanham, Maryland: Rowman & Littlefield Publishers, 2015.

11장 사랑

1   Stoknes, *What We Think About*, p. 90.

2   같은 책, p. 90.

3   Wang 외, 'Emotions predict policy support', p. 26.

4   같은 문헌, p. 29.

5   같은 문헌, p. 25.

6   Marshall, *Don't Even Think About It*, p. 3.

7   Jennifer Brown, 'What will make you believe in global warming? How about a life-altering flood, study asks', *Colorado Sun*, 20 June 2019 *coloradosun.com/2019/06/20/climate-change-beliefs-after-colorado-floods* 참고. A.E. Albright & D. Crow, 'Beliefs about climate change in the aftermath of extreme flooding', *Climatic Change*, 2019, vol. 155, pp. 1-17 참고.

8   예일대 기후 소통 프로그램 웹사이트는 개정되었다. 관련 내용은 스미스슨 스탠리가 박사 과정을 밟고 있는 존스홉킨스대학교 웹사이트를 참고하라, *snfagora.jhu.edu/person/lynsy-smithson-stanley*.

9   'Two-thirds of North American birds are at increasing risk of extinction from global temperature rise', Audubon, *audubon.org/climate/survivalbydegrees* 참고.

10   Lynsy Smithson-Stanley가 저자에게 제공한 보고서.

11   Lynsy Smithson-Stanley가 저자에게 제공한 가이드.

맺음말: 이제 기후변화를 이야기할 때

1   Marshall, *Don't Even Think About It*, p. 82.

2   Stoknes, *What We Think About*, p. 17.

3   Goldberg 외, 'Perceived social consensus'.

4   Katharine Hayhoe, 'The most important thing you can do to fight climate change: talk about it', TEDWomen 2018, November 2018, *ted.com/talks/katharine_hayhoe_the_most_important_thing_you_can _do_to_fight_climate_change_talk_about_it* 참고.

5   Marshall, *Don't Even Think About It*, p. 237.

6   Wallace-Wells, *The Uninhabitable Earth*, p. 227.

7   'Tennis Australia commits to United Nations climate change action', Tennis Australia, 6 June 2019, *tennis.com.au/news/2019 /06/06/tennis-australia-united-nations-climate-change* 참고.

8   Marshall, *Don't Even Think About It*, chapter 42.

9   같은 책, chapter 42.

10   Bendell, 'Deep Adaptation'.

11   Laurie Mazur, 'Susanne Moser holds hope lightly', p. 86.

12   Rebecca Solnit, 'A hero is a disaster', *Whose Story Is This?*, London: Granta, 2019.

13   Laurie Goering, 'Greta Thunberg says coronavirus shows world can "act fast" on crises', Reuters, 25 March 2020, *reuters.com/article /us-health-coronavirus-climate-greta/greta-thunberg-says-coronavirus -shows-world-can-act-fast-on-crises-idUSKBN21B2K9*.

14   Matthew Wilburn King, 'How brain biases prevent climate action', BBC Future, 8 March 2019, *bbc.com/future/article/20190304- human-evolution-means-we-can-tackle-climate-change*.

찾아보기

옮긴이 이민희
언어의 조각들을 오래도록 매만지고 싶어 번역의 세계에 뛰어들었다.
낯선 이야기 속을 극도로 천천히 헤엄치는 순간을 가장 사랑한다.
《화장실 벽에 쓴 낙서》《드라이》《하늘은 어디에나 있어》《우리가 함께 달릴 때》
《내가 지워진 날》《슬프니까 멋지게, 애나 언니로부터》를 우리말로 옮겼다.

기후변화, 이제는 감정적으로 이야기할 때
우리 일상을 바꾸려면 기후변화를 어떻게 말해야 할까

1판 1쇄 2022년 2월 9일
1판 2쇄 2022년 12월 12일

글쓴이 리베카 헌틀리
옮긴이 이민희
펴낸이 조재은
편집 김원영 김명옥 구희승
디자인 이기준 육수정
마케팅 조희정

펴낸곳 ㈜양철북출판사
등록 2001년 11월 21일 제25100-2002-380호
주소 서울시 영등포구 양산로91 리드원센터 1303호
전화 02-335-6407
팩스 0505-335-6408
전자우편 tindrum@tindrum.co.kr

ISBN 978-89-6372-390-7 03300
값 16,000원